创新创业基础

CHUANGXIN CHUANGYE JICHU

李成钢　马琳　邵争艳　刘娜◎主编

内 容 提 要

《创新创业基础》旨在帮助学员了解创新创业的基本概念、基本原理和基本操作技能。紧密联系实际，把学科理论的学习与创新创业进行融合，切实提高分析问题、解决问题的能力。激发学生的创新意识，培养创新思维，掌握创业规律，提高学生的社会责任感、创新精神和创业能力，促进学生创业就业和全面发展。

本书可以作为高校创新创业教育的通用教材，也可作为企业继续教育的培训教材，还可以作为开阔视野、提高创新能力的自学读本。

图书在版编目（CIP）数据

创新创业基础/李成钢，马琳，邵争艳主编. -- 北京：中国纺织出版社，2019.2

ISBN 978-7-5180-5734-4

Ⅰ.①创… Ⅱ.①李… ②马… ③邵… Ⅲ.①创业-教材 Ⅳ.①F241.4

中国版本图书馆CIP数据核字（2018）第270000号

策划编辑：顾文卓　　　　特约编辑：金　彤
责任校对：寇晨晨　　　　责任印制：储志伟
中国纺织出版社出版发行
地址：北京市朝阳区百子湾东里A407号楼　邮政编码：100124
销售电话：010—67004422　传真：010—87155801
http://www.c-textilep.com
E-mail: faxing@c-textilep.com
中国纺织出版社天猫旗舰店
官方微博 http://weibo.com/2119887771
北京玺诚印务有限公司印刷　各地新华书店经销
2019年2月第1版第1次印刷
开本：787×1092 1/16　印张：14
字数：225千字　定价：42.80元

凡购本书，如有缺页、倒页、脱页，由本社图书营销中心调换

前 言

高校毕业生是实施创新驱动发展战略和推进大众创业、万众创新的生力军。高校毕业生就业事关经济发展和民生改善大局，关乎社会安全稳定，党中央、国务院高度重视。为全面贯彻落实党的十八届五中全会精神，按照国务院《关于进一步做好新形势下就业创业工作的意见》和国务院办公厅《关于深化高等学校创新创业教育改革的实施意见》等文件要求，教育部印发的《关于做好2016届全国普通高等学校毕业生就业创业工作的通知》中指明，各地各高校要把提高教育质量作为创新创业教育改革的出发点和落脚点，根据人才培养定位和创新创业教育目标要求，促进专业教育与创新创业教育有机融合。从2016年起所有高校都要设置创新创业教育课程，对全体学生开发开设创新创业教育必修课和选修课，纳入学分管理。对有创业意愿的学生，开设创业指导及实训类课程。对已经开展创业实践的学生，开展企业经营管理类培训。

本书作为创新创业基础类课程的教材，重在使学生掌握创新创业的基础知识、基本理论和基本规律，熟悉创新创业的基本流程和基本方法，了解有关的法律法规和相关政策，切实提高分析问题、解决问题的能力。激发学生的创新意识和创业动机，培养创新思维，掌握创业规律，提高学生的社会责任感、创新精神和创业能力，促进学生创业就业和全面发展。

作为创新创业通识教育，不仅是有关创业的能力教育，更是职业素质的全面教育。重视对学生的创新创业思维、道德素质、基本能力及个性发展相关的心理健康的培育，既是大学生职业生涯创新创业的启蒙课程，也是帮助大学生形成正确的人生观、价值观的素质教育课程。

本书的写作组由北京服装学院李成钢副教授牵头组建，邀请相关教师共同商讨教材体例，共同编写完成。全书共分十章。具体分工如下：李成钢负责第一章、第二章内容的编写。马琳负责第三章、第四章和第十章内容的编写。刘娜负责第五章、第六章和第七章内容的编写。邵争艳负责第八章和第九章内容的编写。

本书在编写过程中，引用和改编了新道 VBSE 创新创业实训平台、贝腾研究院创业总动员等教育培训软件的设计思路和内容，均得到了相关方的支持，特表谢意。另外，本书参考了目前国内外相关的教材、专著、期刊、文献等。因条件所限，未能与有关编著者取得联系，引用与理解不当之处，敬请谅解，并在此致谢。

受各种条件限制，书中难免存在不足之处，恳请专家及读者批评指正。

编　者

2018 年 7 月

目 录
CONTENTS

第一章 新创业背景及概况 ... 1
本章学习目标 ... 1
引导案例 ... 1
第一节 创新创业的环境综述 ... 3
第二节 中国创新创业环境 ... 14
第三节 中国创新创业环境的评价 ... 21
案例讨论 ... 23
课后思考 ... 24
本章小结 ... 24

第二章 创业意识、思维、素质 ... 25
本章学习目标 ... 25
引导案例 ... 25
第一节 创业意识 ... 28
第二节 创业思维 ... 30
第三节 创业素质 ... 34
案例讨论 ... 36
课后思考 ... 38
本章小结 ... 38

第三章 创业者 ... 39
本章学习目标 ... 39
引导案例 ... 39
第一节 创业者概述 ... 41
第二节 大学生创业精神 ... 43

第三节　大学生创业能力 ················ 46
　　实训题 ····························· 49
　　案例讨论 ··························· 50
　　本章小结 ··························· 53

第四章　创业团队 ························ 54
　　本章学习目标 ······················· 54
　　引导案例 ··························· 54
　　第一节　创业团队概述 ················ 55
　　第二节　组建创业团队 ················ 60
　　第三节　创业团队的激励 ·············· 64
　　第四节　大学生创业者组建团队的注意事项 ··· 66
　　实训题 ····························· 67
　　案例讨论 ··························· 68
　　本章小结 ··························· 69

第五章　市场与消费者分析 ················ 71
　　本章学习目标 ······················· 71
　　引导案例 ··························· 71
　　第一节　市场调研 ···················· 72
　　第二节　市场环境分析 ················ 74
　　第三节　创业市场细分和目标市场 ······ 78
　　第四节　创业营销方案 ················ 84
　　第五节　消费者分析 ·················· 89
　　实训题 ····························· 91
　　案例讨论 ··························· 91
　　本章小结 ··························· 93

第六章　创业机会与创业资源 ·············· 94
　　本章学习目标 ······················· 94
　　引导案例 ··························· 94
　　第一节　创业机会的内涵 ·············· 96
　　第二节　创业机会的识别 ·············· 97
　　第三节　创业机会的评价 ············· 100

第四节　创业资源 ································· 101
　　第五节　整合外部资源的机制 ························· 107
　　第六节　外部资源整合的过程 ························· 108
　　实训题 ·· 110
　　案例讨论 ······································· 111
　　本章小结 ······································· 113

第七章　商业模式 ································· 114
　　本章学习目标 ···································· 114
　　引导案例 ······································· 114
　　第一节　商业模式内涵 ····························· 115
　　第二节　商业模式的设计框架 ························· 117
　　第三节　商业模式的实施 ··························· 121
　　第四节　在模仿与竞争中设计商业模式 ··················· 124
　　实训题 ·· 126
　　案例讨论 ······································· 127
　　本章小结 ······································· 130

第八章　创业融资 ································· 131
　　本章学习目标 ···································· 131
　　引导案例 ······································· 131
　　第一节　创业融资概述 ····························· 133
　　第二节　创业融资渠道 ····························· 135
　　第三节　创业融资的选择策略 ························· 147
　　实训题 ·· 152
　　案例讨论 ······································· 153
　　课后思考 ······································· 153
　　本章小结 ······································· 154

第九章　创业财务预算与分析 ························· 155
　　本章学习目标 ···································· 155
　　引导案例 ······································· 155
　　第一节　创业所需资金的测算 ························· 156
　　第二节　预计财务报表的编制 ························· 158

第三节　财务比率分析 ································· 165
第四节　投资评价分析 ································· 171
实训题 ··· 177
案例讨论 ··· 178
课后思考 ··· 182
本章小结 ··· 182

第十章　创业计划书 ··································· 184

本章学习目标 ······································· 184
引导案例 ··· 184
第一节　创业计划书概述 ······························· 186
第二节　编写创业计划书 ······························· 188
实训题 ··· 197
案例讨论 ··· 197
本章小结 ··· 211

参考文献 ··· 213

第一章 新创业背景及概况

本章学习目标

通过本章的学习，应达到如下目标：
- 了解创业背景及概况；
- 理解我国的创业环境，并对其有清晰的评价认知；
- 通过梳理创业环境，发现创业机会、把握创业资源。

引导案例

大妈的钱不好赚！60余广场舞APP几乎全军覆没

曾红极一时的广场舞APP大多已经转型或停摆

如今各个创业领域已纷纷被嗅觉敏锐的创业者攻占，母婴、学生、白领……几乎所有细分人群市场都被创业者们插上了小红旗。然而，待开发"白地"——老年人市场，至今未出现能扛大旗的王者。

据《北京日报》报道，近期曾红极一时的广场舞APP大多已经转型或停摆。广场舞大妈们还在，可赚她们的钱越来越难。去年赶上直播潮流的老年人直播APP，日子也是过得不温不火。创投圈一直盯着有钱有闲的老年人，但不是所有创业项目都能抓住他们的心。

广场舞软件几乎全军覆没

大妈们对广场舞的执念，被互联网创业者们理解为一种商机。有媒体统计，从2015年广场舞创业元年开始，共有65个广场舞APP上线。但现如今，继续留下来的公司只剩三四家。最早一批进入这个行业的公司大部分处于艰难时期，它们或宣布彻底转型，或业务大规模调整，或者融资无法进行、运营停摆。即便留下来，对于如何实现大规模变现，创业者依旧找不到方向。

在安卓市场上，糖豆广场舞、就爱广场舞、九九广场舞的下载量达千万以上。

以广告、电商、旅游、活动运营为主要盈利方式，但它们距离大规模盈利还有一段距离。2016年9月，面对中老年人群的友瓣直播上线。除直播外，友瓣还涉及广场舞、商品促销等目标人群较为感兴趣的话题。不过，记者近日登录软件发现这款产品至2017年3月起就再没更新过，在线直播用户也寥寥无几。"大家都积累了用户，但至于未来的商业变现怎么走，依旧在摸索。"就爱广场舞创始人范兆尹说。

银发族开始使用移动支付

多位老年人社交APP创始人告诉记者，使用移动互联网的老年人数量庞大，是他们选择以老人为服务对象的互联网产品开展创业的主要原因。根据中国互联网络信息中心统计报告显示，我国60岁以上的网民大约有3600万人，占7.5亿网民数量的4.8%。

但如何吸引他们消费，这让各个商家费尽脑筋。其实老人并没有想象中的那样和移动支付完全绝缘，银发族移动支付的入口正在被各类项目逐渐撬开。"骑车不花钱，还能赚红包，现在我天天出门都骑车了。"2017年国庆长假期间，60岁的市民王泉一口气安装了三款共享单车软件。在家人的帮助下，他开通了微信支付，买了骑行月卡，也顺便学会了移动支付，出门不再携带现金了。在大街小巷总能看见不少老人也骑上时尚的共享单车，移动支付不再只是年轻人的专利。

徐建彤是老年人社交APP"寸草心"的创始人。虽然软件主打社交功能，但他发现，在全球精选商城板块正有很多老人用户买单，欧洲保健品"关节灵"，德国纯天然柠檬萃取洗洁精等都是商城爆屏"爆品"。在双桥永辉超市自助结账柜台总能看见老人的身影。在广东的一家小区便民菜店，售货员小张对小区老人们支付方式的改变十分感慨。"近期移动支付搞优惠活动，我们会给客户推荐，但几乎所有老人都说不会用，坚持用现金。"他说，随着优惠活动开展，一些老人尝到了便宜几毛到几元钱不等的甜头，现在很多老年人用移动支付结账时，都会主动问优惠活动还有吗？

老人市场仍然难"互联网化"

移动支付在老年人中逐渐渗透，然而现实是，不只是广场舞、短视频、直播、社交、子女相亲等所有加入中老年互联网市场的创业者们都面临着无奈，他们面对的用户群中多数人依然不熟悉线上支付，网上消费能力并不强，想让大爷大妈掏出"钱袋子"并非易事。一位业内人士称，让这些年龄在五六十岁的广场舞用户在平台上频频购物并不现实。他们更愿意让子女帮忙在淘宝店消费，而互联网创业者在工业链和产品制作方面本身并不擅长。有的创业公司向保健品、理财产品跨界，转化率同样很低。

在许建彤看来，大多数创业项目都无法找到真正的细分市场。现如今，老年人能熟练地使用微信，但直播视频的软件依然门槛过高，只有让老年人对软件产生足够黏性，才有可能拓展更多活跃新用户，才有变现的可能性。他说，不少老人都有"吟诗作对"、发表图文和交友相亲的需求，通过发帖回复、互相关注、话题小组等更多社交方式获取用户，在积累到百万活跃用户的情况下开展老年大学、社交旅游等更多运营方式自然更加容易。软件设计要考虑到老人多为直线性思维，操作过程中应让他们少做选择，大字体的宫格简单界面、添加智能提示等都是不错的选择。随着越来越多的老年人学会了手机上网，搞定了移动支付，仍有新的创业公司不断涌入老年人市场，但想一下子打开线上市场依然艰难。面对万亿市场的招手，创业者仍有很长的路要走。

（资料来源：http://www.yixieshi.com/97107.html）

第一节 创新创业的环境综述

创业环境，是发现创业机会的基础，是培养和挖掘创新创业项目的"温床"，也是进行创业可行性分析的前提。复杂多变的创新创业环境，能给创业者带来机遇，也能给创业者造成威胁。

一、创业背景概述

创业环境是指以创业活动为中心，对创业者和创业活动产生直接和间接影响的各种因素的集合。包括对创业者创业思想的形成和创业活动的开展能够产生影响和发生作用的各种因素和条件。创业环境是各种因素相互交织、相互作用、相互制约而构成的有机整体。创业者的创业过程并不仅仅依靠某一方面的推动，也不仅仅是某一因素作用的结果，它的运作依靠多种影响因素共同作用。

一般来讲，创业环境可以分为宏观环境、中观环境和微观环境。

宏观环境是指那些给企业造成市场机会或环境威胁的主要社会力量，内容包括政治、经济、社会、技术、自然和法律等因素。

中观环境即行业环境，重点分析的是创业所属行业的发展阶段、需求状况、竞争状况、发展趋势和进入障碍以及上下游产业链、同行等。

微观环境是指对企业营销活动有直接影响的各种因素。重点分析的是创业企业的优势、劣势、机会和威胁等。

二、创业环境的主要内容和分析方法

（一）宏观环境和 PEST 分析法

对宏观环境因素作分析，不同行业和企业根据自身特点和经营需要，分析的具体内容会有差异，但一般都应对政治的（Political）、经济的（Economic）、社会与文化的（Sociocultural）和技术的（Technological）这四大类影响企业主要外部环境的因素进行分析。简单而言，称之为 PEST 分析法。

PEST 分析是战略咨询顾问用来帮助企业检阅其外部宏观环境的一种方法。宏观环境又称一般环境，是指影响一切行业和企业的各种宏观力量。

政治要素 （Political Factors）	经济要素 （Economic Factors）
社会与文化要素 （Sociocultural Factors）	科技要素 （Technological Factors）

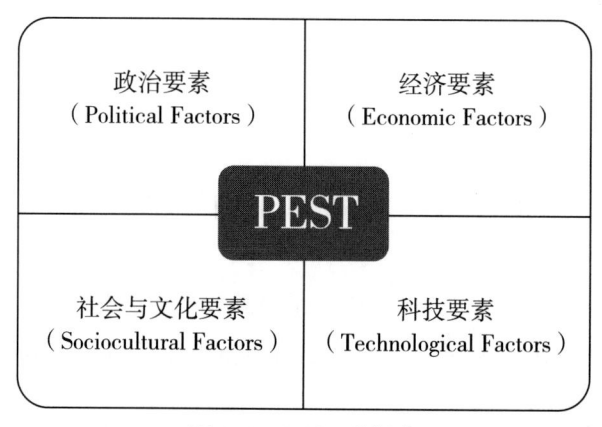

图 1-1　PEST 分析法

1. 政治要素

政治要素包括一个国家的社会制度，执政党的性质，政府的方针、政策、法令等。不同的国家有着不同的社会性质，不同的社会制度对组织活动有着不同的限制和要求。即使社会制度不变的同一国家，在不同时期，由于执政党的不同，其政府的方针特点、政策倾向对组织活动的态度和影响也是不断变化的。

重要的政治变量包括：

执政党性质、政治体制、经济体制、政府的管制、税法的改变、各种政治行动委员会、专利数量、专利法的修改、环境保护法、产业政策、投资政策、国防开支水平、政府补贴水平、反垄断法规等。

2. 经济要素

经济要素主要包括宏观和微观两个方面的内容。

宏观经济环境主要指一个国家的人口数量及其增长趋势，国民收入、国民生产总值及其变化情况，以及通过这些指标能够反映的国民经济发展水平和发展速度。

微观经济环境主要指企业所在地区或所服务地区的消费者的收入水平、消费偏好、储蓄情况、就业程度等因素。这些因素直接决定着企业目前及未来的市场大小。

重要的经济变量包括：

GDP 及其增长率、贷款的可得性、可支配收入水平、居民消费（储蓄）倾向、利率、通货膨胀率、规模经济、政府预算赤字、消费模式、失业趋势、劳动生产率水平、汇率、证券市场状况、外国经济状况、进出口因素、不同地区和消费群体间的收入差别、价格波动、货币与财政政策等。

3. 社会与文化要素

社会文化要素包括一个国家或地区的居民教育程度和文化水平、宗教信仰、风俗习惯、审美观点、价值观念等。文化水平会影响居民的需求层次；宗教信仰和风俗习惯会禁止或抵制某些活动的进行；价值观念会影响居民对组织目标、组织活动以及组织存在本身的认可与否；审美观点则会影响人们对组织活动内容、活动方式以及活动成果的态度。

重要的社会与文化变量包括：

妇女生育率、特殊利益集团数量、结婚数、离婚数、人口出生与死亡率、人口移进移出率、社会保障计划、节育措施状况、人口预期寿命、生活方式、对政府的信任度、对政府的态度、购买习惯、对道德的关切、储蓄倾向、性别角色、投资倾向、种族平等状况、平均教育状况、对退休的态度、对质量的态度、对闲暇的态度、对服务的态度、对外国人的态度、污染控制、对能源的节约、社会活动项目、社会责任、对职业的态度、对权威的态度、城市城镇和农村的人口变化、宗教信仰状况等。

4. 科技要素

科技要素不仅包括发明，而且还包括与企业市场有关的新技术、新工艺、新材料的出现和发展趋势以及应用背景。

重要的科技变量包括：

国家对科技开发的投资和支持重点、该领域技术发展动态和研究开发费用总额、技术转移和技术商品化速度、专利及其保护情况等。

PEST 分析法案例

保健品行业 PEST 分析

从政治法律角度看，政府主管部门的更迭带来保健品行业新变化。据有关部门抽查显示，85% 以上的所谓"保健食品"，要么没有监管部门的生产批准文号，要么就是套用食品、化妆品的批准文号违法生产的。80%以上标榜具有治疗性功能障碍和具有降压、降糖、减肥作用的所谓"保健品",都违法掺有"伟哥"和降压、降糖、减肥的药品成分。保健食品法律、法规尚不健全,这一直困扰着相关生产企业和消费者。近日,中国保健协会表示,继《食品安全法》之后,政府相关部门联手协会正在积极开展促进行业发展的调研,《保健食品监督管理条例》《保健食品注册管理办法》《保健食品原料安全标准》等一系列重要的法规文件将陆续出台。由于保健食品法律、法规尚不健全,严厉打击违法生产销售行为缺少法律依据。2009年6月1日生效的《食品安全法》称,"国家对声称具有特定保健功能的食品实行严格监管,具体管理办法由国务院规定。"随后《食品安全法实施条例》进一步明确了食品药品监督管理部门负责对保健食品实行严格监管。依据法律规定,国务院责成有关部门围绕保健食品的定义、品种管理、生产经营以及广告监管等问题,展开了紧锣密鼓的调查研究,并对《保健食品监督管理条例(送审稿)》公开征求意见,已收集到来自社会各界多达万条的意见。保健食品广告是监管的重心,政府将出重拳规范保健食品广告。《保健食品监督管理条例》出台后,《保健食品广告审查发布管理办法》也将取代2005年的《保健食品广告审查暂行规定》,成为一部保健食品监管的重要法规。这部法规不仅完善了广告审批与发布管理的原则与程序,最大的进步是给予了监管部门更明确的职责与权限,以此规范保健食品市场。

从经济角度看,市场竞争日益激烈。这么多年来国内保健品市场上中小型企业众多,缺少行业龙头企业,从业人员素质参差不齐,市场竞争无序。保健品巨大的市场潜力和高额利润水平吸引了传统食品巨头纷纷进入。继娃哈哈集团日前表示要将战略阵地由传统食品调整为保健食品领域后,光明集团近期也宣布,将与美国保健品零售企业健安喜成立合资企业共同进军中国保健品市场。随着大型食品企业以及国外高端保健品品牌进入中国,这一行业的竞争将进一步加剧,有望迫使一些价格虚高的保健产品降价。加上国内行业的竞争,市场营销模式也有进一步变化。一是产品开始两极分化。因为竞争日益激烈,保健品呈现出明显的两极分化趋势:以功能诉求为主的产品,多用疗程、买赠促销等刺激消费者购买,这类产品价格越来越高;以营养补充为诉求的机能性食品或滋补品,价格越来越低,有成为日用品保健品的趋势。二是渠道细分、直销比例增大。受传统渠道费用高涨、竞争趋向白热化的压力,保健品厂商积极探索渠道多样化,传统的"药店+商超"的销售渠道快速分化,保健品连锁专卖店、厂家直销店、店中店、电话销售、展会销售乃至网络销售等多种渠道形式正在加速形成。受渠道多样化的影响,保健品销售额中直销比例日益增大。以上海市场为例,投放广告、进入常规渠道的功能性食品,相当部分销量同样依靠直销。三是传播方式日益直接化。由于传统媒体效果弱化、价格日益提高，保健品厂商传播产品信息的方法正日益扁平化。直接掌握消费者资料，定期针对固定消费群体进行传播，已经成了传播的重要手段之一。

从社会的角度看，保健品市场前景可观。伴随我国社会进步和经济发展，保健业已经迅速成为一个独立的产业。社会生活的变化催生了保健业的强劲势头。首先，我国乡村与城镇处于温饱向小康的过渡阶段，东南沿海一些大中城市和地区已达到了中等收入国家水平，人们的消费观念、健康观念发生了较大变化，促进城乡保健品消费支出以每年15%~30%的速度快速增长。其次，人民生活方式的改变，是保健品产业发展的重要基础。随着社会竞争愈演愈烈、生活工作节奏不断加快，给人们生理和心理机能带来巨大冲击，处于亚健康状态的人群不断扩大。为规避不健康带来的各种不利影响，人们求助于保健品，使保健品的开发和生产成为经济生活中的"热点"。第三，多层次的社会生活需要，为保健品产业的发展提供了广阔空间。除了在家庭和事业双重压力下的中年人逐步加入保健品消费行列之外，老年人、青少年也是保健品消费的主力军。据有关资料显示，欧美国家的消费者平均用于保健品方面的花费占其总支出的25%以上，而我国只有0.07%。这表明，保健品市场潜力巨大，以目前全球保健品占整个食品销售的5%来推算，我国保健品消费还将大幅增长。

从技术角度看，保健品行业研发，生产和销售发生了全新变化。加入世界贸易组织给中国保健品企业带来了世界级的竞争对手，面临日益加剧的市场竞争，所有从事保健品生产的中国企业都应该清醒地认识到，未来保健品竞争的核心必将是科技含量，加强科技投入迫在眉睫。特别是已经有一定经济实力的企业，更要重视保健品的应用基础研究，努力提高新产品的科技含量和质量水平，使保健品企业向高新技术企业过渡，让科技含量高的产品成为主流。只有保健品企业不断更新技术和提高技术含量，开发出效果好、质量高、有特点的第三代保健品，使产品从低层次的价格战、广告战中走出来，转向高层次的技术战、服务战，才能缔造出我国的保健品世界品牌，才有能力进军国际市场。电子信息技术的发展，也使电子商务成为销售的重要渠道。各销售商都抓住电子商务的有力武器，搞销售网站，拓宽销售面，丰富产品种类。单单做电子购物的试用型销售，所涉及的消费者群体毕竟有限。可以通过投入设备和资金，开设购物网站的形式来发展更多的消费人群，同时也可以利用网络进一步宣传产品，以及引入让消费者先试后买，买什么都满意的先进销售理念。

（二）中观环境和波特五力模型分析法

中观环境，又称为行业环境，在创新创业中重点分析的是创业者所处行业的上下游和同行的竞争环境，一般用波特的五力模型来分析。

波特五力模型，由迈克尔·波特（Michael Porter）于20世纪80年代初提出。认为行业中存在着决定竞争规模和程度的五种力量，这五种力量综合起来影响着产业的吸引力，对企业战略定会产生全球性的深远影响。五种力量分别是：供应商的议价能力、购买者的议价能力、新进入者的威胁、替代品的威胁、行业现有竞争状况。五种力量的不同组合变化，最终影响行业利润潜力变化。在创新创业中，可以用来分析项目的吸引力。

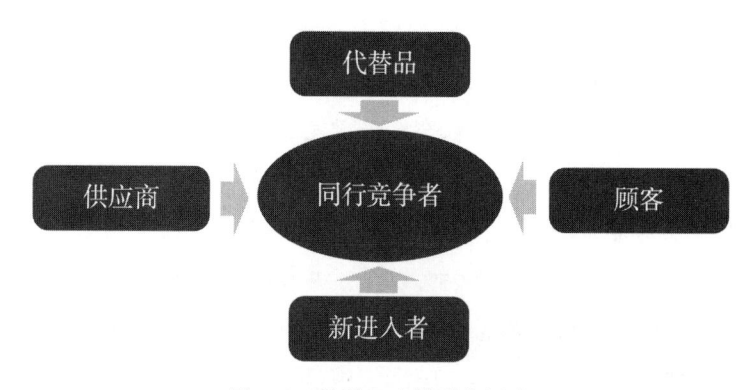

图 1-2 波特五力模型分析法

1. 供应商的议价能力

供方主要通过其提高投入要素价格与降低单位价值质量的能力，来影响行业中现有企业的盈利能力与产品竞争力。供方力量的强弱主要取决于他们所提供给买主的是什么投入要素，当供方所提供的投入要素其价值构成了买主产品总成本的较大比例、对买主产品生产过程非常重要、或者严重影响买主产品的质量时，供方对于买主的潜在讨价还价力量就大大增强。

一般来说，满足如下条件的供方集团会具有比较强大的讨价还价力量：

· 供方行业为一些具有比较稳固市场地位而不受市场激烈竞争困扰的企业所控制，其产品的买主很多，以至于每一单个买主都不可能成为供方的重要客户。

· 供方各企业的产品各具有一定特色，以至于买主难以转换或转换成本太高，或者很难找到可与供方企业产品相竞争的替代品。

· 供方能够方便地实行前向联合或一体化，而买主难以进行后向联合或一体化。

2. 购买者的议价能力

购买者主要通过其压价与要求提供较高的产品或服务质量的能力，来影响行业中现有企业的盈利能力。

一般来说，满足如下条件的购买者可能具有较强的讨价还价力量：

·购买者的总数较少，而每个购买者的购买量较大，占了卖方销售量的很大比例。

·卖方行业由大量相对来说规模较小的企业所组成。

·购买者所购买的基本上是一种标准化产品，同时向多个卖主购买产品在经济上也完全可行。

·购买者有能力实现后向一体化，而卖主不可能前向一体化。

3. 新进入者的威胁

新进入者在给行业带来新生产能力、新资源的同时，将希望在已被现有企业瓜分完毕的市场中赢得一席之地，这就有可能会与现有企业发生原材料与市场份额的竞争，最终导致行业中现有企业盈利水平降低，严重的话还有可能危及这些企业的生存。竞争性进入威胁的严重程度取决于两方面的因素，这就是进入新领域的障碍大小与预期现有企业对于进入者的反应情况。

进入障碍主要包括规模经济、产品差异、资本需要、转换成本、销售渠道开拓、政府行为与政策（如国家综合平衡统一建设的石化企业）、不受规模支配的成本劣势（如商业秘密、产供销关系、学习与经验曲线效应等）、自然资源（如冶金业对矿产的拥有）、地理环境（如造船厂只能建在海滨城市）等方面，这其中有些障碍是很难借助复制或仿造的方式来突破的。

预期现有企业对进入者的反应情况，主要是采取报复行动的可能性大小，这取决于有关厂商的财力情况、报复记录、固定资产规模、行业增长速度等。

总之，新企业进入一个行业的可能性大小，取决于进入者主观估计进入所能带来的潜在利益、所需花费的代价与所要承担的风险这三者的相对大小情况。

4. 替代品的威胁

两个处于同行业或不同行业中的企业，可能会由于所生产的产品是互为替代品，从而在它们之间产生相互竞争行为，这种源自于替代品的竞争会以各种形式影响行业中现有企业的竞争战略。首先，现有企业产品售价以及获利潜力的提高，将由于存在着能被用户方便接受的替代品而受到限制；其次，由于替代品生产者的侵入，使得现有企业必须提高产品质量、或者通过降低成本来降低售价、或者使其产品具有特色，否则其销量与利润增长的目标就有可能受挫；再次，源自替代品生产者的竞争强度，受产品买主转换成本高低的影响。总之，替代品价格越低、质量越好、用户转换成本越低，其所能产生的竞争压力就强；而这种来自替代品生产者的竞争压力的强度，可以具体通过考察替代品销售增长率、替代品厂家生产能力与盈利扩张情况来加以描述。

5. 行业现有竞争状况

大部分行业中的企业，相互之间的利益都是紧密联系在一起的，作为企业整体战略一部分的各企业竞争战略，其目标都在于使得自己的企业获得相对于竞争对手的优势，所以，在实施中就必然会产生冲突与对抗现象，这些冲突与对抗就构成了现有企业之间的竞争。现有企业之间的竞争常常表现在价格、广告、产品介绍、售后服务等方面，其竞争强度与许多因素有关。

一般来说，出现下述情况将意味着行业中现有企业之间竞争的加剧，这就是：行业进入障碍较低，势均力敌竞争对手较多，竞争参与者范围广泛；市场趋于成熟，产品需求增长缓慢；竞争者企图采用降价等手段促销；竞争者提供几乎相同的产品或服务，用户转换成本很低；一个战略行动如果取得成功，其收入相当可观；行业外部实力强大的公司在接收了行业中实力薄弱的企业后，发起进攻性行动，结果使得刚被接收的企业成为市场的主要竞争者；退出障碍较高，即退出竞争要比继续参与竞争代价更高。在这里，退出障碍主要受经济、战略、感情以及社会政治关系等方面考虑的影响，具体包括：资产的专用性、退出的固定费用、战略上的相互牵制、情绪上的难以接受、政府和社会的各种限制等。

波特五力模型分析案例

大型超市零售案例分析

供应商的议价能力

根据调查，发达国家的超市产业在与生产企业讨价还价过程中的主导地位越来越明显。在我国，也出现了近乎相同的发展趋势。随着市场经济的发展，超市作为生产企业产品的主流营销平台的地位越来越凸现出来。

因此，我们认为，目前我国超市产业对生产企业产品的营销情况已经可以影响到生产企业的生存，因此，供应商的讨价还价能力，趋于一个较为低下稳定的水平，很难给我国的超市产业带来成本及利润上的较大损失与变动。从全行业健康发展的长远角度来看，超市产业与生产企业之间更应该建立的是一种长期合作共赢的关系，从而实现提升全社会经济水平的目的。

购买者的议价能力

虽然我国人口基数较大，但由于超市产业多集聚在较发达的大中型城市，且超市数量越来越多，在商品供应量充足的前提下，购买者对超市产业的影响力越来越大，这迫使我国超市产业不约而同地采用了"低价格、低成本、高质量服务"的一高两低营销策略。因此，我们认为，目前我国超市产业在购买者讨价还价力量的影响下，很难赚取大额利润。购买者讨价还价的力量俨然已经成为影响超市产业成长发展的关键所在。

新进入者的威胁

虽然政府很少对超市行业进行限制，但超市行业的大规模竞争门槛比较高。高成本、高前期投入是行业新进入者的主要限制。在目前我国超市行业整体发展较为健康稳定的大环境下，这种限制门槛的地位应当得到我们更多的重视，必要时，可以进行进一步的强化。

替代品的威胁

在我国，新出现的零售业业态中，目前来看，超市产业最有可能的替代者应当是以网上交易为代表的电子商务产业。超市产业应当积极应对这一变革，但由于人们对电子商务的接受能力不一，我们认为，短时间内，行业的主流不会发生太大的变革，超市产业仍在零售业内占据主流地位。

行业现有竞争状况

在我国的超市行业中，参与行业竞争的竞争者众多，行业内的竞争已经达到成为跨地区、跨经营范围的立体化良性竞争。其中，外资超市在行业中占据着重要龙头位置，家乐福、佳士客、沃尔玛等大型外资集团在我国市场占据着可观的市场份额。因此，外资超市间的竞争，外资超市与本土超市间的竞争是目前行业内最为重要的竞争形式。掌握好与外资行业的竞争方向、竞争手段，是我国本土超市产业生存发展的关键所在。

（三）微观环境和 SWOT 分析法

在创业过程中，微观环境主要分析的是创业者和创业项目自身的优势、劣势、机会和威胁。可以运用 SWOT 进行分析。

SWOT 分析实际上是对企业内外部条件各方面内容进行综合和概括，进而分析组织的优劣势、面临的机会和威胁的一种方法。

通过 SWOT 分析，可以帮助企业把资源和行动聚集在自己的强项和有最多机会的地方，并让企业的战略变得明朗。

这一理论被广泛应用于市场学和策略学案例分析，它能非常有效地得出组织的优势和劣势，界定所面临的机遇和挑战。使用 SWOT 分析法能帮助组织集中资源和精力，把它们投入到占有优势的领域及充满机遇的地方。对广大公司而言，在开拓市场方面，更好地配置自己的资源，形成独特的能力，以获取竞争优势，这一分析方法显得尤其重要。

创业中的SWOT分析，重点回答以下问题：

优势（Strengths）
1，擅长什么？
2，组织有什么新技术？
3，能做什么别人做不到的？
4，和别人有什么不同的？
5，顾客为什么亲？
6，最近因何成功？

劣势（Weaknesses）
1，什么做不来？
2，缺乏什么技术？
3，别人有什么比我们好？
4，不能够满足何种顾客？
5，最近因何失败？

机会（Opportunities）
1，市场中有什么适合我们的机会？
2，可以学什么技术？
3，可以提供什么新的技术/服务？
4，可以吸引什么新的顾客？
5，怎样可以与众不同？
6，组织在5–10年内的发展？

威胁（Threats）
1，市场最近有什么改变？
2，竞争者最近在做什么？
3，是否赶不上顾客需求的改变？
4，政治环境的改变是否会伤害组织？
5，是否有什么事可能会威胁到组织的生存？

在适应性分析过程中，企业高层管理人员应在确定内外部各种变量的基础上，采用杠杆效应、抑制性、脆弱性和问题性四个基本概念进行这一模式的分析。

·杠杆效应（优势+机会）。杠杆效应产生于内部优势与外部机会相互一致和适应时。在这种情形下，企业可以用自身内部优势撬起外部机会，使机会与优势充分结合发挥出来。然而，机会往往是稍纵即逝的，因此企业必须敏锐地捕捉机会，把握时机，以寻求更大的发展。

·抑制性（机会+劣势）。抑制性意味着妨碍、阻止、影响与控制。当环境提供的机会与企业内部资源优势不相适合，或者不能相互重叠时，企业的优势再大也将得不到发挥。在这种情形下，企业就需要提供和追加某种资源，以促进内部资源劣势向优势方面转化，从而迎合或适应外部机会。

·脆弱性（优势+威胁）。脆弱性意味着优势的程度或强度的降低、减少。当环境状况对公司优势构成威胁时，优势得不到充分发挥，出现优势不优的脆弱局面。在这种情形下，企业必须克服威胁，以发挥优势。

·问题性（劣势+威胁）。当企业内部劣势与企业外部威胁相遇时，企业就面临着严峻挑战，如果处理不当，可能直接威胁到企业的生存。

SWOT 分析案例

星巴克在中国地区的 SWOT 分析

优势（STRENGTHS）

经营模式：根据世界各地不同的市场情况采取灵活的投资与合作模式，多以直营经营为主。充分运用"体验"：星巴克认为他们的产品不单是咖啡，还包括咖啡店的体验。另外，星巴克更擅长咖啡之外的"体验"：如气氛管理、个性化的店内设计、暖色灯光、柔和音乐等。就像麦当劳一直倡导售卖欢乐一样，星巴克把美式文化逐步分解成可以体验的东西。

产品：星巴克主要卖的是咖啡与自家的咖啡豆，除此之外，其实星巴克卖的也是一种味道与感觉，也是所谓的无形氛围。星巴克与一般咖啡店不同的地方，是给人一种极负人文时尚的摩登感，这是与其他咖啡店的不同之处。

地点：以人潮多的商圈为主，此外也兼顾车站等交通繁忙的地点，因为除了卖给想喝的人外，也可提供一个短暂休憩的地点。

劣势（WEAKNESSS）

本土化问题：任何一个从国外进入中国的企业，一定要考虑本土化的问题。星巴克在中国一方面要考虑到政策和市场的不成熟，法律法规的不完善，况且，国内整个社会的诚信体系还没有建立起来。对于星巴克来说，一定要谨慎地寻找合作伙伴，谨慎地调整发展战略，选择自己本土化的模式。这其中包括管理模式、合作模式和产品模式，这都是星巴克需要关心的问题。

资金问题：但凡对星巴克有点了解的人都会注意到一个现象，星巴克店面的选址总是遵循这样一个规律——租金昂贵的城市繁华地段。为了保证星巴克的客源，如此选址也是必要之举。据了解，星巴克在上海开一家新店需要200万，而收回直营后的星巴克计划在中国的门店数量增加到500家以上。对于星巴克来说，需要大量的资金来为其开拓新店。星巴克能否"单枪匹马"开拓市场，同时解决资金、人力以及后备资源的庞大需求，将成为未来考验星巴克的一道难题。

机遇（OPPORTUNITYIES）

中国市场全面覆盖：星巴克在华的经营模式最初是以许可授权区域合作伙伴的方式进行的。星巴克总部收取特许经营商的专利费后，将星巴克的商标使用权授予特许经营商使用，总部只能在特许经营商的营业收入中提取少量固定比例的提成。上海统一星巴克咖啡有限公司行使其在上海、杭州和苏州等江南地区的代理权；美心星巴克餐饮有限公司目前拥有在中国澳门、广东和海南的星巴克经营权；北京、天津为主的中国北方地区的代理权授予了北京美大咖啡有限公司。短短几年的时间，中国区成为星巴克全球业务中的一个亮点。香港星巴克分店开业第一个月就创下了全球最快盈利纪录，上海统一星巴克发展堪称"奇迹"，在两年内就获得了3200万元的利润。这使得星巴克总部眼红不已，如果能将这些代理权统一收回并能在此基础上继续发展壮大，那么星巴克在中国餐饮市场的地位真是无法估量。

威胁（THREATS）

急剧扩张后的潜在风险：开设新店的投资压力巨大。同时，由于星巴克不允许加盟，所以经营者无法像其他咖啡店那样靠加盟金坐收渔翁之利。

现实和潜在的竞争者众多：中国内地市场已有的台湾上岛咖啡、日本真锅咖啡，以及后来进入的加拿大百诒咖啡等无不把星巴克作为其最大的竞争对手，"咖啡大战"的上演已经不可避免。而综合分析认为，星巴克面临的竞争对手不止于这些，大致可分为四大类：

1. 咖啡同业竞争：连锁或加盟店如西雅图咖啡、伊是咖啡、罗多伦咖啡及陆续进入市场的咖啡店及独立开店咖啡店。

2. 便利商店的竞争：便利商店随手可得的铁罐咖啡、铝罐包装咖啡、方便式随手包冲泡咖啡。

3. 快餐店卖咖啡：麦当劳、得州汉堡、肯德基等快餐店咖啡机冲泡的咖啡。

4. 定点咖啡机：设立于机场、休息站，以便利为主，随手一杯咖啡机冲泡的咖啡，或自动售卖机中出售的铁罐咖啡、铝铂包装咖啡。

第二节　中国创新创业环境

一、政策支持，创业潮兴起

近年来，为加快实施创新驱动发展战略，适应和引领经济发展新常态，顺应网络时代大众创业、万众创新的新趋势，加快发展众创空间等新型创业服务平台，营造良好的创新创业生态环境，激发亿万群众创造活力，打造经济发展新引擎，我国出台了系列鼓励和支持创新创业的政策性文件。国务院办公厅《关于发展众创空间推进大众创新创业的指导意见》（国办发〔2015〕9号）明确指出，主要围绕着以下几个重点开展创新创业的支持和鼓励工作：

（一）加快构建众创空间

总结推广创客空间、创业咖啡、创新工场等新型孵化模式，充分利用国家自主创新示范区、国家高新技术产业开发区、科技企业孵化器、小企业创业基地、大学科技园和高校、科研院所的有利条件，发挥行业领军企业、创业投资机构、社会组织等社会力量的主力军作用，构建一批低成本、便利化、全要素、开放式的众创空间。发挥政策集成和协同效应，实现创新与创业相结合、线上与线下相结合、孵化与投资相结合，为广大创新创业者提供良好的工作空间、网络空间、社交空间和资源共享空间。

（二）降低创新创业门槛

深化商事制度改革。针对众创空间等新型孵化机构集中办公等特点，鼓励各地结合实际，简化住所登记手续，采取一站式窗口、网上申报、多证联办等措施为创业企业工商注册提供便利。有条件的地方政府可对众创空间等新型孵化机构的房租、宽带接入费用和用于创业服务的公共软件、开发工具给予适当财政补贴，鼓励众创空间为创业者提供免费高带宽互联网接入服务。

（三）鼓励科技人员和大学生创业

加快推进中央级事业单位科技成果使用、处置和收益管理改革试点，完善科技人员创业股权激励机制。推进实施大学生创业引领计划，鼓励高校开发开设创新创业教育课程，建立健全大学生创业指导服务专门机构，加强大学生创业培训，整合发展国家和省级高校毕业生就业创业基金，为大学生创业提供场所、公共服务和资金支持，以创业带动就业。

（四）支持创新创业公共服务

综合运用政府购买服务、无偿资助、业务奖励等方式，支持中小企业公共服务平台和服务机构建设，为中小企业提供全方位专业化优质服务，支持服务机构为初创企业提供法律、知识产权、财务、咨询、检验检测认证和技术转移等服务，促进科技基础条件平台开放共享。加强电子商务基础建设，为创新创业搭建高效便利的服务平台，提高小微企业市场竞争力。完善专利审查快速通道，对小微企业亟须获得授权的核心专利申请予以优先审查。

（五）加强财政资金引导

通过中小企业发展专项资金，运用阶段参股、风险补助和投资保障等方式，引导创业投资机构投资于初创期科技型中小企业。发挥国家新兴产业创业投资引导基金对社会资本的带动作用，重点支持战略性新兴产业和高技术产业早中期、初创期创新型企业发展。发挥国家科技成果转化引导基金作用，综合运用设立创业投资子基金、贷款风险补偿、绩效奖励等方式，促进科技成果转移转化。发挥财政资金杠杆作用，通过市场机制引导社会资金和金融资本支持创业活动。发挥财税政策作

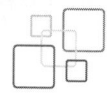

用，支持天使投资、创业投资发展，培育发展天使投资群体，推动大众创新创业。

（六）完善创业投融资机制

发挥多层次资本市场作用，为创新型企业提供综合金融服务。开展互联网股权众筹融资试点，增强众筹对大众创新创业的服务能力。规范和发展服务小微企业的区域性股权市场，促进科技初创企业融资，完善创业投资、天使投资退出和流转机制。鼓励银行业金融机构新设或改造部分分（支）行，作为从事科技型中小企业金融服务的专业或特色分（支）行，提供科技融资担保、知识产权质押、股权质押等方式的金融服务。

（七）丰富创新创业活动

鼓励社会力量围绕大众创业、万众创新组织开展各类公益活动。继续办好中国创新创业大赛、中国农业科技创新创业大赛等赛事活动，积极支持参与国际创新创业大赛，为投资机构与创新创业者提供对接平台。建立健全创业辅导制度，培育一批专业创业辅导师，鼓励拥有丰富经验和创业资源的企业家、天使投资人和专家学者担任创业导师或组成辅导团队。鼓励大企业建立服务大众创业的开放创新平台，支持社会力量举办创业沙龙、创业大讲堂、创业训练营等创业培训活动。

（八）营造创新创业文化氛围

积极倡导敢为人先、宽容失败的创新文化，树立崇尚创新、创业致富的价值导向，大力培育企业家精神和创客文化，将奇思妙想、创新创意转化为实实在在的创业活动。加强各类媒体对大众创新创业的新闻宣传和舆论引导，报道一批创新创业先进事迹，树立一批创新创业典型人物，让大众创业、万众创新在全社会蔚然成风。

这些文件的出台对创新创业的有效开展给予了有力的政策支持，随着"双创"政策出台，国家、地方推出扶持创业政策，鼓励大众创业，中国创业人数不断上升。据统计，2017年中国创业者规模超过3000万人，创新创业浪潮兴起，平民创业成为一大特色。

表1-1 "双创"以来政府出台的创新创业的政策文本样表（部分）

文件名	发文字号
国务院办公厅关于同意建立推进大众创业万众创新部际联席会议制度的函	国办函〔2015〕90号
国务院办公厅关于发展众创空间推进大众创新创业的指导意见	国办发〔2015〕9号
国务院关于大力推进大众创业万众创新若干政策措施的意见	国发〔2015〕32号
国务院办公厅关于印发进一步做好新形势下就业创业工作重点任务分工方案的通知	国办函〔2015〕47号

续表

文件名	发文字号
国务院办公厅关于深化高等学校创新创业教育改革的实施意见	国办发〔2015〕36号
国务院关于加快构建大众创业万众创新支撑平台的指导意见	国发〔2015〕53号
国务院关于进一步做好新形势下就业创业工作的意见	国发〔2015〕23号
国家发展改革委办公厅关于做好2015年全国大众创业万众创新活动周组织筹备工作的通知	发改办高技〔2015〕2576号
关于促进东北老工业基地创新创业发展打造竞争新优势的实施意见	发改振兴〔2015〕1488号
关于举办中国农业科技创新创业大赛的通知	国科发农〔2010〕183号
关于支持和促进重点群体创业就业有关税收政策具体实施问题的补充公告	国家税务总局财政部人力资源社会保障部教育部民政部公告2015年第12号
关于支持和促进重点群体创业就业税收政策有关问题的补充通知	财税〔2015〕18号
关于进一步扩大小型微利企业所得税优惠政策范围的通知	财税〔2015〕99号
北京市教育委员会关于印发深化高等学校创新创业教育改革实施方案的通知	京教高〔2015〕15号

（资料来源：中国政府网）

二、经济环境为创新创业提供了基础条件

（一）原材料供应

我国各类资源的可获得能力显著提升。随着"互联网+"及市场细分的发展，新创企业在原材料供应上一般不存在困难。对于直接从事新能源产业、新技术应用材料的新创企业，可能需要专门定向采购基础材料或在粗原材料基础上进行创新加工。对于新创企业来说，最关键的问题不在于原材料供应，而是新创企业的核心技术产品定位及商业模式创新，创新能力和产品的比较优势是新创企业需要考虑的核心议题。

（二）基础设施

我国的基础设施建设处于世界领先水平，在招商引资上具有国际比较优势。很多地区的产业园区基础设施建设标准基本可都达到"六通一平"标准及以上，供水、排水、路、电、气、通讯已经成为产业投资的标配。新创企业一般无需担心在基础设施上存在制约和障碍。但是，在选择企业地理区位时，不仅要看"硬件"的基础设施，还要看"软件"的基础设施。比如，关注投资区域的产业链条是否完备、产业集群规模是否显现、产业竞争力是否具备等。如果新创企业在投资区域可以相对容易地获得来自产业链上下游企业的支持，就能够极大地降低产业成本，提高产业效率，并且能够形成区域经济内的产业协同发展。

（三）物流系统

我国已经形成四通八达的物流网络，整体物流负担也在不断降低。近几年，我国的物流业发展迅猛。2015年我国社会物流总额达到219.2万亿元，是2010年的1.7倍。以运输费、保管费、管理费等为核心的社会物流总费用也快速增长，2015年社会物流总费用达到10.8万亿元，是2010年的1.5倍。国际上，通行用全社会的物流总费用占GDP比重作为核心指标，来评价经济运行中的物流效率，这个比重水平越低，说明物流相对成本越低，物流效率就越高。以此指标衡量，2015年我国社会物流总费用占GDP比重为16%，比2010年降低了1.8个百分点。但是，与发达国家10%左右的水平相比，还有进一步下降空间。

（四）劳动力供给

劳动力供给状况和用工成本是新创企业较为关注的成本问题之一。我国拥有丰富的人力资源，劳动年龄人口数量较为充足。根据国家统计局数据显示，截至2016年末，15~59岁的劳动年龄人口91096万人，占总人口的比重为66.3%。但值得注意的是，随着我国人口老龄化加速发展，劳动年龄人口数量及比重在不断下降，人口红利在逐步衰退。自2012年以来，我国劳动力人口绝对数量已经连续4年下降，从2012年的93727万人、占比69.2%，下降到2016年91096万人、占比66.3%，4年间劳动力人口减少了2600多万人。与此同时，全国农民工总量增速也在下降，劳动力的价格在不断上升，工人工资水平已经超过南亚和东南亚国家。正是由于劳动力价格原因，一些海外代工企业、劳动密集型企业从我国东南沿海转移到了南亚和东南亚国家。但是，我国的劳动用工成本仍具有国际比较优势。一是与发达国家相比，我国的劳动力价格要低一些。以中美劳动力价格比较为例，美国蓝领是中国的8倍，白领是中国的2倍多。二是我国劳动力素质较高。与其他国家相比，中国劳工更加勤劳、肯干，重视个人技能成长，具有刻苦和敬业精神，便于企业管理和效率提升。

三、需求导向下的技术创新为创新创业提供广阔的市场

与传统工业经济的技术提升带动产业发展不同，互联网更多的是以应用和模式创新的方式来推动经济发展，这导致互联网经济更加关注消费市场、关注消费者的满足程度，加重了互联网时代"买方市场"的市场格局特征。"互联网+"的提出，把互联网的创新成果与经济社会各领域深度融合，推动技术进步、效率提升和组织变革，提升实体经济创新力和生产力，形成更广泛的以互联网为基础设施和创新要素的经济社会发展新形态。在全球新一轮科技革命和产业变革中，互联网与各领域的融合发展具有广阔前景和无限潜力，已成为不可阻挡的时代潮流，正对各国经济

社会发展产生着战略性和全局性的影响。积极发挥我国互联网已经形成的比较优势，把握机遇，增强信心，加快推进"互联网+"发展，有利于重塑创新体系、激发创新活力、培育新兴业态和创新公共服务模式，对打造大众创业、万众创新和增加公共产品、公共服务"双引擎"，主动适应和引领经济发展新常态，形成经济发展新动能，实现中国经济提质增效升级具有重要意义。

伴随着互联网的价值经济的挖掘，互联网经济下的供给和需求都在发生着重要变化。消费需求呈现自主性、个性化、多样化、现实性、互动性等时代特征。为适应需求的变化，我国提出了"供给侧改革"的改革思路，在适度扩大需求和适应需求的"两适"思路下，开展供给侧的结构调整。在这样的环境下，创新创业作为解决需求中的"痛点"问题的手段，正逐步发展成为一种时代潮流。

四、创新创业教育和培训的蓬勃发展

创新创业教育是培养人的创新创业精神、创新创业意识、创意思维和技能等创新创业综合素质，使被教育者具有一定的创新和创业能力的教育。创新创业教育被联合国教科文组织称为教育的"第三本护照"，被赋予了与学术教育、职业教育同等重要的地位。党中央和国务院一直十分重视大学生创新创业工作。早在1999年1月，国务院就批转了教育部《面向21世纪教育振兴行动计划》，正式提出了要"加强对教师和学生的创业教育，鼓励他们自主创办高新技术企业"。

（一）国外创新创业教育

培养创新型人才已经上升至国家战略的高度，也是提高我国综合国力的重要手段之一。早在1972年，联合国教科文组织在《学会生存》的报告中，就提出创业素质应成为公民的基本素质。近20年来，创业教育在世界上已逐渐被各国重视，美、英、法、日等国的创业教育均已推广到初中甚至小学。作为最早开展创新创业教育的国家，美国至2005年已有1600多所院校开设了创业课程，同时形成了系统的创业教育计划；而英国政府更是要求中学就开设创业课程；法国则成立了创业计划培训中心（CEPAC）；德国、日本也积极开展创业教育并开办创业大赛。

（二）国内的创新创业教育

从国家宏观层面，在"大众创业，万众创新"的大背景下，国务院办公厅发布了《关于深化高等学校创新创业教育改革的实施意见》《关于发展众创空间推进大众创新创业的指导意见》《关于大力推进大众创业万众创新若干政策措施的意见》等一系列政策鼓励大学生创新创业。教育主管单位也制定了《教育部关于大力推进高等学校创新创业教育和大学生自主创业工作的意见》《普通本科学校创业教育教学基本

要求（试行）》《关于做好 2016 届全国普通高等学校毕业生就业创业工作的通知》等政策。

《北京市教育委员会关于印发深化高等学校创新创业教育改革的实施方案的通知》等文件的陆续出台为创新创业的教学改革指明了方向。

尤其是教育部印发的《关于做好 2016 届全国普通高等学校毕业生就业创业工作的通知》中指明，各地各高校要把提高教育质量作为创新创业教育改革的出发点和落脚点，根据人才培养定位和创新创业教育目标要求，促进专业教育与创新创业教育有机融合。从 2016 年起所有高校都要设置创新创业教育课程，对全体学生开发开设创新创业教育必修课和选修课，纳入学分管理。对有创业意愿的学生，开设创业指导及实训类课程。对已经开展创业实践的学生，开展企业经营管理类培训。要广泛举办各类创新创业大赛，支持高校学生成立创新创业协会、创业俱乐部等社团，举办创新创业讲座论坛。这些文件精神为我们开展创新创业教育工作提供了创新的思路和制度保证。

（三）创业培训的多种形式和巨大作用

创业培训是一个国家创业成熟度高低的重要标志，更是一个国家和地区创业能力强的原因之一。对中小企业实施创业辅导是世界各国、各地区政府所普遍采用的一种通行做法。据不完全统计，有 70% 左右的美国企业在创立之初曾得到过美国小企业局（SBA）的资助和辅导。在我国台湾地区，绝大部分中小企业特别是资讯科技企业都得益于创业综合辅导计划。在香港地区，不仅设有提供创业辅导的公共服务平台，而且政府相关部门都设有中小企业服务机构，约有七成以上的中小企业接受过政府的创业辅导和援助。我国依据《中小企业促进法》赋予各级政府部门的职责中，已经将建立中小企业创业培训体系作为完善城市功能、实现国家长治久安的重要举措。并已确定了深圳等一批试点城市，还拨出专款设立"民营与中小企业发展专项资金"，重点支持建立各类中小企业。创业者利用好这样的平台就可能演绎出无数创业快速崛起的神话。

创业培训是对具有创业意向和创业条件的人员，进行提升创业能力的一种培训。当前，在全民的创业热潮中，我国的创业培训正在兴起。主要分为三种层次。一是对具有创业条件的、或是准备创业的人员组织开展《创业基础知识》为主要内容的理论知识和实际操作技能的培训；二是引入国际化培训课件；三是对创业能力提升进行心理评测的探索。

第三节 中国创新创业环境的评价

《全球创业观察（2016/2017）中国报告》中对于中国的创业环境进行了评价。这份报告是由清华大学二十国集团创业研究中心下的中国创业研究中心发布的第十四份年度中国创业观察报告，本次报告的主题为中国创业的质量、环境和国际比较。报告对中国创业活动的质量、环境以及与G20经济体之间创业活动的共性与差异进行分析，主要发现如下：

一、中国创业活动的质量

从中国早期创业活动的结构特征来看，机会型创业比例由2009年的50.87%提高到2016~2017年度的70.75%；同时，中国创业者的产品创新性、创业成长性和国际化程度在提高。2009年，20.19%的创业者认为自己提供的产品/服务具有创新性，2016~2017年度这一比例为28.76%。2009年，15.65%的创业者认为企业具备高成长潜力，可以在五年内创造10个及以上就业岗位，2016~2017年度这一比例为22.74%。创业者的海外客户比例提升最为明显，2009年仅有1.4%的创业者针对海外市场，而2016~2017年度7.67%的中国创业者拥有海外客户。从创业者的背景和创业活动的创新性、成长性及国际导向来看，中国创业活动的质量提高了。

二、中国创业生态环境

中国创业环境综合指数由2010年的2.87上升到2016~2017年度的3.10，说明中国创业环境的总体情况在不断改善。具体到创业环境条件，中国创业环境在金融支持、政府政策以及社会文化规范方面较2010年都有了明显提升，但在教育培训、商务环境和研发转移方面改善缓慢或停滞不前。与创新驱动经济体和G20经济体平均水平相比，在商务环境方面亟须加强。

中国创业环境在金融支持、政府政策以及社会文化规范方面较2010年提升显著。2010年中国金融支持的创业环境条件得分为2.54，2016年提高到3.32；2010年中国政府政策的创业环境条件得分为2.66，2016年提升至3.02；2010年中国社会文化与规范的创业环境条件得分为2.97，2016年提高到3.47。

教育培训、商务环境和研发转移方面改善较为缓慢。2010年中国教育培训的创业环境条件得分为2.38，2016年该数字为2.61。2010年中国商务环境的创业环境条件得分为2.54，2016年该数字为2.58。研发转移方面，2010年创业环境条件得分为2.65，而2016年该数字降为2.49。

与发达经济体和 G20 经济体平均水平相比，中国在商务环境方面亟须加强。2016 年中国商务环境创业环境条件得分为 2.58，与加拿大（3.39）、德国（3.35）和美国（3.30）等发达国家的商务环境创业环境条件得分相比，存在较大差距。与其他 G20 经济体相似，青年是中国创业活动的主体，高收入人群更愿意创业，社会对创业的认可程度较高，创业动机以机会型为主。

三、创业活跃程度

中国在创业活跃程度、女性创业比例、创业者受教育程度、高附加值商业服务业创业和创业者创业能力自我感知方面与 G20 其他经济体存在差异。

创业活跃程度包括早期创业活动指数、创业型员工比例（内创业）和成熟企业拥有比例。早期创业活动指数是指 18~64 岁的年龄群体中，参与企业创建或运营企业少于 3.5 年的个体数量在每 100 位成年人口中所占的比例。创业型员工比例是指作为员工参与到创业活动，例如开发和建立新的业务或分支机构的人员比例。成熟企业拥有比例是指在同样的年龄群体中，拥有并自主管理一家运营超过 42 个月企业的人口比例。2016~2017 年度，中国早期创业活动指数为 10.5，创业型员工比例为 1.2，成熟企业拥有比例为 7.5，总体创业活跃程度处于 G20 经济体中间水平。中国女性创业活跃程度约为男性的 70%。G20 经济体中，印度尼西亚女性创业比例最高，约为男性的 1.2 倍，日本的女性创业比例最低，约为男性的 1/4。

四、创业群体

中国创业活动最活跃的年龄段是 18~34 岁的青年阶段，占总体创业者比例的 44.39%，G20 经济体平均比例为 43.19%。中国较高收入人群（收入较高的 33% 人口）中有 13.84% 为创业者，而中等收入和低收入人群中这一比例分别为 6.47% 和 6.9%，G20 经济体中高收入人群创业的平均比例为 13.23%。

中国有 70.29% 的受访者认为创业是一个好的职业选择，77.78% 的受访者认为成功企业家享有较高的社会地位，79.32% 的受访者认为可以经常在媒体上看到成功创业的故事，G20 经济体中这三项指标的平均比例也都超过 60%。

中国参与早期创业的人员中，具有大专及以上文化程度的比例为 47%，处于 G20 经济体中间水平，低于发达经济体。例如，G20 经济体中加拿大、法国、美国的高学历创业者比例分别是 82%、81% 和 79%。

五、创业领域

商业服务业（信息通讯、金融和其他服务业等）相对于顾客服务业和第一、第二产业具有更高的附加值。中国商业服务业的创业比例相对较低为12.46%，而顾客服务业的创业比例最高为62.68%。G20经济体中英国（34.7%）、美国（33.6%）和法国（31.4%）等国家商业服务业创业所占比率均较高。企业不盈利是中国和G20经济体创业者中止创业的主要原因，中国因为企业不盈利中止创业的比例为38.91%，G20经济体平均比例为30.66%。

六、创业形式

影响创业者的客观因素中，"合作团队"达81.4%，"市场环境"达80.4%，"资金"达77.6%。创业市场环境是创业宏观条件，资金是创业基础条件，创业合作团队则是创业的核心条件之一，合作团队的优劣影响整个创业的发展趋势。

目前，中国高校已逐步形成了若干具有代表性的创业生态系统模式，包括：以高校为核心、辐射所在区域，涵盖政府、企业、资本、社区（园区）等创新创业主体的创业生态系统；基于高校创新创业活动构建的国家级大赛平台；投资人和投资机构服务大学生创业建立的"自组织系统"等。此外，平台型企业与高校的深度战略合作、基于人才战略需求的创新创业实践型人才培养，以及"企业大学"与高校面向社会的创新创业办学等举措，使得中国高校创新创业教育呈现出百花齐放的景象。

❀ 案例讨论

"三国杀"创业案例

风靡大江南北、中国最成功的桌游"三国杀"，其创始人杜彬、黄恺都是标准的大学生创业者。黄恺2004年考上中国传媒大学动画学院游戏设计专业，他在大学时期就开始"不务正业"。杜彬同样早在大学期间就不断地进行创业的尝试。要创业，首先要选好行业和项目。杜彬看好的是文化娱乐产业。网游业当年的风光有目共睹——陈天桥30万美金买来一个《传奇》，撬动了如今数百亿元的市场。下一个网游业在哪里？杜彬觉得或许会是桌游。早在2004年，杜彬就从一个瑞典朋友那里了解到了桌游在欧美的风行，他相信这个趋势同样会在中国出现。然而，在当时的中国，桌游甚至谈不上是一个产业，杜彬所缺乏的是一个足以敲开市场大门的桌游产品。与此同时，中国传媒大学的两个04级本科学生——黄恺和李由正在淘宝网上销售自制的卡牌桌游《三国杀》——这个在规则上模仿国外桌游产品《BANG》的兴趣之作，不料竟成为开启整个中国桌游业的契机。三人对游戏进行了中国式改良，在模仿国外桌游的基础上，设计出了具有中国特色、符合国人娱乐风格的桌游《三国杀》。2006年10月，黄恺开始在淘宝网上贩卖《三国杀》，没想到大受欢迎。而毕业后的黄恺并没有任何找工作的打算，而是借了5万元注册了一家公司，开始做起《三国杀》的生意。2009年6月底，《三国杀》成为中国被移植至网游平台的一款桌上游戏。2010年，《三国杀》正版桌游售出200多万套。粗略估计，《三国杀》迄今至少给黄恺带来了几千万的收益，并且随着《三国杀》品牌的发展，收益还将会继续增加。

（资料来源：三国杀的创业者. http://www.doc88.com/p-846519664659.html）

阅读上述案例，结合本章所学内容，讨论并实践：

1. 总结"三国杀"创业方案成功的原因。

2. 查阅有关资料，说明现在的手游界创业环境与当时"三国杀"创业时代环境有哪些异同。

3. 互联网环境下的创业环境与传统环境有何不同之处。

课后思考

1. 创业项目的环境分析主要有哪些内容？
2. 试述中国创业环境的特点和未来发展趋势。
3. 我国创业环境最新发展趋势是怎样的？
4. 分析创业环境对创业者进入目标市场有哪些帮助？

本章小结

创业环境是发现创业机会的基础，是进行创业可行性分析的前提。创业受到一个国家政治、社会、文化、经济、技术等环节因素的影响。从创业结果看，一个国家总的创业环境对新创企业的产生与发展起着重要的作用。创业环境是创业必需的要素，创业环境不仅影响着早期创业活动，同时也影响着早期的创业活动转化为现存企业。

当前阶段，我国大力推进创业活动，在金融支持、政府政策、教育和培训、研究开发的转移、商务环境和有形基础设施等方面不断做出调整与改善，有力地推进了我国创新创业活动的开展。

第二章　创业意识、思维、素质

本章学习目标

通过本章的学习，应达到如下目标：
- 理解创业意识、创业思维、创业素质；
- 掌握创业思维与技巧；
- 创业思维与管理思维的差别；
- 应用创业思维方法分析创业基本流程。

引导案例

世界各地创业面面观

总体来说，国家越富裕发达，做生意的限制一般就越少。现今世界各地政府及各个机构组织提供便利条件、优惠政策，向学生、创业团队敞开大门。

（1）美国：今天的美国，一半以上的公民要么自己创业，要么在创业型的中小企业工作。以前大型企业拥有最新的高科技，大家节省时间的工作方式是在一个大工作室里交流。但是现在每个人都有手机、电脑，最有效的工作方式是在家或小型工作室交流。现今，美国无论是创业硬件环境、创业资本环境，还是创业精神与创业内在机制都处于世界领先地位。

（2）以色列：我们往往会用"坚韧和乐观"这两个词去看待以色列的过去、现在和未来。根据资料显示，78.8%的以色列人对未来很乐观，89%的以色列人认为在他们需要的时候会有人挺身而出。以色列历经的一系列战争与威胁让她变得更加坚韧，而且一点也没有减少以色列人的乐观。这种坚韧、乐观和幸福是孕育企业家的沃土。他们的创造性可以应对更大的挑战，也会培育出这个创业的国度里的创新性经济体。作为一个小国，以色列的创业故事有很多值得深思的地方。其创业精神的或许并不全面，但也足以管中窥豹，并给人以借鉴和启迪。

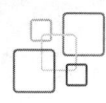

（3）英国：英国创业的优势很明显，门槛更低、政策更灵活、市场更透明。全球创业成本最低的国家中，英国排名世界第三。运营企业的便利性排名，英国位居世界第八。目前英国政府推出创业支持政策，学生在英国只要拿出富有创意的研究或工作成果，就可以此得到权威金融机构认可的风险投资公司，或政府相关部门（包括学校）的认可，并取得他们的5万英镑及资金担保信，帮助学生投资创业。

（4）法国：据调查，37%的法国人希望创立一家属于自己的公司，更有10%已经着手进行实践。对自由的渴望和奋斗的乐趣是促使法国人创业的主要动力。据了解，吸引和留住欧洲创业企业的战争日渐白热化。法国各地公共和私人实业都摆出诚意姿态，向创业者提供有诱惑力的工作环境、特殊签证，甚至是国家补助。在法国，政府希望能通过新的商业发展拉动经济增长。

（5）德国：德国人创业情绪普遍不高，只有不到50%的德国人在接受全球创业观察（GEM）调查时表示，创业对他们具有吸引力。而反观他们的邻国，约有65%的法国人、68%的波兰人和79%的荷兰人都对创业表示出了不小的兴趣。根据调查显示，德国自主创业意愿逐年降低的原因，首先是由于缺乏资金。小公司需要天使投资人和风险资本来生存发展，不过这些资源在德国非常有限。德国的风险投资者非常谨慎，并不期望公司呈现爆炸性的增长。此外，德国人墨守成规，比较安静、严谨和沉稳。但创业需要的恰恰是速度。德国社会对失败不够宽容，经营企业失败的人会受到来自社会的压力。约有42%的德国人远离创业就是因为这个原因，远远高于美国的32%。许多美国人反而自豪于他们曾有过失败的创业经历。但这些情况或将会发生改变。如今的大学毕业生或将把创业列入就业范围内，而德国政府也将对此提供适当的帮助。

（6）新加坡：新加坡这个500多万人口的国家，以富裕、整洁、高效而闻名于世。这里的人们彬彬有礼，墙上找不到涂鸦；年轻人均受到良好教育，循规蹈矩，毕业后可以到政府当公务员、到金融机构当高级白领、在国有企业或跨国公司里体面地任职，加之新加坡的市场太小，导致新加坡创业率与积极性一直不高。

新加坡虽小，但是五脏俱全。现在政府对在新加坡的创业和投资非常支持，对于入驻新加坡的企业，政府一般会做天使和A轮的投资，天使投资的规模是50万美金，A轮政府一般会拿出1000万新币。政府鼓励机构一起来投资A轮，除了承诺给参与A轮投资的机构做有限合伙人（LP）之外，还会一起共担风险。因此大家往往会把新加坡当作一个中转点，在新加坡创业设立公司。

（7）韩国：据调查，韩国的全部创业类型中，为了维持最低生计的"生计型创业"比例逼近40%。韩国未满42个月的初期创业中，"生计型创业"比例为36.5%。为了提高收入水平的"机会追求型创业"占51.1%。与此前相比，"生计型创业"

与"机会追求型创业"各增加了1.5%与5.1%。虽然从表面上看，高附加值性创业的增幅较大，但与主要发达国家相比，韩国的"生计型创业"比例过高。一直以来，以家族化经营为特点的财阀经济占据韩国经济半壁江山。2012年，仅韩国三星、现代、LG、SK四家公司的总销售额就高达7145亿美元，约占韩国当年GDP（1.17万亿美元）的61%。然而，众财阀提供的就业岗位仅占全国的10%左右。

韩国政府最新公布的就业统计结果显示，15~29岁青年就业人数多年呈现缩减趋势，青年层失业率高至7%~8%。寡头垄断严重、社会资源分配不均让韩国政府不得不考虑经济转型。为扶持中小企业，韩国政府喊出了"创造经济"的口号。韩国国内的创业支援主要通过跟韩国的大学合作，在大学内设立创业支援中心。支援中心实行"严进宽出"政策。对大学生要求进入创业中心的申请，韩国政府和学校要进行严格筛选。寻求创业的大学生需要提供详细的创业计划书，然后根据创业的方向，由大学教授和创业投资专业委员会组成的评价团来评价决定。如果顺利进入创业支援中心，大学生可以得到"一条龙"的服务，创业所急需的人才、营业场地和资金，在这里都很容易找到。为了进一步减轻韩国青年的创业风险，韩国政府支援创业的另一项特色是建立庞大的专业人才导师库，从而为在不同的成长阶段的创业企业提供定制化服务。根据创业企业面临的具体困难，由不同导师提供差异化的帮助。

（8）日本：在经历了20年的经济停滞后，日本年轻人"正变得非常、非常保守"。日本文化对失败者欠缺宽容，被认为是创业者们面临的最大障碍。这是日美在创业环境上的最大不同。日本大公司的终身雇佣制度与"年功序列"工资体系对年轻人来说依然具有吸引力，"经济乏力之时，年轻人倾向于稳定。"最新调查也显示，许多日本年轻人并不愿选择"披荆斩棘"的创业生活。在这项以世界13个国家年轻人为对象的工作意识调查中，回答"对创业不感兴趣"的日本人高达58%，在受调查地区中为最高。打造一个奖励冒险精神的社会，是日本今后的重要课题。日本要成为"创业大国"，必须为创业者打造可持续尝试的环境。

（9）中国香港地区：香港是由一批胸怀大志、意志坚定的移民建立起来的，他们孜孜不倦地工作，改变了自己的生活；因此，创立企业一向受人钦羡，也得以蓬勃发展。但这种"起步"精神正在迅速衰落。香港总体创业活动率远低于世界平均水平，而且基本上局限在消费者服务行业。企业联盟盛行、租金成本过高和资金池缩小，增加了创业的障碍，令小本企业创业困难。

但过去三年全球经济环境稳定，有利营商。且近年信息科技发展迅速，造就商机之余，亦大大减低创业及营商成本。另外，受到成功创业例子、政策配合和社会人士大力推动等因素影响，香港社会逐渐形成鼓励青年创业的风气。譬如香港青年协会为青年创业者提供创业启动金，成功申请者将可获得最高港币10万元免息贷款，作为开展业务的本金。香港青年协会还提供创业指导及专业咨询，安排工贸团体及商业服务机构，为青年创业者提供专业顾问服务，并为青年创业者提供或协助联系业务运作时所需的硬件、资源及支援，以及为青年创业者建立商业网络。

（10）中国：根据中为咨询网调查，近9成中国人对创业持积极态度，62%的受访者想开创自己的事业，均远高于国际平均水平。对于中国受访者来说，"更好地兼顾家庭与事业，享受生活""实现自我价值，完成个人目标"和"获得额外收入"是最吸引人们创业的前三大原因。同时，"不再受雇于人，做自己的老板"和可能"摆脱失业，重新工作"也是促使人们创业的原因。同时以世界13个国家的年轻人为对象进行了一项工作意识调查，结果显示，在调查中回答"对创业不感兴趣"的中国人仅为6%左右。此外，回答"考虑将来创业"的中国年轻人达40%。

更重要的是，中国也在逐步降低市场准入门槛，通过企业登记制度改革，2013年新登记注册的公司呈现井喷式增长，新增企业数量较2012年增长了60%以上。

（资料来源：根据中为智妍网 http://www.sohu.com/a/39487311_321122 有关资料整编）

第一节　创业意识

一、创业意识的要素

创业意识是指人们从事创业活动的内在动力。它包括创业的需要、动机、兴趣、理想、信念和世界观等要素。创业意识集中表现了创业素质中的社会性质，支配着创业者对创业活动的态度和行为，并决定着态度和行为的方向、力度，具有较强的选择性和能动性，是创业素质的重要组成部分，是人们从事创业活动的强大内驱动力。强烈的创业意识，能够帮助创业者克服创业道路上的各种艰难险阻，并将创业目标作为自己的人生奋斗目标。

创业意识的形成，不是一时的冲动或凭空想象出来的，它源于人的一种强烈的内在需要，即创业需要。创业需要是创业活动的最初诱因和最初动力。当创业需要上升为创业动机时，就形成了心理动力。创业动机对创业行为产生促进、推动作用，有了创业动机标志着创业实践活动即将开始。而创业兴趣可以激发创业者的深厚情感和坚强意志，使创业意识得到进一步升华。一般在创业实践活动取得一定的成效时，便引起兴趣的进一步提高。创业理想是属于创业动机范畴，是对未来奋斗目标的向往和追求，是人生理想的组成部分。有了创业理想，就意味着创业意识已基本形成。创业者为了实现创业理想，在创业活动中经过艰苦磨炼，又逐渐建立起创业的信念。创业信念是创业者从事创业活动的精神支柱。创业世界观是创业意识的最高层次，是随着创业者创业活动的发展与成功而使创业者思想和心理境界不断升华而形成的，它使创业者的个性发展方向、社会义务感、社会责任感、社会使命感有机地溶合在一起，把创业目标视为奋斗目标。

（一）创业需要

指创业者对现有条件的不满足，并由此产生的最新的要求、愿望和意识，是创业实践活动赖以展开的最初诱因和最初动力。但仅有创业需要，不一定有创业行为，想入非非者大有人在，只有创业需要上升为创业动机时，创业行为才有可能发生。

（二）创业动机

指推动创业者从事创业实践活动的内部动因。创业动机是一种成就动机，是竭力追求获得最佳效果和优异成绩的动因。有了创业动机，才会有创业行为。

（三）创业兴趣

指创业者对从事创业实践活动的情绪和态度的认识指向性。它能激活创业者的深厚情感和坚强意志，使创业意识得到进一步的升华。

（四）创业理想

指创业者对从事创业实践活动的未来奋斗目标较为稳定、持续的向往和追求的心理品质。创业理想属于人生理想的一部分，主要是一种职业理想和事业理想，而非政治理想和道德理想。创业理想是创业意识的核心。

二、创业意识的内容

（一）商机意识

真正的创业者，会在他创业前、创业中和创业后，始终面临着识别商机、发现市场的考验。他必须有足够的市场敏锐度，能够宏观地审视经济环境，洞察未来市场形势的走向，以便作出正确的决策来保证企业的持续发展。

（二）转化意识

仅有商机意识是不够的，还要在机会来临时抓住它，也就是把握机会，把商机转化成实实在在的收入和公司的持续运作，最终实现自己的创业梦想。转化意识就是把商机、机会等转化为生产力；把才能、知识转化为智力资本、人际关系资本和营销资本。

（三）战略意识

创业初期给自己制定一个合理的创业计划，解决如何进入市场、如何卖出产品等基本问题。创业中期需要制定整合市场、产品、人力方面的创业策略，转换创业初期战略。需要指出的是，创业战略不只有一种，也没有绝对的好坏之分，关键要适合自己的创业之路。在这条路上应时刻保持着战略的高度，不以朝夕得失论成败。

（四）风险意识

创业者要认真分析自己在创业过程中可能会遇到哪些风险，一旦这些风险出现，要懂得应该如何应对和化解。是否具备风险意识和规避风险的能力，将直接影响到创业的成败。

（五）勤奋意识

创业一定要务实勤奋，不能光停留在理论研究上。可以从小投资开始，逐步积累经验，不能只想着一口吃个胖子。没有资金、没有人脉都不要紧，关键要有好的思路和想法，有勇气去迈出第一步，才可能会成功。

第二节　创业思维

一、创业思维内涵

一个成功创业者的思维是和常人不一样的。创业项目、创业团队、时机以及投资，都是创业不可或缺的。但是，创业思维更是一个创业者的必备素养。那么，一个创业者应该具备什么样的"创业思维"呢？

创业思维是一种工作态度、一种解决问题的观念和方法，是主动性、创造性和坚定性等组成的一种复合能力。有创业思维的人，当面对资源约束和各种难题时，他们不是牢骚满腹，而是在创业思维的引导下主动地、创造性地寻找问题的解决方案，思考新的发展机会。创业思维能够引导创业者找到问题的解决办法，不断修正创业方向，直至取得创业的成功。

创业思维作为应对不确定性的一种态度、一种解决问题的观念和方法，它强调识别机会并尝试利用机会，引导创业者寻找独一无二的成功之路。创业思维的核心是"有效推理"的应用。与"因果推理"为先设的特定目标寻求最佳实现路径不同，"有效推理"不是从具体的特定目标开始的。基于创业过程固有的不确定性，创业目标总是动态变化的阶段性目标，"有效推理"引导创业者不断评估个人能力，选择当前可以实现的阶段性动态目标，根据目标实施过程中的新发现，不断调整目标规划，并驱动目标规划的实施。这种发现驱动思维为创业目标的动态选择和实施提供了实用工具，是不确定环境下应对风险的有效办法。

二、创业思维特征

（一）突破性

创业思维就是要找到解决问题的突破口，抓住问题的本质。江南春，分众传媒创始人。一个偶然机会，他看到电梯门上贴着小广告，从中发现楼宇电梯口这个特定地点的广告价值，想出在电梯旁安装广告视频的办法，于是成立分众传媒，创造出楼宇视频广告的新商业模式。

（二）新颖性

通过独特的视角思考问题解决问题。某牙膏公司营业额连续十年递增，在第十一年出现了下滑。为救活企业，一位年轻经理给总裁递了一张纸条。纸条上只写了一句话：将牙膏管开口扩大1毫米。人们每天早晨习惯挤出同样长度的牙膏，牙膏管开口扩大1毫米，每个人就多用了1毫米宽的牙膏。这样，每天牙膏的消费量将多出许多！果然，扩口后，公司的营业额增加了32%。

（三）灵活性

创业思维有法但无定法。可以自由想象，没有固定套路。美国艾士隆公司董事长偶然看到几个小孩在津津有味地玩一只非常丑陋的昆虫。他顿时灵机一现，联想到丑陋玩具可以突破人们的常规审美，消除审美疲劳，于是研制出一套"丑陋玩具"，并迅速推向市场。思路一变天地宽。

（四）求异性

求异不是盲目标新立异，而是实事求是地寻求新的解决问题的办法和思路。王老吉的成功便是一例。它避开同百事可乐等饮料巨头的直接碰撞，在选择传统营销渠道的基础上，同时进入了餐饮店、酒吧等场所，找寻自己独立生存的空间，开辟了营销渠道的蓝海。

三、创业思维培养技巧

对于思维方式的培养，理论上存在两种观点：一种观点认为思维方式的形成是一个循序渐进的过程，需要长时间的思想激荡才能够实现；另一种观点认为思维方式的转变可以在瞬时发生，即所谓的"顿悟"，创业学习理论将这种转变过程称为关键学习事件。培养创业思维的主要技巧如下：

（一）善于倾听

倾听，是一种平等而开放的交流，是一种了解他人的方式，更是一种与人交往的智慧。倾听是创业者一个非常重要的技能，要学着关注身边人所遇到的问题，以及他们的需求，并且还要向对他们提出解决问题的办法。

（二）学会专注

专注才能做得更好。心在其一艺，其艺必工。新东方创始人俞敏洪在《专注的好处》博文中讲：我们一辈子拥有的时间不是无限的，我们能做的事情也不是无限的，能够让自己专注起来，未尝不是一件无比幸福的事情。专注的培养一要运用积极目标的力量，二要善于屏蔽来自内心和外界的干扰。

（三）学会思考

21世纪创业靠智慧。善于思考的人无论在工作上还是生活中都会走在前面，成功的创业者一定是会思考的。面对竞争异常复杂的商场，创业者既要有敏锐的市场观察能力，更要有理性的思考。只有学会思考，才能找到市场的空白点和满足顾客需求的思路。

（四）善于发现"抱怨"

"抱怨"出商机。善于发现"抱怨"就是要善于发现人们生活中面临的各种问题，并试图找到解决这些问题的产品或服务。一个有创业思维的人，时刻都会留心这些"抱怨"，并熟记于心。

四、创业思维与管理思维的区别

（一）管理思维内涵

管理思维是指与管理行为相伴而生的思考活动，亦即管理者在履行管理过程中的思考活动。管理思维形成管理观念，影响管理态度和行为。

（二）管理思维特点

1. 管理思维的经验性

管理者认识事物的过程是一种不断以旧经验理解新经验、根据已有经验作出新推断的思维过程。这种过程决定了管理者的思维，认识离不开经验，管理者的思维内容必然要以自身已有的经验为基础依据，而不可能产生与其经验无关的新内容。管理思维的经验性一方面使管理者能够加快、加深对新事物的认识与把握；另一方面也使管理者受到经验的局限和误导，容易产生先入为主的成见和以偏概全的偏见。

2. 管理思维的惯性

管理者对事物的认识容易产生一种将其主要特性泛化的倾向，即将事物在主要方面所具有的特性推广到事物的其他方面，认为该事物在其他方面也应该具有与主要特性相一致、相符合、相统一的特点。管理思维的惯性主要受个人经验与文化涵养的影响，经验越少、涵养越低，惯性的影响也就越大。

3. 管理思维的单向性

管理者在思考、解决问题时总是自觉或不自觉地倾向于从自身所处的利害关系出发，受自身欲望、情感和意志的影响，以自身的人生观、价值观与伦理观来衡量事物，以自我利益为中心去处理问题。管理思维的单向性是造成误解与冲突的思想根源。

上述管理思维特性从主观上不自觉地影响、制约了管理者对事物的认识与判断。这种影响因管理者个人的天赋、经历、修养等方面的差别而不同。

（三）两者区别

1. 战略导向方面

创业思维体现为机会导向。因为创业者面对的技术、社会价值观等因素是快速变化的，商业机会成为最重要的资源，在动态复杂的、超强竞争的时代能否发现有价值的创业机会是创业者的基本战略思维。管理思维体现为资源导向，因为管理者面对的主要是外部资源契约、股东绩效考核和组织内部严格计划系统的压力，因此会把占有资源、获取资源放在最高位。

2. 把握机会方面

在机会面前，创业思维是超前认知与行动，理性的冒险并设法转移；管理思维在机会面前则表现得相对缓慢，在充分考虑资源现状的基础上，尽量收集较充足的决策支持信息，进行规范的决策程序，设法降低风险。由于技术生命周期的缩短，技术转移加快，在机会面前，越来越难以收集较充分的信息。甚至对于是否存在机会都会产生较大争议。创业思维使创业者能在机会尚不充分时，从很小的信息中发现商机。

3. 获取资源方面

迫于创业者本身对环境的可控能力弱，在资源需求能力上缺乏预见性，因此创业思维关注如何更有效地利用资源，它们往往以低成本的方式获取资源。管理思维出于降低市场风险的需要和采购规模经济的要求，通过正式的资金预算系统和正式的计划系统，进行大规模的采购和积蓄，以库存来降低风险。

4. 资源控制方面

考虑到资源专用性的压力，和扩张速度可能减缓解所导致的资源需求风险，以及机会识别中的错误风险，创业思维对待资源并不以有为目的，有些可以临时使用，有些可以临时租用，是一种"非所有权的控制"；管理思维却以尽可能地占有资源为目的，这是出于财务收益、部门的协同行动和资产转换成本的考虑。

5. 组织结构方面

由于人为资源并不是同等重要的，也不一定需要通过产权占有，因此创业思维专注于掌握那些可控程度低的关键资源。同时又由于员工对自主性的追求与日俱增，组织的扁平化、非正式组织的发展等都是创业思维在组织结构方面的基本的发展模式。管理思维出于责权清晰的要求和规范组织文化的需要，层级分明的薪酬系统的维护、官僚制度的层级系统是管理思维所偏爱的。

第三节 创业素质

一、创业素质内涵

创业素质是创业者对创业活动表现出来的内禀特征，即创业者实现成功创业所表现出来的独特品质和能力。对于创业素质的研究，管理学主要从职能角度分析创业者的素质，认为创业者应具备在商业战略、营销战略、财务战略以及人力资源等职能领域的管理能力，且每个领域内由个人特质、知识和技能所构成的能力各不相同。心理学则主要从创业者的个性特征和心理特征来研究创业现象。

由于创业是社会个体通过自己的主动性和创造性开辟新的工作岗位、拓展新的职业活动范围、创造新的业绩的实践过程，这一活动是个体在后天成长过程中，基于对社会发展的一定认知和自我生涯的规划而进行的实践活动，因此，创业素质的形成和发展更多地应基于后天的学习和实践习得，它既可以指个体素质中有待开发的创业基本素质潜能，又可指社会发展的成果在个体身心结构中积淀和内化的创业基本素质。

二、创业素质的构成

人的素质实际上是一个多侧面、多层次的结构系统，它的各个组成部分不是孤立存在的，而是相互依存、相互渗透、相互制约、相互促进的，它们形成了一个有机的整体。创业型人才一般都具有一些共同的创业素质，这些共同的创业素质构成了创业型人才的基本特征。创业者的素质在一定程度上决定了创业企业的成败，它具体表现为创业者的基本素质和能力素质。

（一）创业者的基本素质

创业者的基本素质分为身体素质和心理素质。

1. 身体素质

创业者应该具有健康的体魄和充沛的精力，能够适应新创企业的外部协调和内部管理的繁重工作。由于创业具有风险，需要很高的容忍度和承受力，良好的身体素质能让创业者经受巨大的压力，有效地组织创业活动。

2. 心理素质

包括创业者个人的心理条件以及思想素质等。具体表现为：

（1）创业意识。强烈的创业意识，能够帮助创业者克服创业道路上的各种艰难险阻，并将创业目标作为自己的人生奋斗目标。

（2）创业心理品质。处变不惊的良好心理素质和愈挫愈强的顽强意志，能够帮助创业者在创业的道路上自强不息、顽强拼搏，闯出属于自己的一番事业。

（3）竞争合作意识。敢于竞争、善于竞争的创业者在面临充满压力的市场时，才能取得成功。竞争的同时应注意寻求合作，拥有好的合作伙伴可以降低风险，获取资源，从而更易于获得成功。

（4）创业精神。主要包括自信、自强、自主、自立。自信赋予人主动积极的人生态度和进取精神；自强使人敢于实践，不断增长自己各方面的能力与才干；自主使人具有独立性思维能力，能够设计和规划自己的未来；自立使人能够凭自己的能力建立起自己生活和事业的基础。

（二）创业者的能力素质

创业者的能力素质是指创业者解决创业及创业企业成长过程中遇到的各种复杂问题的本领，是创业者基本素质的外在表现。从实践的角度看，能力素质表现为创业者把知识和经验有机结合起来并运用于创业管理的实践过程。具体表现为：

1. 机会识别能力

机会识别是一种有目的、有计划、有步骤的创业感知活动，是在创业实践中运用观察方法与技巧获得关于被观察事物的主观印象并据此获得创业机会的过程。创业者想具备机会识别能力，就要善于用敏锐的眼光去观察，用创新的思维去想象。

2. 风险决策能力

创业者的决策能力集中体现在创业者的战略决策上，及创业者在对新创企业外部经营环境和内部环境能力进行周密细致的调查和准确而有预见性的分析的基础上，确定企业发展目标、选择经营方针和制定经营战略的能力。虽然创业者经常需要进行一些战术性决策，但更多的精力应当用于战略决策。

3. 战略管理能力

创业者必须在创业过程中始终保持着常态的管理意识，管理主要是针对机会的捕捉和利用。只有通过常态的管理机制，才能实现将创新成果向创业成果的转化，才能更好地捕捉到机会。战略管理能力一般包括战略能力、计划能力、营销能力、理财能力、项目管理能力、时间管理能力等。

4. 创新能力

创业者必须具备创新能力，这是由企业经营管理活动的竞争性所决定的。而提高竞争力的关键，在于发挥创业者的创新能力。只有不断地用新的思想、新的产品、新的技术、新的制度和新的工作方法来改变原有的环境与做法，才能使企业在竞争中立于不败之地。

5. 网络构建能力

创业者必须善于建立本行业内的社交网络，包括有关本行业的信息网络。密集的行业网络沟通有助于创业者从中获得高回报的创业信息，促使创业者在巨型网络提供的精华中，吸取经验教训，培养创业精神。

三、创业素质教育的意义

创业素质教育着眼于发挥人的创造性潜能，满足个体适应未来社会生存和发展的需要，培养个体以开拓性的精神对待生活的积极态度，增强其适应社会生存和发展的能力。创新创业教育被联合国教科文组织称为教育的"第三本护照"，被赋予了与学术教育、职业教育同等重要的地位。

创业素质教育要使创业者了解掌握多学科知识，包括市场营销、企业管理、心理学、领导科学、人际沟通、资源获取等，从而提高创新能力、领导组织能力、协调沟通能力、动手能力、策划决策能力、学习能力等综合能力，因此，创业素质的提升能使其具备终身的创造性品格，促进个体全面自由的发展。

"创新是社会进步的灵魂，创业是推动经济社会发展、改善民生的重要途径。"当前，创新创业不再是少数人的专业，而是多数人的机会。特别是在经济发展进入新常态的时代背景下，创新创业已成为引领新常态、实现新发展的强大动力。创新创业作为稳增长的有生力量、调结构的有效方式、惠民生的有益渠道、促改革的有力举措，已经成为时代潮流，将汇聚起经济社会发展的强大新动能。

❖ 案例讨论

微信小程序上线至今，用户数不断增加、功能持续迭代。很多创业者看中了其中的商机，渴望抓住小程序这波超强红利。小程序的红利点及盈利模式主要有以下几种。

（一）纯小程序创业

对现有产品的功能进行延伸，开发一个与现有 App 相辅相成的小程序。通过小程序的高扩散性，解决 App 传播率低的问题。比如：摩拜、滴滴、打卡助手等。或者从零开始设计研发全新的小程序，一个小程序就一个功能。比如：亲戚关系、群play、手持弹幕、形色识花等。

小程序有大量的访问量后，再根据用户画像进行商业变现。比如"手持弹幕"的使用场景大部分是演唱会，用户群体基本属于粉丝群。小程序制作方可往明星周边等娱乐产业进行转移，最后实现转化变现。

（二）小程序商店

也就是"小程序聚合平台"。前期收录所有小程序，进行免费展示。待知名度、访问量和转化量做起来后，转为收费模式（摊位费、推广费）。比如：手边平台小程序。

（三）小程序服务商

这是目前市面上最普遍的小程序盈利模式。技术型公司利用已有的技术优势，迅速接入小程序技术，为企业/个人提供小程序开发服务，此外，还可衍生出招商加盟业务，为不懂技术的代理商提供技术支持。

（四）内容电商

在公众号等内容平台发布优质内容，并在文章中插入小程序卡片或小程序码。通过内容激发读者的购买冲动，引导其进入小程序购买商品，从而实现"内容–购买"的转化。比如：美丽说、虎Cares职场物欲清单等。

（五）社群电商

通过一系列社交玩法，让小程序在微信等社群中散发开来，从而引发购买行为。如YOGAN摇杆等。其实，内容和社交电商实质上，是将以往的H5商城或第三方购物平台替换成小程序。但因小程序的触达更快更准确，所以内容和社交的引流效果会好非常多。

（六）O2O服务

利用小程序线上的强引流性，将用户引导到线下门店，促成转化。以餐馆为例，消费者从附近的小程序、社交分享、文内广告等途径进到餐馆的小程序，领取抵扣券后前往餐馆消费。消费后，店家还能留存用户信息，建立会员体系，进一步了解用户的消费习惯、偏好等，最后有针对性地做喜好推荐、会员优惠等。目前，通过小程序发放优惠券引流的典型例子有：星巴克用星说、麦当劳等。

（七）小程序周边服务

小程序的周边服务包括：小程序行业数据统计分析、小程序资讯媒体、小程序联盟、小程序咨询服务等。比如：阿拉丁小程序统计平台。

（八）私有化部署

私有化部署就是把应用的服务器端、客户端、管理后台，打包成一套解决方案交付给企业使用，也称为本地部署。简单地说，就是拥有私有的数据、私有的品牌、私有的服务器，直接成为微信官方的合作伙伴。

（资料来源：根据《创业新机遇！小程序的八大赚钱模式》改编，https://www.toutiao.com/a6569844351755616776）

阅读上述案例，结合本章所学内容，讨论并实践：
1. 总结"小程序"成功的原因。
2. 查阅有关资料，举例说明还有哪些不同种类的"小程序"盈利方式。
3. "小程序"的大热体现了什么样的创业思维？
4. 创业意识在"小程序"中是如何体现的？

❖ 课后思考

1. 创业者的素质分为哪些类型？各个类型又分别包含哪些具体的素质？
2. 创业素质是创业者成功所必需的吗？谈谈你对成功创业素质的认知？
3. 简述创业者思维与企业成长的关系，在不同的创业阶段创业者思维有何变化？
4. 创业意识的特点有哪些？
5. 什么是创业意识，创业意识的要素有哪些？
6. 创业思维对创业流程有何影响？

❖ 本章小结

创业意识是人有目的地寻找创业机会并采取创业行动的愿望和意志。创业意识的产生先于创业行为，是创业行动的内在驱动力。意识源于人的思维活动，是思维活动的产物。面对相同的现实世界和商业环境，拥有相同技术和知识储备的人，因为思维方式不同，会产生不同的思维结果，形成不同的意识。创业者素质是综合性很强的概念，其内涵丰富、深刻而且具有广泛的外延。创业者素质不是天生的，而是可以后天培养的。它是创业者成功的充分条件，但不是必要条件。

第三章 创业者

本章学习目标

通过本章的学习,应达到如下目标:
- 了解创业者的内涵及个性特征;
- 了解创业者的不同类型;
- 了解大学生创业精神的内涵及重要意义;
- 了解创业者能力的内涵;
- 理解并掌握创业者能力的主要构成;
- 理解并能应用创业者能力的培养途径。

引导案例

互联网创业者——马云

马云,阿里巴巴集团主要创始人,前首席执行官,曾获选2000年《福布斯》杂志封面人物,成为50年来中国企业家获此殊荣的第一人,还曾获选为未来全球领袖。

(1)创业历程

马云1988年毕业于杭州师范学院英语专业,之后任教于杭州电子工学院。1995年,他在出访美国时首次接触到因特网,回国后创办网站"中国黄页"(www.chinapages.com)。1997年,他加入中国外经贸部,负责开发其官方站点及中国产品网上交易市场。1999年初,马云回到杭州以50万元人民币创业,创立了阿里巴巴网站(www.alibaba.com)。2000年10月,美国亚洲商业协会评选马云为当年度"商业领袖",以表彰他在创新商业模式及帮助各国企业进入国际市场实现全球化方面所做出的贡献。2001年,为帮助中国企业"入世",实现更好地开拓国际市场的目标,阿里巴巴推出"中国供应商"服务,向全球推荐中国优秀的出口企业和商品,同时推出"阿里巴巴推荐采购商"服务,与国际采购集团沃尔玛、通用电气、Markant和

Sobond 等结盟,共同在网上进行跨国采购。同年,阿里巴巴联手全国工商联、国务院发展研究中心等部门共同发起倡议,在中国设立"9·19"诚信日,并在全球率先推出企业级网上信用管理产品"诚信通"。

2003年阿里巴巴进军C2C领域,推出另一个网站——个人网上交易平台淘宝网(www.taobao.com),并在2年时间内成长为国内最大的个人拍卖网站。同年,进军电子支付领域,成立支付宝公司,推出独立的第三方电子支付平台。2004年,马云对淘宝网追加3.5亿元的投资,让淘宝网12个月就冲进全球前20名,被业内人士称为奇迹。

(2) 主要成就

马云和他的团队创造了中国互联网商务领域的众多第一,诸多的富有创意的概念和作品,丰富了全球和中国商人的商业内容和行为。马云是中国大陆第一位登上美国权威财经杂志《福布斯》封面的企业家,2000年10月被"世界经济论坛"评为2001年度全球100位"未来领袖"之一。马云在1995年4月创办了"中国黄页"网站,这是国内第一家网上中文商业信息站点,同时也在国内最早形成主页发布的互联网商业模式,成功地发布了浙江省"金鸽工程"、无锡小天鹅、北京国安足球俱乐部等中国第一批互联网主页。

(3) 寄语青年创业者

马云回想自己的青年时代,感叹曾受到不少挫折,并且也有过迷茫的阶段。"我年轻的时候,左看右看都不像是能成功的人。爸妈、老师都不觉得我将来会成功。结果,最后像电视剧一样,来了个大逆转。"马云曾自曝家底,"当年考警察,5个人录取4个,就我没上;去肯德基应聘服务员,24个人录取23个,我又没被录取。"他还说,"我在28岁之前还不知道想干吗,这是实事求是。""我跟大家一样,年轻的时候也迷茫。"

但当今社会机会更多,年轻人应该关注这些机会。"今天,很多人抱怨雾霾,可我觉得这是天大的机会。"马云说,如果有人能找到一个解决方案,那这个人肯定是未来的成功者。"这个年代是最好的年代,因为全世界都有着那么多的麻烦。"

并且,如果在自己热爱的领域去创业,可以将创业变成一件愉快的事情。在马云看来,找到一个自己感兴趣的方向,坚持做下去,这就是成功的秘密。"创业要选择自己喜欢的方向,找到一批志同道合的人,从最容易的地方做起。"马云说。比尔·盖茨、巴菲特等,马云都接触过。他发现,这些成功的企业家都有着共同的特点:他们乐观,积极看世界,敢于行动,能坚持。

同时,也要做好在失败中前行的思想准备,并且,坚持下去。"不要指望靠一个创意、想法就能成功,我都有差不多1000个想法了,但成功的就只有寥寥几个。创业要坚持，我只是比别人多尝试一些。"马云直言，"创业初期，钱不是最重要的。团队、创意、坚持、机会都很重要。要立刻、现在、马上行动起来。很多年轻人晚上想想千条路，早上起来又要走原路。"马云说。

（改编自：程书强，唐光海主编.互联网创业基础［M］.北京：北京理工大学出版社，2016.

庄春晖.马云：我年轻时也曾一样迷茫［N］.粮油市场报，2015-08-15（B04）.）

第一节 创业者概述

一、创业者定义

"创业者"一词，最早由法国经济学家康蒂永（Cantillon）于1755年引入经济学。1800年，法国经济学家萨伊（Say）首次给出了创业者的定义，他将其描述为将经济资源从生产率较低的区域转移到生产率较高区域的人，并认为创业者是经济活动过程中的代理人。著名经济学家熊彼特（Schumpeter）则认为创业者应为创新者。这样，创业者概念中又加了一条，即具有发现和引入新的更好地能赚钱的产品、服务和过程的能力。

一般，创业者被定义为组织、管理一个生意或企业并承担其风险的人。创业者的英文单词是Entrepreneur。Entrepreneur有企业家以及创始人两个基本含义。其中，企业家指现有企业中负责经营和决策的领导人，创始人指即将创办或刚刚创办新企业的领导人。

综上所述，创业者是创业活动的领导者和执行者，能发现某种信息、资源、机会或掌握某种技术，识别并抓住商机，并勇于承担风险，以一定的方式转化、创造成更多的财富、价值，并实现某种追求或目标的人。

二、创业者的特征

创业者作为推进创业活动的执行人，对创业活动有重要的导向作用。虽然创业者的成功经验千差万别，但梳理成功创业者的个性特征时，依然能明显发现其共性。

（一）成功欲望倾向

与普通人相比，创业者的需求层级较高。根据马斯洛的需求层次理论，人的需求分为生理需求、安全需求、归属和爱的需求、尊重需求以及自我实现需求等六个从低向高迈进的需求层次。一般而言，创业者具有强烈的成就欲望以及满足自我价值实现的需要，即最高层次的需求。

创业者对于个人目标的设定，往往超出舒适阶段的目标，设定标准较高。这种

高目标的设立，不断激励创业者突破现状、战胜困难。

（二）风险偏好倾向

有关风险倾向，创业者更多是风险偏好倾向。对于市场尚未明确、存在诸多不确定因素时，创业者就愿意承担高风险，开展相关的商业活动。正是由于创业者的这种风险偏好倾向，导致创业者能够及时抓住稍纵即逝的市场机会，从而开拓出一片事业。

当然，成功的创业者在创业时，并非盲目冒进。创业者会积极搜集信息，辨识可规避的市场风险后再采取行动。

（三）创新求变倾向

成功的创业者均十分重视创新，力求在不断创新中找到企业发展的出路。创新的形式多种多样，除产品创新、工艺创新外，还包括市场创新、商业模式创新、管理活动创新等。创业者在创新活动中，需要较高的综合素质和创新管理能力，才能在激烈的市场竞争中获胜。

企业管理者或领导者的创新，是企业具有核心竞争力并获得长足发展的根本。而对于创业企业家而言，需要将自己企业的产品或服务推向一个全新的市场，需要令消费者认识自己的产品或服务，创新求变则尤为重要。

（四）经济诉求倾向

企业成功的标志之一，即是获得市场认可，从而获得经济收益，使企业能正常经营。这要求创业者具有经济思维，了解经济运行规律，将追求利润最大化作为企业经营决策的重要标准。

一个成功的创业者应该具备最基本的经济头脑，了解经济规则，学会运用经济思维进行决策。这要求创业者既要了解所处行业的市场供求关系及市场竞争情况，又要具有在企业日常经营中采取以最小的投入获得最大的产出的运营管理能力。

（五）关注资源倾向

成功的创业者，非常关注获取并利用外部资源。当前市场竞争异常激烈，市场机会瞬息万变，创业初期更是急需各类资源帮助企业在市场上立足。成功的创业者一般会将搜寻外部资源信息作为一种潜意识行为，从大量的最新资源信息中筛选出有用资源，然后采用或者使用或者合作或者购买或者效仿等方式利用各类资源。

创业者关注的资源包括外部资源和内部资源两种。外部资源是创业者对外界重要信息的搜寻后，获取的有关市场信息、竞争者信息、技术信息等。内部资源是创业者对内部的人员能力、企业资产、企业技术等信息的梳理后得到的关键信息资源。无论是哪种资源，都可以作为创业者个人能力的补充，帮助其更好地抓住市场机会，并进行相关决策。

三、创业者的类型

从不同的角度可将创业者划分为多种类型。目前，创业者基本可分为以下四种类型。

（一）生存型创业者

此类创业者多为下岗工人、失去土地或因为种种原因不愿困守乡村的农民，以及刚刚毕业找不到工作的大学生，这是中国数量最大的一类创业人群。此类创业者多是为满足基本生活，不得已才进行创业。创业范围多局限于商业贸易，即批发零售等，少量从事实业，也仅限于投资较少的加工业。

（二）变现型创业者

此类创业者一般曾在某行业的行政事业单位掌握一定权力，或在国企、民营企业担任过经理人，具有大量的无形资源，机会适当时开公司办企业，将无形资源变现为有形货币。

在20世纪80年代末至90年代中期，我国国家机构改革、国企改制的过程中，曾出现过大量此类创业者。现在，有些地方政府仍会出台鼓励公务员带薪"下海"、允许政府官员创业失败之后重新回到原工作岗位的政策。但为维护市场公平，也相应出台了一些公务人员创业的限制规则，从而保障更多创业者拥有相对平等的市场资源和机会。

（三）赚钱型创业者

还有一类创业者，他们除了赚钱，没有明确的企业发展规划和目标，就是喜欢创业。他们不计较自己能做什么，会做什么。可能今天在做着这样一件事，明天又在做着那样一件事，甚至他们做的事情之间完全不相干。

正是由于他们有极高的创业热情，而且不计较得失与成败，仅关注在创业过程中获得满足感与乐趣，导致此类创业者创业失败的概率也并不比那些兢兢业业、勤勤恳恳的创业者高。

第二节 大学生创业精神

一、大学生创业精神的概念与内涵

创业精神也称为企业家精神，对应英文单词是"Entrepreneurship"，创业、创业精神以及企业家精神密切相关。奈特（Knight）认为："企业家精神是在不确定条件下，以最能动的、最富有创造性的活动去开辟道路的创造精神和风险精神。"熊彼特指出："企业家精神其实是一种首创精神或创新精神，而企业家就是那些有眼光、有能力、敢于冒险实现创新的人。"米勒（Miller）则认为："如果创业者表现出创新、承担风险和主动进取的行为，那么他就具有创业精神。"钟玉泉、彭健伯认为："所谓创业精神是指以创新精神为指导，把创新观念转化为创新实践蓝图的思维操作意识。"魏玉东认为："所谓创业精神，它是崇高理想和正确价值取向指导下的创业理念、创业情感、创业意志等理智思维的有机合成。"

创业精神，是一种机会识别、思维创新和资源整合的集合能力，受到创业者个人特质的影响。创业者在企业的日常经营活动中不断地运用其所具有的能力，对各种生产要素进行合理的安排，最终推动企业的成长和发展。

综合上述，将大学生创业精神定义为：大学生创业者在创业过程中习得或形成的创业理念、价值观、创业意志以及创业品质，主要包括创新精神、冒险精神、合作精神、拼搏精神等。

二、大学生创业精神培养的影响因素

（一）学校方面

首先，大学课堂教学是否注重对大学生创业意识、知识和技能的培养，是否通过课堂教学来培养大学生的创业精神和能力。学校是否为大学生创业活动提供一定的硬件和软件环境，比如创业相关设施与场地、创业导师、资金支持、创业大赛、创业培训等。

其次，学校是否注重成功案例的积极示范作用。调研显示，大学生创业成功者往往是那些直接或间接对创业成功案例有较多了解的人。而且，比起社会上的成功人士的创业行为，大学生更能理解自己身边同学的创业行为，并能从中获得更多的创业经验和激励。

（二）社会方面

大学生创业精神培养的社会影响因素，主要是指创业所处的政策环境、经济环境，主要包括：大学生面临的就业形势；社会是否为大学生创业提供了相应的政策支持；社会是否为大学生创业的实施创造了良好的环境氛围；社会经济和技术的发展是否为大学生创业提供了足够的商业机会；社会舆论是否积极支持大学生创业等。

（三）家庭方面

家庭对大学生创业精神培养的影响主要体现在：家庭对个人创业的情感支持、

资金支持，这对于提高大学生的创业积极性具有非常重要的意义。家庭的教育风格方面，若是教育氛围开放民主、易接受新生事物、鼓励挑战自我，注重对子女独立思考、独立解决问题和自主决策能力的培养，会给大学生创业精神的培养带来积极影响。

三、大学生创业精神的培育途径

大学生创业精神的培育是一个系统工程，不能单纯依靠高校的创业教育，还需要国家政策及立法、社会氛围、家庭理念、学生目标及努力程度等多个主体共同保驾护航。

（一）在社会方面，强化社会创业精神及氛围营造

一个好的创业氛围的营造，对创业精神的培育至关重要。欧美国家大多以政府为主导，全力打造创业文化，在民众中广泛传播创业知识和理念。美国百森商学院的拜格雷夫教授曾讲道："美国能做到的事情，其他发达国家也能做，美国的过人之处是创业精神。"他将创业精神看作美国重要的战略资源。其实，国外大学生在入学前，学校就很注重培养他们的独立精神和创新意识，整个社会营造的也是鼓励创业创新、不怕失败的创业精神和创业文化。同时，政府、行业协会、各种服务机构通过赞助创业教育基金或者举办创业比赛来支持大学生创业。

（二）在学校方面，提升学校创业教育培养的质量

对于大学生创业精神的培育，高等院校的创业教育应义不容辞地担负起首要责任。第一，围绕学生创业精神的培养，开设创业基础课程和重组教学内容。除了基础课、专业课、就业和职业指导课外，还要有针对性地开设"人文社科知识""经营管理与法律法规""创业精神培养"和"创业教育与指导"等方面的课程，以形成文化课、专业课、创业课相互渗透、功能互补的多元化课程体系，为大学生将来的创业实践打下基础。第二，聘请创业导师，重视对学生创业精神的引导示范。创业导师通常是创业成功人士，是创业精神的优秀载体，其言传身教比书本的理论知识更具有说服力。培养大学生的创业精神，需要创业导师这一精神载体在创业精神上给学生最好的示范。

（三）在家庭方面，转变家庭关于创业的固化思维

英国学者莫里（Mori）的一项研究表明，在创业的职业选择上，父母对青年的影响最大，其他的人，如家庭成员、亲密的亲属等在鼓励和支持青年创业雄心上也发挥着重要的作用。大学生在创业过程中，无论在思想上或言行上都会深受家庭的影响，如果父母重视创业教育，能充分地理解、引导、支持他们的创业活动，适时给

予精神支持以及资金支持，将对大学生创业精神的培育产生积极、正面的影响。另外，有些父母自身就是创业者，有自己的企业以及丰富的创业经验，更能为子女的创业成长提供良好的锻炼机会和空间，使子女潜移默化地习得创业意志、精神以及能力。由此可见，家庭的支持对大学生创业精神的培育也是十分重要的。

（四）在学生方面，引导学生积极地践行创业活动

充分发挥学生的主体作用，引导他们利用各种机会拓展自身的视野和能力，积极参与各种社团活动、社会实践活动，培养与他人合作交流的可能；积极引导他们参加各级别的创业计划比赛、"挑战杯"大学生科技作品大赛、数学建模或者企业竞争模拟比赛，增加校内外"实战"的机会，培养竞争意识；积极引导他们锻炼灵动性思维，学习各学科门类的相关课程，通过自己的兴趣爱好积淀创业的素材；积极引导他们树立正确的创业观，保持乐观豁达的心态，抱有持久的创业情感和意志力，将创业精神内化于心，迎接各种挑战。

第三节　大学生创业能力

一、大学生创业能力的概念

伦普金（Lumpkin）和迪斯（Dess）提出："创业能力主要表现为创新嗜好、风险偏好、先于竞争对手积极行动的能力。"钱德勒（Chandler）用创业者自我评估的方法分析和构建了创业能力及其指标，他认为："个体在整个创业过程中需要完成三个角色的工作，即创业的角色、管理的角色和技术职能角色。"蒋乃平认为："创业能力是一种高层次的综合能力，可以分解为专业能力、方法能力和社会能力三类能力。"杨金焱、费世森认为："创业能力是指在一定条件下，人们发现和捕获商机，将各种资源组合起来并创造出更大价值的能力。"可见，中外学者对创业能力有着多种理解。大学生就业难推动着高校创业教育的全面开展，大学生创业能力正逐渐成为教育领域以及国家层面的研究热点。

本书认为，大学生创业能力是大学生创业者在创业实践活动中不断培养习得的，最终内化为自我生存、自我发展的能力，是一种能够顺利实现创业目标的知识、技能和能力的综合。

二、大学生创业能力的构成

大学生创业能力具有创业能力的基本内涵，同时又有其自身特色。从管理者的

角度出发，大学生要创业成功应具备以下几种主要能力：

（一）专业能力

专业能力是指与企业经营方向密切相关的主要岗位或岗位群所要求的能力，主要包括创办企业中主要职业岗位的必备从业能力、理解和运用与企业经营密切相关的核心技术的能力。

大学生创业者在创办企业之初，应该从自己熟悉的行业、自己熟悉的专业中选择项目，从自己熟知的领域入手，这样能规避外行潜在的种种风险，提高创业的成功率。大学生创业者要重视在创业实践过程中获得的职业技能，尤其是与企业经营密切相关的专业技术方面的实践经验，并且不断进行总结归纳，形成自己的创业经营体系。

（二）经营管理能力

经营管理能力主要是指创业者对企业的人员、资金以及物资的经营管理能力，涉及人员的选择、使用、优化、组合；也涉及资金、物资的聚集、核算、分配、使用。而在经营管理能力中，大学生创业者尤其需要培养以下几种能力：

1. 识别机会能力

创业者所处的创业环境是动态变化的，这就要求创业者选择的定位、目标、策略和方法必须根据环境变化进行及时的调整。大学生创业者要善于观察形势，准确识别和把握创业机会，逆境中主动应变，顺境中不断创新。否则，稍有不慎就可能导致创业计划的失败。

2. 整合资源能力

创业是一个整合和驾驭人、财、物、信息等资源，不断追求成功的艰难过程。创业者要有效地管理别人和各种其他外部资源，首先要有效地整合资源，通过合理分配和有效安排确定竞争战略，构建和积累企业的竞争优势等。

3. 筹资融资能力

资金短缺是多数创业者必须面对的主要创业难题，筹资融资能力是创业者必不可少的重要基本功。大学生创业者要重视创业企业的现金流，学会运用资本、资金和人脉杠杆，按互利互惠的市场规律整合、聚集和运作好各类经营资源。此外，创业者应当自觉培养对数字和报表的敏感度和运用能力，学会看懂财务报表，借助数据作好财务分析、规划和管理，利用数字来分析企业的优劣势，控制财务风险。

4. 利用环境政策能力

大学生创业者要善于寻找共享资源途径，善于与企业合作，善于利用政策红利等，通过挖掘市场机遇和利用好相关政策，为企业发展铺垫道路，创造并提升企业的经济效益。一定要研究政策，跟对形势。在政策方面，国家鼓励什么、限制什么，对创业成败都有莫大关系。透彻了解政策，顺应国家政策趋势，创业会事半功倍。

5. 市场营销能力

市场营销能力是指初创企业能较好地适应市场需求，完成必要的营销活动，实现企业利益，保持企业生存的经营能力。大学生创业者市场营销能力的强弱，直接关系到初创企业的成败与发展。创业者如果具备市场营销能力，往往能抓住容易被别人忽视的市场机会，从而赢得竞争优势。

6. 组织管理能力

管理能力是指为了有效地实现目标，灵活地运用各种方法，合理组织和有效协调的能力。包括协调关系的能力和知人善用的能力等。管理能力是一个人的知识、素质等基础条件的外在综合表现。从创业过程来看，大学生创业者不仅是具体工作的实践者，也是各项工作的组织管理者。

7. 团队领导能力

大学生创业者最重要的能力，应当就是团结带领志同道合的人为实现预定的创业目标而共同奋斗的能力。创业成功不能仅凭一己之力，单纯依靠自身资源就能够创业成功的时代已经过去，我们已经走进了靠团队制胜的时代。俗话说，"一个篱笆三个桩，一个好汉三个帮"，没有人能独自走向成功，尤其对于大学生创业者来说，具备能够驾驭团队的领导能力尤为重要。

（三）综合能力

综合能力是在创业过程中除专业能力、经营管理能力以外所需的其他行为能力的总和，主要包括创新能力、人际交往能力、适应抗压能力、管理控制能力等。

三、大学生创业能力的培养途径

（一）构建以培养大学生创业能力为核心的创业教育体系

1. 构建以培养大学生创业能力为核心的教学体系

针对大学生创业专业能力、经营管理能力、综合能力培养的需求，设置课程，使学生熟悉并掌握有关创办及管理企业的理论知识和操作技能。定期或不定期通过讲座、报告等方式普及创业理论、实践知识，展示创业能力培养的新动态，丰富学生的创业学识，使其了解创业的真实内涵和体系，为大学生创业者提供交流、沟通和学习的平台。

2. 组建有实力的创业师资队伍

一方面，组建专业的创业能力培训教师队伍对学生进行教学；另一方面，聘请创业成功人士、科研人员担任高校创业导师,让他们与学生分享、交流创业经验,直接指导学生创业实践。

3. 开展有特色的创业实践活动

积极开展创业实践活动是提高大学生创业能力的关键途径。首先,结合创业教育课程建设,设立校内模拟创业基地,使大学生学以致用,开发其创业创新的素质与能力,切实让大学生感受创业过程。其次,发展校内外创业孵化基地。学校联合外部企业平台,为大学生创业团队提供创业场地,为优秀的创业团队提供创业启动资金、创业基础设施,并为每个团队配备指导老师,为其提供各种创业指导与咨询。总之,让学生在丰富多彩的创业实践中汲取创业知识,提升创业素质与能力。

四、大学生自我创业能力的培养

1. 正确定位,科学客观评价自我

创业是一项没有固定模式的自主创新活动,大学生必须通过广泛学习,科学客观地进行自我分析评估,通过合理的职业生涯规划等途径对自身进行准确定位,明确自身的创业需求、目标与方向,为自己创业目标的实现做好充分的准备。这也是大学生创业者自我创业能力培养的前提条件。

2. 发挥主观能动性,在实践中提升创业能力

创业能力中的专业能力、经营管理能力的很大部分属于显性知识,可以从书本上、课堂上习得,而最为关键的综合能力,如创新能力、机会把握能力、人际交往能力等大部分属于隐性知识,往往"只可意会不可言传"。大学生创业者们只有积极参加各类创业实践活动,充分发挥主观能动性,在实践中学习,在学习中提升,不断完善自己,才能实现自身综合创业能力和素质的提高。

3. 树立终身学习的理念,不断提升综合素质能力,实现自我创业成长

创业是一项长期而艰巨的创新活动,创业能力更是一项需要终身不断提升的能力,因此,大学生创业者要树立终身学习的理念,充分利用多元化的学习工具与渠道,有效掌握各类创业信息和资源,在实践中不断提升自身的综合能力,最终实现个人的成长。

❖ 实训题

创业精神及创业能力讨论

(一)实训要求

1. 小组讨论:5~7人结成小组,结合教材内容进行讨论;
2. 讨论时间:10~15分钟,小组内每人必须发言;

3.讨论主题：请结合实例，说明自己具有哪些创业精神及创业能力，并在哪些地方存在不足。

（二）实训目的

1.掌握创业精神的主要构成；

2.理解并掌握创业能力的主要内容。

案例讨论

微信卖水果

夏末秋初，正是瓜果集中上市的好时节。随着市民生活水平的提高，水果在绝大多数的家庭里已经不可或缺。过去，大家习惯在超市、菜市场、水果店购买水果。如今，在O2O（线上到线下）商业模式的席卷下，手机电脑下单、在家收货，成为越来越多市民购买水果的首选方式。

北京的大学生宁帅豪也和同伴一起加入了"O2O卖水果"的创业大军。他们创办的电商平台"果乐乐"，通过网站和微信公众号接受订单，每天的营业额最高可过千元。在激烈的市场竞争中，这群羽翼未丰的大学生创业者遇到了巨大的挑战。宁帅豪说，他们会尽全力坚持自己的梦想——把水果卖到纳斯达克！

中学创业梦

"我不是一个传统意义上的好学生。"宁帅豪透露。他说自己从高中开始就"不务正业"涉足商业，那时候某品牌的智能手机还非常流行，不少中学生都渴望拥有一部手机，但又苦于囊中羞涩。宁帅豪瞅准商机，联系省城郑州的大批发商，批量进货，以远低于当地销售商的价格把手机卖给自己的同学。"挣了一万多块钱。"宁帅豪说，这是他人生的第一桶金。

2012年，宁帅豪参加高考，毫不犹豫地选择来北京读书。"我当时就想得很清楚，要试着自己创业，上大学一定要去一线大城市，因为那里可以获得开阔的视野、第一手的商机。"宁帅豪说。最终他被北京一所高校录取。

大学三年，宁帅豪的能力得到了充分展现。大一时他创办了创业社团——大学生创业就业协会。三年间，协会从一个人发展到两百多人。宁帅豪带领着协会里的同学，把商业实践发挥得淋漓尽致。愚人节时，他们组织了假面舞会，出售门票、酒水，用所得收入向学校的春季运动会赞助了1000瓶矿泉水，免费供同学饮用。自此，协会全校闻名。

启动创业

宁帅豪说，自己真正意义上的创业，得从一个名叫"北小财"的微信公众号说起。那是在2013年初，微信公众号刚刚开始流行，宁帅豪注册了一个公众号，命名为"北小财"，开始提供校内外商家的打折促销信息。"那应该是O2O的雏形。"宁帅豪说，公众号得到了同学的追捧，粉丝人数突破了1000人，"占到了我当时所在涿州校区全校人数的六成以上。"

这一年的暑假，宁帅豪和同学搬回了位于通州的校本部。起初，陌生的环境让他颇不适应，不知道哪里可以聚餐、购物。这时，他突然意识到商机来临了，"我不知道，同学也不知道，何不制作一个APP软件，打造一个吃喝玩乐的平台？"他很快找到了附近高校软件专业的学生，寻求技术上的支持。

一番讨论下来，对方给宁帅豪泼了一盆冷水，"做一个好的APP软件，前期投入的费用就得好几万，一旦定位不准，很容易血本无归。"宁帅豪说，这时他才意识到市面上那些五花八门的APP软件，其实都是靠风险投资在支撑，"我也得找风投"，他暗下决心。

他给这个吃喝玩乐的平台做了详细的商业计划书，计划书将水果作为销售内容，"我最熟悉我的同学，水果对他们来说比粮食还重要，商机无限。"他们的方案很快获得了投资人的青睐。一位投资人给予了20万元的风险投资，另一位投资人则答应提供网站、微信公众号销售的技术支持。

2014年7月，宁帅豪和伙伴们创立了北京创锐时光信息科技有限公司，并入驻中关村创业大厦。公司旗下建立了生鲜电商平台"果乐乐"，该平台基于网站、微信公众号，为用户提供鲜果当天下单、当天送达服务。

明确定位

"果乐乐"最先进入的高校是对外经济贸易大学。宁帅豪找到了靠近学生宿舍楼的水果店，和老板谈判后商定：学生下单付账，平台向水果店派单，水果店送货至宿舍楼下，学生收货，水果店获得货款和提成。

这一模式的好处是送货时间飞快，通常学生下单后一个小时内就能收到水果。但问题也很快出现，由于水果是由水果店采购，"果乐乐"无法控制其品质和价格，一些反映水果质量的投诉开始出现。宁帅豪和伙伴意识到这一问题后立即对营销模式进行了纠正，改为自营采购、自主送货。这样一来，虽然学生客户的收货时间从一个小时延长为"当天内"，但水果的品质大大提高。

宁帅豪说，为了保证水果有最低的价格、最优的品质，他和伙伴跑遍了丰台新发地、朝阳来广营等多家水果批发市场，"一样样品尝，从西瓜到榴梿，从苹果到杨桃，从捂着嘴吃完了吐到最后吃出了经验。"他笑道。

在他们的努力下，"果乐乐"逐渐在高校站稳了脚跟。除了对外经贸大学，"果乐乐"还进入了中国农业大学、北京航空航天大学等高校，受到师生的普遍好评。生意最好时，平台每天收获超过300份订单，营业收入上千元。

抗压拼搏

"果乐乐"在高校的发展很快引起了竞争对手的关注。2015年下半年，各路风险投资人纷纷选择进入高校水果、零副食销售领域，一些APP软件应运而生。宁帅豪坦言，与那些APP软件相比，自己的资金实力完全不在一个档次，"我只有20万元的风投支持，对手的风投资金则是百万甚至千万元"。

价格战很快打响。之前宁帅豪和伙伴们通过精耕市场，少量进货快速销售，水果的平均价格能比水果店便宜20%~30%，但是"果乐乐"的竞争对手直接打出了"买一斤送一斤"的招牌，竞争最激烈时甚至是"买一斤送两斤"。"这样的价格战我们实在耗不起。"宁帅豪说，2015年下半年是他从高中有创业行动以来最艰难的一段时光。"每天晚上都睡不着，盘算着自己的资金还剩多少，还能撑多久。"他说。

除了深陷"价格战"，宁帅豪还发现自己的"果乐乐"品牌被一家大型果蔬物流企业使用。"我之前已经申请了商标专利。"宁帅豪说。他曾经上门试图和这家企业的负责人进行沟通，但财大气粗的对方似乎并未把这个大学生创业团队放在眼里。"没见到具体负责的人，更别说老板了。"宁帅豪说。

未来打算

为了节省成本，"果乐乐"在2016年初关闭了校园送货点，改为专攻天通苑、北苑家园等大型居民社区，送货方式也从上门送货改为小区自提。"既保证了水果的新鲜，也减少了我们的物流成本。"宁帅豪说。

如今，宁帅豪和创业伙伴们每天都会驾驶着一辆金杯面包车去批发市场进水果，然后根据互联网以及微信公众号上的订单情况进行送货。一有闲暇，他就会钻研市场行情的最新变化，及时判断并调整销售思路。"从2015年下半年到现在，一大批百万元级别风投的水果销售项目都已经死了，我们还活着。"宁帅豪说。

他也坦言："现在明白了创业不是小打小闹，除了靠谱的项目之外，必须具备极其强大的抗压能力、永不放弃的精神以及缜密的分析判断能力，加上良好的团队支持，以及有一些好的运气，才有可能不断向前发展。"

在创业之初，宁帅豪的梦想是把水果"卖"到美国的纳斯达克股市，现在他仍然不忘初心。他表示，即使是重新回到起点，从一家小水果店起步，自己也会全力坚持走下去。他说："无论创业的过程如何艰辛，无论项目最终能否走向纳斯达克，创业者永远都在痛中快乐前行。"

（资料来源：改编自：杨红英主编．大学生创业指导［M］．昆明：云南大学出版社，2016.09，第29-32页）

阅读上述案例，结合本章所学内容讨论：

1. 案例中，体现出创业者哪些创业品质或精神？
2. 本案例中的创业者，具备哪些创业者基本能力？
3. 你从案例中的创业者身上学到了什么？

本章小结

本章介绍了创业者的有关定义、特征及类型，并详细介绍了大学生创业精神及大学生创业能力的相关内容。

本书将创业者定义为：创业者是创业活动的领导者和执行者，能发现某种信息、资源、机会或掌握某种技术，识别并抓住商机，以一定的方式转化、创造成更多的财富、价值，并实现某种追求或目标的人。创业者具有成功欲望倾向、风险偏好倾向、创新求变倾向、经济诉求倾向、关注资源等特征。目前我国国内创业者的类型，主要包括生存型创业者、变现型创业者、赚钱型创业者等四种类型，其中生存型创业者为主体。

本书将大学生创业精神定义为：大学生创业者在创业过程中习得或形成的创业理念、价值观、创业意志以及创业品质，主要包括创新精神、冒险精神、合作精神、拼搏精神等。大学生创业精神培养的影响因素包括学校、社会、家庭等多方面。对大学生创业精神的培育途径，在社会方面，要强化社会创业精神及氛围营造；在学校方面，要提升学校创业教育培养的质量；在家庭方面，要转变家庭关于创业的固化思维；在学生方面，应引导学生积极地践行创业活动。

本书将大学生创业能力定义为：大学生创业能力是大学生创业者在创业实践活动中不断培养习得的，最终内化为自我生存、自我发展的能力，是一种能够顺利实现创业目标的知识、技能和能力的综合。大学生创业能力主要包括专业能力、经营管理能力、综合能力等。大学生创业能力的培养途径，包括构建以培养大学生创业能力为核心的创业教育体系、为大学生创业提供良好的社会创业环境、大学生创业能力的自我培养等。

第四章　创业团队

本章学习目标

通过本章的学习，应达到如下目标：
- 了解创业团队的含义及重要意义；
- 理解创业团队的类型及组成要素；
- 掌握组建创业团队的原则；
- 掌握并应用组建创业团队的程序；
- 了解创业团队的互补性；
- 理解创业团队常用的激励措施；
- 掌握并应用大学生组建创业团队的注意事项。

引导案例

微软创业合作伙伴选择

考察一下成功的创业企业，我们不难发现在成功的故事后面都有一个创业团队的黄金组合。微软的成功就在于创业之初，有一队堪称楷模的创业合作伙伴。虽然今天人们提起微软，想到的多是比尔·盖茨。不可否认，他是一名卓越的创业者，但是这一切成就的得来，并不单单属于比尔·盖茨一人。在其光芒之下，还站着他创业中不可或缺的创业合作伙伴和创业团队成员，尤其是盖茨的两个同学：保罗·艾伦与史蒂夫·鲍尔默。

比尔·盖茨与保罗·艾伦

比尔·盖茨的早期创业合作伙伴是保罗·艾伦。保罗·艾伦1953年出生于美国西雅图，毕业于华盛顿州立大学。父亲当过20多年的图书管理员，为他从小博览群书提供了条件。1968年，他与盖茨在湖滨中学相遇，并成了好朋友。1975年，他们共同创立了"微软帝国"，艾伦拥有40%的股份。

两位创始人配合默契。艾伦喜欢技术，所以他专注于微软新技术和新理念；盖茨则以商业为主，包揽了销售员、技术负责人、法律事务、商务谈判及公司总裁等所有工作。可以说，艾伦对微软的奉献不可低估，他是盖茨创业道路上最大的推动力，他制定了"先赢得客户，再提供技术"的公司发展战略。

比尔·盖茨与史蒂夫·鲍尔默

当微软还是只有十几名员工的小公司的时候，盖茨不得不事必躬亲，除开发产品外，还必须设计员工工资、计算税利、草拟合同、指示如何销售产品等。随着公司规模的不断壮大，微软在人员配备上的缺陷也就暴露了出来。盖茨开始为管理上的琐事而烦恼。他随即意识到微软也需要不懂得技术的智囊人物，需要具有各种特殊技能的人才，而不仅仅是编程高手。如产品规划人员、文档编写人员、实用性专家，以及使他们协同工作的聪明的经理、能够回答客户问题的技术人员、能够帮助客户更快上手的咨询专家等。

这时，盖茨首先想到了他哈佛大学的同学史蒂夫·鲍尔默。1980年，即微软创建的第6年，鲍尔默进了微软公司，成为微软的第17名员工，也是第一位非技术员工。盖茨聘请史蒂夫·鲍尔默担任总裁助理，并赠送了7%的微软公司股份。史蒂夫·鲍尔默并不熟悉计算机编程技术，但善于社交。此后，史蒂夫·鲍尔默几乎供职过微软公司所有的部门，被称为"救火队长"。例如，招聘培养高素质的管理人员、管理重要的软件开发团队、同英特尔和IBM等重要伙伴打交道，控制公司的营销业务并建立庞大的全球销售体系。性格狂躁的他与性格偏内向的盖茨成为了完美搭档。

（资料来源：改编自：程书强、唐光海主编，互联网创业基础［M］.北京：北京理工大学出版社，2016）

第一节　创业团队概述

一、创业团队的含义及其重要性

很多人都有"老板梦"，认为只要自己足够优秀就可以创业成功了，而现实告诉我们，个人的成功并不能代表企业的成功。许多企业之所以倒闭或无法成长，就是因为创业者无法打造出一支强有力的创业队伍。

（一）创业团队的概念

创业团队（Entrepreneurial Team，ET）是决定创业企业发展和影响企业绩效的核心群体，是新创企业成败的关键因素，它对吸引投资者是至关重要的。创业者扮演着三个领导角色：组织的领导者、组织目标的构建者和组织成员的领导者。当创业者把创业团队组建起来时，所有这些角色就开始发挥作用了。由于团队有助于提升企业的绩效，创建和维护创业团队是创业者的一项主要职责。对于创业团队，不同学者给出了不同的定义。创业团队是一种特殊团队，也是一个十分重要而又容易引起混淆的概念。

可从两个层面上来阐释创业团队的概念。从狭义上说，创业团队指有着共同目的、共享创业收益、共担创业风险的一群经营新成立的营利性组织的人，他们提供一种新的产品或服务，为社会提供新增价值。从广义上说，创业团队不仅包含狭义创业团队，还包括与创业过程有关的各种利益相关者，如风险投资商、供应商、专家咨询群体等。

综上所述，创业团队一般是由两个及以上的人组成，不仅仅是简单的团队，他们拥有共同的目标和价值观，在工作中相互依赖、相互补位，对创业企业的未来负责。他们在创业企业中处于决策和主要执行者的位置，对创业团队和创业企业负责。一般而言，核心创业者、执行者、被雇佣者组成创业团队。

（二）创业团队的重要性

在创业企业中，采用团队形式至少有以下几方面的作用：

（1）能促进团结和合作，提高员工的士气，增加满意度；

（2）使管理者有时间进行战略性的思考，而把许多问题留给团队自身解决；

（3）提高决策的速度，因为团队成员离具体问题比较近，所以团队决策速度比较快；

（4）促进成员队伍的多样化；

（5）提高团队和组织的绩效。

一个好的创业团队对于新创企业的成功有着举足轻重的作用。在新型风险企业的发展潜力与企业管理团队之间有着十分密切的联系。优秀的创业团队可以创造出有重要价值并有收益选择权的公司。当然，并不是说没有团队的创业企业一定会失败，但可以说要建立一个没有团队而仍然具有高成长潜力的企业是极其困难的。

（三）大学生创业团队的特征

大学生创业团队，一般具有以下几个主要特征：

1. 团队具有创新性

随着科技和经济的发展，现代大学生的创新意识越来越强，对新事物的追求和敢于挑战自我的精神，使得大学生创业团队更加具有创新性。

2. 团队热情度高

大学生对未来充满了热情和希望，对创业项目具有很高的积极性。

3. 团队成员各具特长，分工明确

团队一般选择性格互补、特长各异的成员以保证成员间能够相互协作、知识共享，保持团队关系的和谐，提高团队工作效率。

4. 团队具有不稳定性

大学生创业团队由于缺乏社会经验，加上资金等资源的不足，心理承受能力相对较差，所以团队内部容易发生争端，进而分崩离析。

二、创业团队的类型

（一）依据成员的不同组合，分为星状创业团队、网状创业团队和虚拟星状创业团队

依据创业团队的组成者来划分，创业团队可分为星状创业团队（Star Team）、网状创业团队（Net Team）和从网状创业团队中演化而来的虚拟星状创业团队（Virtual Star Team）。无论哪种类型的创业团队，均需要形成一致的创业思路，团队成员要有共同的目标愿景，认同团队将要努力的目标和方向。同时，还需要保证团队成员之间通畅的沟通渠道。沟通对于一个创业项目的成功与否至关重要，贯穿创业过程的每一个环节。

1. 星状创业团队

一般在团队中有一个核心人物（Cole Leader），充当领队的角色。这种团队在形成之前，一般是核心人物有了创业的想法，然后根据自己的设想进行创业团队的组织。因此，在团队形成之前，核心人物已经就团队组成进行过仔细思考，并根据自己的想法选择相应人员加入团队，这些加入创业团队的成员也许是核心人物以前熟悉的人，也有可能是不熟悉的人，但这些团队成员在企业中更多时候扮演支持者角色（Supporter）。

这种创业团队有几个明显的特点：

①组织结构紧密，向心力强，主导人物在组织中的行为对其他个体影响巨大；

②决策程序相对简单，组织效率较高；

③容易形成权力过分集中的局面，从而使决策失误的风险加大；

④由于核心主导人物的特殊权威，使其他团队成员在冲突发生时往往处于被动地位，在冲突较严重时，一般都会选择离开团队，可能对组织产生较大影响。

2. 网状创业团队

这种创业团队的成员一般在创业之前都有密切的关系，比如同学、亲友、同事、朋友等。一般都是在交往过程中，共同认可某一创业想法，并就创业达成了共

识以后，开始共同进行创业。在创业团队组成时，没有明确的核心人物，大家根据各自的特点进行自发的组织角色定位。因此，在企业初创时期，各位成员基本上扮演的都是协作者或者伙伴角色（Partner）。

这种创业团队的特点：

①团队没有明显的核心，整体结构较为松散；

②组织决策时，一般采取集体决策的方式，通过大量的沟通和讨论达成一致意见，因此组织的决策效率相对较低；

③由于团队成员在团队中的地位相似，因此容易在组织中形成多头领导的局面；

④当团队成员之间发生冲突时，一般都能采取平等协商、积极解决的态度消除冲突，团队成员不会轻易离开。但是一旦团队成员间的冲突升级，使某些团队成员撤出团队，就容易导致整个团队的涣散。

3. 虚拟星状创业团队

这种创业团队是由网状创业团队演化而来，基本上是前两种的中间形态。在团队中，有一个核心成员，但是该核心成员地位的确立是团队成员协商的结果，因此，核心人物从某种意义上说是整个团队的代言人，而不是主导型人物，其在团队中的行为，必须充分考虑其他团队成员的意见，不如星状创业团队中的核心主导人物那样有权威。

（二）依据目标产品的特性不同，分为研发主导型、市场主导型、产品主导型创业团队

根据目标产品的特性来分类，可以分为研发主导、市场主导、产品主导的三种类型，但每种模式下都会面临不同的问题。

1. 研发主导型创业团队

以技术研发为主，但是通常忙于开发，缺乏对产品需求的逻辑性把控，以及对产品体验和设计上的考虑。

2. 市场主导型创业团队

以市场需求为导向，进行产品设计。通常有非常多的想法，但是难于落地。接触到很多用户需求，但没有办法快速形成真实可用的产品，缺乏对产品的整体规划和快速实施能力。

3. 产品主导型创业团队

专注于产品设计，更多地考虑怎样把产品设计好，花大量的时间讨论产品方向和需求细节，缺乏对未来产品快速实施和快速产出的能力。

（三）依据创业项目与互联网的依附关系，分为在线型、"水泥+鼠标"型和延

伸型创业团队

根据创业项目与互联网的依附关系，分为在线型、"水泥+鼠标"型和延伸型创业团队。

1. 在线型创业团队

完全依托于互联网而存在的互联网创业团队，称为在线型创业团队，其典型特征就是向客户提供产品或服务的过程，完全在互联网上进行。创业平台构筑在互联网上，创业团队所提供的产品或服务完全通过互联网经营，与客户通过网络交互，在线进行交易的支付等。

该类型，既是创业团队对于营销方式的创新，又是营销渠道的创新，造就了一批新型网络创业团队，用他们对互联网独到的眼光，创造出新的商机。

2. "水泥+鼠标"型创业团队

该类型的创业团队是对基于传统商务的创新，在传统商务模式之中加入互联网因素，其业务是由若干离线的传统商务活动和若干在线的商务活动所组成的价值链，既大大降低了商务运作的成本，又提高了运营的效率。

此类创业团队，善于抓住市场商机，灵活运用自身所具备的网络信息技术，对传统业务进行改造，从而赢得更大的市场份额。

3. 延伸型创业团队

创业团队将他们的经营活动从物理场所拓展到网络空间，在线商务与传统商务同时存在，在传统业务链条上衍生出一组新的链条，新链条基本与传统链条的作用相同，网上经营活动只是拓展了其原有的商业空间。

对于许多传统型企业的创业团队来说，利用互联网能够发现许多新的商机和利润增长点，从而可以实现二次创业。

三、创业团队的组成要素

从创业团队的定义可以看出，创业团队需具备五个重要的团队组成要素，由于其英文单词首字母都以"P"开头，因此也称为5P模型。

·目标（Purpose）。创业团队应该有一个既定的共同目标为团队成员导航，使团队知道要向何处去，没有目标这个团队就没有存在的价值。

目标在创业企业的管理中以创业企业的愿景、战略的形式体现。

·人（People）。人是构成创业团队最核心的力量。三个及三个以上的人就形成一个群体，当群体有共同奋斗的目标就形成了团队。在一个创业团队中，人力资源是所有创业资源中最活跃、最重要的资源。应充分调动创业者的各种资源和能力，将人力资源进一步转化为人力资本。

·创业团队的定位（Place）。创业团队的定位包含两层意思：①创业团队的定位。创业团队在企业中处于什么位置，由谁选择和决定团队的成员，创业团队最终应对谁负责，创业团队采取什么方式激励下属。②个体（创业者）的定位。作为成员在创业团队中扮演什么角色，是制订计划还是具体实施或评估；是大家共同出资，委派某个人参与管理，还是大家共同出资，共同参与管理；或是共同出资，聘请第三方（职业经理人）管理。这体现在创业实体的组织形式上，是合伙企业或是公司制企业。

·权限（Power）。创业团队中领导人的权力大小与其团队的发展阶段和创业实体所在行业相关。一般来说，创业团队越成熟，领导者所拥有的权力相应越小，在创业团队发展的初期阶段领导权相对比较集中。高科技实体多数实行民主的管理方式。

·计划（Plan）。计划的两层含义：①目标最终的实现，需要一系列具体的行动方案，可以把计划理解成实现目标的具体工作程序。②按计划进行可以保证创业团队的进度。只有在计划的统领下创业团队才会一步一步地贴近目标，从而最终实现目标。

第二节 组建创业团队

一、组建创业团队的原则

当前，大学生常见的创业方式包括网络创业、加盟创业、兼职创业、大赛创业、内部创业等，创业者可以依据不同的创业方式和逻辑组建自己的团队。在团队建设中，要遵循一定的原则和策略，以保证创业团队作用的发挥，创业目标的实现。

（一）共同的价值观与目标

创业团队要有共同的价值观与目标，只有成员个人的目标与团队的发展愿景一致，才能朝着共同的目标努力奋斗。然而，在现实创业中，大学生创业团队的成员，往往没有十分清晰和明确的奋斗目标，甚至很多时候他们还不明白怎么回事，就走上了创业的道路。因而，一旦出现矛盾、争论和冲突，团队就如同一盘散沙，无法发挥团体的整合效应。

因此，在组建创业团队、挑选成员时，要认真思考团队成员和团队是否拥有共同的价值观与奋斗目标，是否能将个人目标整合到组织目标当中，并愿意为此而奋斗。共同的价值观与目标是创业团队组建的首要原则。

（二）优势互补原则

从人力资源管理的角度来看，建立优势互补的创业团队是保持创业团队稳定发展的关键原则。当团队成员在知识、技能、经验、能力等方面实现优势互补时，团队合作最能发挥出"1+1>2"的协同效应。从创业资源的角度来看，具备不同资质、经历背景的团队成员，会带来不同的人际关系、资源网络，更利于团队创业的顺利开展。

因此，大学生在组建创业团队时，应充分考虑团队成员在技术、能力、资源方面的互补和异质性。这不仅有利于创业团队的稳定性，更有利于大学生创业目标的实现。

（三）精简高效原则

大学生创业通常面临的最大问题是资金、资源问题。因此，为降低创业期的运作成本、运作风险，最大比例地分享项目利润，创业团队在人员、资金、物资等资源配备使用过程中，在保证项目高效运作的前提下，应尽量精简，减少不必要的损耗和浪费，确保创业团队稳妥、高效运行。

（四）权益合理分配原则

创业团队成员间的权益分配是一个敏感、困难但又至关重要的问题。创业团队权益分配是指以法律文本的形式确定一个清晰的利润分配方案，把最基本的责权利界定清楚，尤其是股权、期权和分红权，此外还包括增资、扩股、融资、撤资等与团队成员利益紧密相关的事宜。

大学生创业团队在创建初期，往往是基于兴趣走到一起，人数少、管理简单，大多数成员没有考虑到未来利润的分配问题。随着团队的发展壮大及形成规模，团队成员的权益分配问题将日渐凸显，并影响、制约团队的健康发展。

因此，在团队创业初期，就应初步设计出较为明确、合理的利润权益分配方案，并根据创业发展所处的不同阶段，进行适时、合理的调整。

二、组建创业团队的程序

（一）明确创业目标

一方面应明确自己的创业思路，另一方面必须将自己掌握的创业机会形成一定的创意，进而形成一个创业目标。

总目标确定后，为了推动团队最终实现创业目标，再将总目标加以分解，设定若干可行的、阶段性的子目标。

（二）制订创业计划

一份完整的创业计划，必须包括创业核心团队的计划和人力资源计划。通过创业计划可以进一步明确创业团队的具体需求，比如人员的构成、素质和能力要求、数量要求等。

创业团队的组建需要契合创业计划的要求，以匹配创业项目的运作。

（三）招募合适的人员

招募合适的人员是组建创业团队最关键的一步。

创业团队成员的招募应考虑两个方面：一是互补性。创业团队至少需要管理、技术和营销三个方面的人才，只有这三个方面的人才形成良好的沟通协作关系后，创业团队才可能实现稳定高效。二是适度规模。这是保证团队高效运转的重要条件，团队成员一般为3~25人。

（四）进行职权划分

创业者要处理好责、权、利等各方面的关系，即确定每个成员所要负担的职责以及所享有的权限。根据创业计划的需要，明确团队成员的职责定位，可以使创业团队形成合力，共同实现创业目标，同时也可避免因职责不明、权力分配不明确引发的冲突。

一般来说，创业团队越成熟，领导者所拥有的权力相应越小；在创业团队发展的初期，领导权相对比较集中。

（五）构建创业团队的制度体系

创业团队制度体系体现了创业团队对成员的控制和激励能力，主要包括团队的各种约束制度和各种激励制度。

（六）对团队进行调整融合

随着团队的运作，团队组建时在人员配备、制度设计、职权划分等方面的不合理之处会逐渐暴露出来，这时就需要对团队进行调整融合，这是一个动态持续的过程。

三、创业团队的互补

由于创业者知识、能力、心理和教育、家庭环境等方面的差异，可能对创业活动产生的不利影响。创业团队的互补，就是指通过组建创业团队来发挥各个创业者的优势，弥补彼此的不足，从而形成一个知识、能力、性格、人际关系资源等全面具备的优秀创业团队。

(一) 创业团队互补的意义

从人力资源管理的角度来看,建立优势互补的创业团队是保持团队稳定的关键。研究表明,大多数创业团队组成时,并没有考虑到成员专业能力的多样性,大多是因为有相同的技术能力或兴趣,至于管理、营销、财务等能力则较为缺乏。因此,要使创业团队能够发挥其最大的能量,在创建一个团队的时候,不仅要考虑相互之间的关系,更重要的是考虑成员之间在能力或技术上的互补性,包括功能性专长、管理风格、决策风格、经验、性格、个性、能力、技术以及未来的价值分配模式等特点的互补,以此来达到团队的平衡。

创业团队由很多成员组成,那么这些成员在团队里究竟扮演什么角色,对团队完成既定任务起什么作用,团队缺少什么样的角色,候选人擅长什么,欠缺什么,什么样的人与团队现有成员的个人能力和经验是互补的,这些都是必须首先界定清楚的。这样,就可以利用角色理论挑选和配置成员,所挑选出的成员,才能做到优势互补,用人之长。因为创业的成功不仅是自身资源的合理配置,更是各种资源调动、聚集、整合的过程。

(二) 不同角色对团队的贡献

不同角色在团队中发挥着不同作用,因此,团队中不能缺少任何角色。一个创业团队要想紧密团结在一起,共同奋斗,努力实现团队的愿景和目标,各种角色的人才都不可或缺。

(1) 创新者提出观点。没有创新者,思维就会受到局限,点子就会匮乏。创新是创业团队生产、发展的源泉。企业不仅开发要创新,管理也需要创新。

(2) 实干者实施计划。没有实干者的团队会显得比较乱,因为实干者的计划性很强。"千里之行,始于足下",有了好的创意还需要靠实际行动去实施。而且实干者在企业人力资源中应该占较大的比例,他们是企业发展的基石。没有执行就没有竞争力。只有通过实干者踏实努力的工作,美好的愿景才会变成现实,团队的目标才能实现。

(3) 凝聚者润滑调节各种关系。没有凝聚者的团队的人际关系会比较紧张,冲突的情形会更多一些,团队目标的完成将受到很大的冲击,团队的寿命也将缩短。

(4) 信息者提供支持。没有信息者的团队会比较封闭,因为不知道外界发生了什么事。当今社会,信息是企业发展必备的重要资源之一。世界是开放的系统,创业团队要在社会中生存和发展,没有外界的信息交流,企业就成了一个封闭小团体。而且,当代创业团队的成功离不开正确及时的信息。

(5) 协调者协调各方利益和关系。没有协调者的团队领导力会削弱,因为协调者除了要有领导力以外，更要有一种个性的号召力来帮助领导树立个人影响力。从某个角度说管理就是协调。各种背景的创业者聚集在一起，经常会出现各种分歧和争执，这就需要协调者来调节。

（6）推进者促进决策的实施。推进者是创业团队进一步发展的"助推器"，没有推进者效率就不高。

（7）监督者监督决策实施的过程。没有监督者的团队会大起大落，做得好就大起，做得不好也没有人去挑刺，这样就会大落。监督者是创业团队健康成长的鞭策者。

（8）完美者注重细节，强调高标准。没有完美者的团队的线条会显得比较粗，因为完美者更注重的是品质、标准。但在创业初期，不能过于追求完美；在企业逐渐成长的过程中，完美者要迅速地发挥作用，填补企业中的缺陷，为做大做强企业打下坚实的基础。现代管理界提出的"细节决定成败"观点，进一步说明完美者在企业管理和发展中的重要作用。

（9）专家则为团队提供一些指导。没有专家企业的业务无法向纵深方向发展，企业的发展也将受到限制。

在了解不同的角色对于团队的贡献以及各种角色的配合关系后，就可以有针对性地选择合适的人才，通过不同角色的组合来达到团队的功能的最大化。由于团队中的每个角色都是优点和缺点相伴相生，领导者要学会用人之长、容人之短，充分尊重角色差异，发挥成员的个性特征，找到其与角色特征相契合的工作，使整个团队和谐，达到优势互补。优势互补是团队组建的根基。

在一个创业团队中，成员的知识结构越合理，创业的成功性越大。纯粹的技术人员组成的公司容易形成技术为主、产品为导向的情况，从而使产品的研发与市场脱节；全部是由市场和销售人员组成的创业团队缺乏对技术的领悟力和敏感性，也容易迷失方向。因此，在创业团队成员的选择上，必须充分注意人员的知识结构——技术、管理、市场、销售等，充分发挥个人的知识和经验优势。

第三节　创业团队的激励

创业者在创业过程中始终都需要考虑的一个问题是：如何更合理地激励创业团队？这是创业团队成员极为关注的话题，能否解决好这个问题直接关系到创业企业的存亡。

一、报酬制度的一般原则

创业企业的报酬制度包括股票、薪金和补贴等经济报酬以及其他一些非经济报酬，如实现个人发展和个人目标、培养技能等。每个团队成员对报酬的理解各不相同，具体取决于个人不同的价值观、目标和愿望。有人会追求长期的资本收益，而另外一些人可能更偏向于短期的资金收益。

新创企业的报酬制度应该能够激发和促进管理团队的积极性，使他们更好地把握企业的商机。它必须贯穿于建立团队、增强创业氛围和培养团队有效性的整个过程中。是否能吸引到高素质的团队成员并留住他们，在很大程度上取决于给予他们的物质报酬和精神激励。团队成员的技能、经验、风险意识和对企业的关心等都是通过合理的报酬制度实现的。

二、合理分配报酬

（一）形成分享财富的理念

创业团队的分配理念和价值观可以归结为一条简单的原则：与帮助企业创造价值和财富的人一起分享财富。寻找好的创业机会、建立优秀的创业团队，并采取分散型持股方式实行财富共享远比拥有公司多少股权份额重要。成功的创业者往往不只是创建一家企业，因此当前的企业可能并非其最后一家企业，最重要的事情是取得这次创业的成功。做到这一点之后，将来还会有很多商机。

（二）综合考虑企业与个人目标

如果一家企业不需要外部资本，就可以不考虑外部股东对报酬问题的态度或影响，不过还是要考虑其他一些有关事宜。例如，如果一家企业的目标是在未来 5~10 年获得大量资本收益，那么就需要针对如何完成这一目标以及如何保持团队成员的长期敬业精神方面来制定报酬制度。

（三）规范制定报酬制度的程序

创业带头人要建立起一个氛围，让每一个团队成员都觉得自己的付出应该对得起所得的报酬。每一个关键团队成员，都必须致力于寻找有关合理制定报酬制度的最佳方案，使它能够尽可能公平合理地反映每位团队成员的责任、风险和相对贡献。

（四）实施合理分配方案

第一，体现差异化。一般情况下，不同的团队成员对企业作出的贡献总是不同的，因此合理的报酬制度应该反映出这种差异。

第二，注重业绩。报酬应该是业绩而非努力程度的函数，而且该业绩应该是每个人在企业早期运作的整个过程所表现出来的业绩，而不仅仅是此过程中某一个阶段的业绩。

第三，充分考虑灵活性。各团队成员在某个既定时间段的贡献会有大小之分，

而且会随着时间的流逝而发生变化，团队成员也可能会由于种种原因而必须被替换。灵活的报酬制度包括股票托管、提取一定份额的股票以备日后调整等机制，有助于让团队成员产生一种公平感。

（五）综合考虑分配时机和手段

创业团队可以综合采用月薪、股票期权、红利和额外福利的报酬制度。在企业成立初期，薪金往往需要维持在较低的水平甚至不发薪金，其他红利和福利则先不作考虑。在企业顺利实现盈亏平衡后，薪金的提高会促进企业的竞争力。至于红利和额外福利，待企业持续多年获利后可考虑进一步提高。

第四节 大学生创业者组建团队的注意事项

一、创业者与团队成员之间是合作而非雇佣关系

作为一个创业公司，在工资待遇、福利方面，招纳人才的吸引力往往不及政府、国企、外企。然而，创业公司就没有任何优势了吗？有一种福利是国企、外企无法提供、但创业公司能充分给予的，就是员工的成就感和个人成长。在一个大公司里，个人对于整个组织的影响是难以被感觉到的，你就像一个小齿轮一样，离了你机器一样可以运转，换一个也没有太大的关系。在大组织中，日复一日做着无须思考的执行工作，个人成长的速度缓慢而有限。

但是在创业公司中，个人对整个公司的影响则是可以被充分感知的，这种影响给一个年轻人带来的成就感是非常强烈的。而且，创业公司往往要求员工有"三头六臂"、身兼数职，员工的成长速度非常快。

创业公司如果想最大限度地激发出一个员工的工作积极性，就一定不要让他感觉到他只是在为公司出卖自己的体力和时间，而要让他感觉他是在利用公司的资源为自己干活。因此，创业者和员工之间的关系不是雇佣关系，而是各取所需的合作伙伴关系。

二、创业团队成员之间应是知己知彼，知根知底

绝大多数创业团队的核心成员都很少，一般是三四人，多也不过十来人，如此少的团队成员从企业管理角度来看，实在是"小儿科"，因为人数太少，几乎每个从事管理工作的人都觉得能够轻易驾驭。而实际上，创业团队成员虽少，但是都有自己的想法，有自己的观点，更有一股藏于内心的不服管的理念。因此，创业团队中

的每个成员对创业公司的发展影响都是举足轻重的。

优秀的创业团队中所有成员都应该非常熟悉，知根知底。团队成员都应能非常清醒地认识到自身的优劣势，同时对其他成员的长处和短处也一清二楚，这样可以很好地避免团队成员之间因为相互不熟悉而造成的各种矛盾、纠纷，最大限度地避免由分歧带来的实效延误，从而迅速提高团队的向心力和凝聚力。

三、创业者应重视积累"低端"人脉

人脉对于创业成功的重要性众所周知，但大多数大学生创业者容易好高骛远，只重视多拉拢"高端"人脉，却忽视了身边的普通人，这是非常得不偿失的。在残酷的现实中，在大多数高端人士眼里，仅有一纸项目的大学生创业者的价值非常有限，而零经验、零起点、零资本的客观现状很显然又是高风险的代名词。风险高、收益不确定的特质也正是大学生创业者在"攒人脉"的路上无限艰辛的原因。

当我们努力攀爬职场金字塔时，既需要上面有人拉你，更加需要下面有人顶你。重视那些"低端"人脉是大学生创业者扩宽人脉的一个很好的切入点，积极维护朋友圈，也许你的某位同窗，某位点赞的路友，甚至你的某个"小粉丝"，都有可能是未来助你成就大业的那员大将。

❖ 实训题

（一）实训要求

1. 组建团队：5~7名同学组建创业团队；

2. 分配角色：初步选定某创业主题后，明确本创业团队的类型，并对成员进行角色分配；

3. 建立基本制度：针对创业主题，简单设计本创业团队的组织结构及激励制度。

（二）实训目的

1. 理解并掌握创业团队的成员构成要素；

2. 掌握创业团队的基本类型；

3. 理解并掌握创业团队的组建程序；

4. 理解创业团队激励的重要意义。

案例讨论

俞敏洪谈新东方核心创业团队的组建过程

我喜欢跟一批人干活，不喜欢一个人干。创业初期，环顾周围的老师和工作人员，能够成为我合作者的几乎没有，看来合作者只能是我大学的同学。我就到美国去了，跟他们聊天。刚开始他们都不愿意回来。当时王强在贝尔实验室工作，年薪8万美金，他一个问题就把我问住了："老俞，我现在相当于60万人民币，回去了你能给我开60万人民币的工资吗？另外你给我60万元，跟在美国赚的钱一样，我值得回去吗？"当时新东方一年的利润也就是100多万元，全给他是不太可能的。

两个因素导致他们都回来了。第一，我在北大的时候，是北大最没出息的男生之一。我在北大四年什么风头都没有出过，普通话不会说，考试也不好，还得了肺结核，有很多女生直到毕业还不知道我的名字。我去美国时中国还没有信用卡，带的是大把的美金现钞。大家觉得俞敏洪在我们班这么没出息，在美国能花大把大把的钱，要我们回去还了得吗？因为他们都觉得比我厉害。第二，就是告诉他们："如果我回去，我绝对不雇用大家，我也没有资格，因为你们在大学是我的班长，又是我的团支部书记，实在不济的还睡在我上铺，也是我的领导。中国的教育市场很大的，我们一人做一块，依托在新东方下，凡是你们那一块做出来的，我一分钱不要，你们全拿走。你们不需要办学执照，启动资金我提供，房子我来帮你们租，只要付完老师工资、房租以后，剩下的钱全拿走，我一分钱不要。"他们问："你自己一年有多少总收入？"我说："500万元。"他们说："如果你能做到500万元，我们回去能做到1000万元。"我说："你们肯定不止1000万元，你们的才能是我的十倍以上。"

就这样，我把他们忽悠回来了。到2003年新东方股份结构改变之前，每个人都是骑破自行车干活。第一年回来只拿到5万、10万，到2000年每个人都有上百万、几百万的收入。所以，大家回来干得很好、很开心。因为是朋友，大家一起干，要不然一上来就确定非常好的现代化结构。但是在当时我根本不懂。我这个人最不愿意发生利益冲突，所以就有了"包产到户"的模式，朋友合伙，成本分摊，剩下的全是你的。

公司发展时期的三大内涵，第一是治理结构，公司发展时一定要有良好的治理结构；第二是要进行品牌建设，品牌建设不到位的话，公司是不可能持续发展的；第三是利益分配机制一定要弄清楚，到第三步不进行分配是不可能的，人才越聚越多，怎么可能不进行分配呢？

改革改的不是结构，而是心态。心态不调整过来，结构再好也没有用，这就是美国的民主制度不能完全搬到中国来的原因。制度可以搬，但人的心态不往上面走，文化组织结构不往上面走，是没有用的。新东方股权改革后，两个问题出现了，第一，原来的利润是全部拿回家的。新东方年底算账，账上一分钱不留下来，都分回家了。现在公司化，未来要上市，就得把利润留下，大家心理马上就失衡：原来一年能拿回家 100 万，现在只有 20 万，80 万要留在公司，而且公司干得成、干不成不知道，未来能不能上市也不知道。眼前的收入减少 80%。怎么办？不愿意。第二，合一起干之后，本来我这边 100% 归我，现在 80% 不是我的，动力就没有了。又要成立公司，又要分股份，又不愿意把股份留下。

大家觉得股权不值钱，拿 10% 的股份，不知道年底能分多少红，开始闹。我就给股份定价："如果大家实在觉得不值钱，我把股份收回来，分股份的时候，这个股份都是免费的，现在每一股一元钱收回来，一亿股就值一亿人民币，我把你们 45% 的股份收回来。"我说收，他们不回我。我又提议："我跑到家乡去开一个小学校总可以吧？"我不干了，他们也不敢接。最后我说："我把股票送给你们，我持有的 55% 股份不要，我离开新东方，你们接。"结果他们也不讨论，他们想：我们现在联合起来跟你打，但你走了，我们是互相打。我向他们收股票，他们虽不愿意卖，但这带来两个好处：一是表明我是真诚的，二是给股票定了一个真正的价格，他们原来觉得定一元钱是虚的，"你定一元钱，这个股票值不值钱不知道"，现在我真提出用一元钱一股买回来的时候，他们发现这个股票是值钱了，因为最多分到 10%，10% 等于 1000 万股，如果 10% 买回来，相当于 1000 万现金，他们觉得值钱了。

（改编自：张强，李静怡主编，职业生涯规划与就业创业指导［M］.重庆大学出版社，2017）

阅读上述案例，结合本章所学内容，讨论并实践：
1. 俞敏洪提到的核心创业团队，是哪种创业团队类型？
2. 案例中的创业团队组建时，团队成员担任何种角色？
3. 案例中主要采用了哪些创业团队激励措施？

❀ 本章小结

本章主要介绍了创业团队的基本概念，如何组建创业团队，如何设计创业团队的激励制度，以及大学生创业者组建团队的注意事项。

创业团队一般是由两个及以上的人组成，不仅仅是简单的团队，他们拥有共同的目标和价值观，在工作中相互依赖、相互补位，对创业企业的未来负责。他们在创业企业中处于决策和主要执行者的位置，对创业团队和创业企业负责。依据不同划分标准，创业团队分为不同类型。例如，依据成员的不同组合，分为星状创业团队、网状创业团队和虚拟星状创业团队；依据目标产品的特性不同，分为研发主导型、市场主导型、产品主导型创业团队；依据创业项目与互联网的依附关系，分为在线型、"水泥+鼠标"型和延伸型创业团队。目标、人、创业团队的定位、权限、计划为创业团队的5P组成要素。

组建创业团队时，须遵循的原则包括：共同的价值观与目标，优势互补原则，精简高效原则，权益合理分配原则。组建创业团队的基本程序为：明确创业目标，制订创业计划，招募合适的人员，进行职权划分，构建创业团队的制度体系，对团队进行调整融合。同时，要关注不同角色对团队的贡献，即注意创业团队的互补。

设计创业团队的激励制度，需要遵循报酬制度的一般原则，建立合理分配报酬制度，例如形成分享财富的理念、综合考虑企业与个人目标、规范制定报酬制度的程序、实施合理分配方案、综合考虑分配时机和手段、适时采用股票托管协议等，并可参考实施"准股票期权计划"。

大学生创业者组建团队应注意：创业者与团队成员之间是合作而非雇佣关系，创业团队成员之间应是知己知彼、知根知底，创业者应重视积累"低端"人脉等。

第五章　市场与消费者分析

❖ 本章学习目标

通过本章的学习，应达到如下目标：
- 掌握市场分析的基本工具；
- 学会市场定位的基本方法；
- 掌握消费者分析的基本方法；
- 掌握创业营销的基本工具和方法。

❖ 引导案例

戴森市场分析

2018年5月31日，北京首家戴森官方体验店开业，这是戴森在中国内地的第四家官方体验店。今年，戴森的门店数量将增至10家，这位2012年才进入内地市场的"后来者"，出击谨慎进展快速，源于其精准的市场分析。

戴森主打中高端市场，价格在同类产品中偏高——售价6440元的扫地机器人，4950元的吸尘器，4950元的电风扇，3165元的吹风机。"贵"是中国消费者对其产品的直观感受。在京东平台上，500元以上、月销量前十的吹风机产品中，销量前六的全是戴森的吹风机。不过，价格并不是戴森的唯一标签，为了贯彻"解决他人所忽视的问题"这一设计理念，公司雇用了4450名工程师，每周投入研发的资金高达800万英镑。

对于中国的市场环境，戴森中国区总裁米凯拉·托德（Michaela Tod）说，我在中国已经很久了，目前去过二十几个城市，实地感受了当地消费者的需求，了解他们的习惯。另外我也会去中国家庭进行家访，了解中国家庭是怎样做清洁的。中国消费者非常注重消费体验。在购买之前，他们通常会在线下的商铺动手体验产品，与店员交流，当时不一定会买，有可能隔一个礼拜以后在电商平台上购买。所以我觉得融合线上线下的渠道，让消费者在线下对产品有充分的体验非常重要。

关于中国市场上的竞争对手，米凯拉认为，我们无可避免会有很多竞争对手，无论你在哪个行业，都会有人与你竞争，甚至抄袭你，某些竞品品牌我自己也买过，感觉用起来实在不太顺手，有些品牌在我们发布新品后的第二个月，他们的新品就出来了，连外表都高度相似。对此我们不想多加评论，因为我们专注于往前走，持续更新我们的科技，好的产品都是一分价钱一分货，我们在马来西亚的工厂里，每个产品出厂前会进行各种各样的安全性测试。比如，我们的工厂会有一些员工专门检测机器质量是否过关。

对于戴森"小众"的标签，米凯拉认为戴森的客户并不是某种特定类型的人。比如吹风机的客户是女性偏多，但各个收入阶层的人都有；空气净化风扇，则是男性、已婚家庭、有孩子的客户偏多；而买无绳吸尘器的，可能各个年龄层都有涵盖。我们的营销策略更多是从中产阶级消费者的角度思考，但真正购买我们产品的群体其实更广泛，不限于中产阶级。

戴森上海科技实验室的开设就是为了加速戴森设备在中国的本土化，主要有三个目的。第一是为了工程师能实地了解中国家庭的需求，戴森的工程师会去北京的部分家庭做家访和内测；第二，了解中国当前的科技趋势，想要准确捕捉人工智能、机器学习这些技术在中国的发展方向，只有深入此地，才能真正清楚当前趋势的定位和需求；第三，实验室是为产品质量而设，我们尽量让每台机器不出问题，所以在科技实验室里，我们专门有一个部门负责质量把关和产品维护。

（资料来源：《21世纪商业评论》.2018年第6期）

第一节　市场调研

市场调研（Marketing Research）是针对企业面临的具体问题，系统的收集、分析和评价相关信息，并对研究结果提出正式报告，以供决策部门解决这一特定问题。

一些较大的公司通常拥有自己的调研部门，在市场营销调研项目上与市场营销经理进行合作。一些公司还会选择外部调研专家或公司与企业管理者共同探讨去解决一些市场营销问题。此外，还有一些公司会选择购买外部调研公司的数据进行分析研究，来解决本公司的市场营销问题。在实际操作中，企业应根据自身规模和实力以及实际问题的具体情况来选择合适的策略。

市场调研是问题导向的，所以首先需要提出问题，这也是后续市场调研的基础。在确定问题时，应充分考虑研究的目的、背景等相关信息。市场调研的目标通常有三种，探索性调研（Exploratory Research）、描述性调研（Descriptive Research）和因果性调研（Causal Research）。探索性调研一般是在调研专题的内容与性质不太明确时，为确定调研方向和范围而进行的搜集初步资料的调查。描述性调研是指针对所面临的不同因素、不同方面的现状进行调查研究，着重于客观事实的静态描述。大多数的市场调研属于这一种。因果性调研则是为了找出关联现象或变量之间的因果关系。

确定研究问题和目标后，需要制订调研计划和收集相关信息。一般来说，调研数据分为原始数据和二手数据。二手数据是现已存在的为其他目标而收集的数据，大多时候，市场调研用到的数据都是二手数据。调研人员应注意利用现有信息收集数据，可以从一些商业数据服务机构和政府获得数据来源，很多行业协会也会提供免费信息，此外，企业还可以像付费商业机构购买相关信息和数据。

当二手数据不足以支撑调研活动的进行时，便需要进行原始数据的收集。原始数据是为某种特殊目标而专门收集的数据，通常有观察法、实验法、调查法和专家估计法四种。观察法是通过观察正在进行的某一特定营销过程来解决某一营销调研问题的方法。调查人员通过观察消费者行为来探究哪些不可能通过询问消费者便可获得的相关信息。实验法是为了试验特定营销刺激对消费者行为的影响，将选定的刺激引入被控制的环境中，系统的改变刺激程度，测定被实验者反应的方法。调查法是收集原始数据的最常用的方法，通常用于调查消费者的认知、态度、偏好等购物行为，最适用于描述性调研。专家评估法是采用专家估计的数据作为参考的方法。当企业没有足够的实践进行严谨的调查，或者即便采用科学的方法也无法获得合适的数据时，便可采用这种方法。

获取数据和信息的渠道有多种，包括邮寄、个人访谈、电话和网络等。邮寄调查是将问卷寄给事先选择好的调查对象，被调查者完成问卷后寄回给调查者的方式。这种方式在网络时代之前被广泛采用。个人访谈时访问员持调查问卷与被访者在同一地点面对面进行信息收集的方法，可以通过入户访问、拦截访问和约谈的方式进行。电话访问时选取一个被访者的样本，在某个场所或专门的电话访问间，在固定时间段内拨打电话进行收集数据的方式。网络市场调研是通过网络进行调查、收集数据的调研方式。现在的互联网信息高速发展，调研活动的方式也发生了巨大的变化。企业可以通过电子邮件、网页链接、微信、微博等渠道邀请被访者回答问题，还可以通过信息技术跟踪记录消费者购物行为和网络浏览习惯等获取相关信息和数据。此外，企业还可以在网络上创立讨论小组进行定期反馈和现场讨论，也可以进行网上实验来获取数据。

通过调查问卷或其他方式获取数据后,需要进行数据的分析。对于数据的加工和整理,调研人员需要注意分离出重要的信息和发现,这些将是调研工作的重点和难点。对于一些较大的定量调研活动,还会涉及相关分析、回归分析、方差分析、因素分析等统计方法。

最后,调研者需要完成调研报告。调研报告中,调研者应该讲调研所获得的重要发现和对决策有用的信息呈现给管理者,注意不要仅仅把数字和统计结果展示给管理者。

第二节 市场环境分析

假设一个市场由一些企业组成,其中40%的市场份额掌握在市场领导者(Market Leader)手中;30%由市场挑战者(Market Challenger)所掌握;20%在市场跟随者(Market Follower)手中,他们不愿打破现状,只想保持现有的市场份额;而剩下10%的市场份额则掌握在市场利基者(Market Nicher)手中,他们又被称为市场补缺者,专注于大公司并不触及的小市场。

一、市场领导者竞争战略

市场领导者占有最大的市场份额,而且往往领导者价格调整、新产品推出、分销渠道覆盖和促销力度。虽然营销人员认为著名品牌在消费者心中具有独一无二的地位,但是除非该优势企业享有合法的垄断性,否则还是需要时时保持警惕。一次强有力的产品创新后,可能竞争对手也紧接着会挖掘出全新的营销视角或进行一次重大的营销投资;或者,市场领导者的成本结构可能会不断攀升。要保持领先地位,公司首先必须找到扩大整体市场需求的方法。其次,公司必须以得当的攻守策略保护原有的市场份额。最后,即使市场容量不变,公司也应尝试增加其市场份额。下面我们分别详述每个策略。

(一)扩大整体市场需求

当总体市场扩大时,市场领导者通常获利最多。一般来说,增加消费频率可以有两种方式:一种是在同样的基本使用方法下识别新的使用机会;另一种是另辟更多新用途。营销活动应该传播使用该品牌的适宜性和优势。当消费者对产品的认知和实际功效迥异时,新的机会就出现了。

在试图扩大整个市场容量的同时,市场领导者必须时刻注意保护自己的现有业务不受竞争对手的侵犯。市场领导者如何才能做到这些?最有建设性的回答就是持续创新。市场领导者应该引领行业不断开发新产品，提供新的服务，致力于资源的有效分配及成本的持续降低。全面的解决方案可以增加企业的竞争优势和价值，顾客会因此心存感激。

（二）保护原有市场份额

作为市场领导者，即使不展开攻势，也必须谨防任何主要侧翼被攻击。防御战略的目的在于减少受到攻击的可能性，将攻击的目标引到威胁较小的领域，并设法减弱攻击的强度。市场领导者会合法并合乎道德地采取一切行动削弱竞争者开发新产品、安全分销以及获取消费者注意的能力。

市场领导者可以采用以下六种防御战略：阵地防御、侧翼防御、先发防御、运动防御、市场扩大化、收缩防御。具体采取哪种战略，部分取决于公司的资源、目标以及对竞争者反应的预期。

阵地防御（Position Defense）。阵地防御意味着占领最大的消费者心智份额，使得品牌形象坚不可摧。

侧翼防御（Flank Defense）。市场领导者也应该建立一些侧翼以保护其薄弱的前沿阵地或者支持一个可能的战略反攻。

先发防御（Preemptive Dfense）。一种更加积极的做法是先发制人，也许可以跨越市场开展游击战，在这儿打击这个竞争对手，在那儿打击另一个，从而使得每一个对手都惶恐不安。另一种方法是实现大范围市场包围，向竞争对手发出不要进攻的信号。在先发防御中，市场领导者可以直面回击或者向进攻者侧翼包抄甚至发动钳形攻势，使其不得不回营救主。先发防御的另一种常见方式是进行经济上的打压。市场领导者可以对易流失产品采用低价策略以压倒竞争对手，并从高利润产品获得收益补偿；市场领导者也可以提早宣布产品即将升级换代、防止消费者购买竞争产品。

运动防御（Mobile Defense）。在运动防御中，市场领导者将其领导地位扩展到新的领域，通过市场扩大化或市场多样化使其成为将来的进攻或防御中心。

市场扩大化（Market Broadening）。是将企业的焦点从现行产品转移到满足客户基本需求上，企业将大力投资研发与该需求相关的所有技术。

收缩防御（Contraction Defense）。大公司有时候不再能防守其所有的领地。在计划性收缩（Planned Contraction）或者战略撤退（Strategic Withdrawal）时，它们放弃弱势市场，重新分配资源至强势市场。

（三）增加市场份额

在诸多市场中，市场份额的竞争通常都变得非常激烈，因为企业的市场份额每提高一个百分点，就能带来非常可观的收益。然而，获取日益增长的市场份额，并不意味着就能自动产生更高的利润，特别是对于那些没有形成规模经济的劳动密集型服务公司而言。能否获取更高的利润在很大程度上取决于公司的战略。通过并购获取更多市场份额所付出的代价可能远远超过其收益价值，因此，公司在追求市场份额的增长前应该先考虑以下四个因素。一是激起反托拉斯行动的可能性。如果主导厂商在某个市场上进展过于深入，受挫的竞争者可能会控告其垄断，并采取法律行动。微软和英特尔需要避开全世界很多法律诉讼，正是因为有些竞争者认为其商业操作不适宜或不合法，并且滥用市场权力。二是经济成本。一旦市场份额超过某一水平，公司收益率将会随着市场份额的增长而降低。法律工作成本、公共关系费用以及营销费用都会随着市场份额的增加而增加。三是开展错误营销活动的风险。那些成功获取市场份额的公司一般在以下三个方面胜过其竞争对手：新品推荐活动、相对产品质量和营销花费。那些试图通过比竞争者更大幅度的降价来提升市场份额的公司往往收获不大，因为竞争对手通常能够承受这个降价幅度或者会通过一些手段防止买家转换品牌。

二、市场挑战者竞争战略

市场挑战者首先必须明确其战略目标。绝大部分公司的目标是扩大市场份额。挑战者也必须确定攻击目标，这一目标通常是市场领导者。这是一种高风险但具潜在高回报的战略，特别是领先者在该市场做得并不好的时候，此种方法非常明智。市场挑战者不会以特定的某个公司为攻击对象，而是将整个行业作为比较，或者以一种普遍方式来思考没有被充分满足的消费者需求。

针对明确的竞争对手和目标，市场挑战者可以采取五种攻击策略：正面攻击、侧翼攻击、围堵攻击、迂回攻击和游击攻击。

正面攻击（Frontal Attack）。在纯粹的正面攻击战中，进攻者在产品、广告、价格和分销方面与对手进行正面比拼。这种力量比拼原则上意味着拥有更多资源的一方会取得最终胜利。而如果市场领导者不反击，或者进攻者能让市场相信其产品可媲美领先者的话，一旦遇到正面攻击，降价等手段将会起作用。

侧翼攻击（Flank Attack）。侧翼攻击策略指瞄准竞争对手的弱点、漏洞或者薄弱环节，然后快速填补市场空缺的策略。对于资源较少的挑战者来说，这种策略尤其具有吸引力，其胜算也比正面攻击更大。另一种侧翼攻击战略是去满足那些未被覆盖的市场需求，也可以采用地域攻击策略专挑竞争对手表现不佳的地区重点攻击。

围堵攻击（Encirclement Attack）。是指试图通过在多个前线发动浩大的进攻获取敌人的大片领土。当挑战者掌握了更上等的资源时，此种攻击方式是明智的。

迂回攻击（Circuitous Attack）。迂回攻击绕过所有的对手来进攻最易夺取的市场，可以有三种方针：多样化发展不相关产品；多样化发展新的地理市场；跃进式发展新技术来排挤现有产品。

游击进攻（Guerilla Attack）。游击进攻由小型的、断断续续的攻击组成，骚扰对手使其士气低沉，从而最终赢得持久的立足之地。采取游击战的挑战者同时使用常规和非常规的进攻方式，其中包括选择性降价、频繁的广告促销战以及不时的法律行动。游击战的成本不菲，尽管花费可能会小于正面攻击、围堵攻击或者侧翼攻击，但它通常必须以一次更强的进攻作为后盾来击败对手。

任何营销方案都可能作为攻击手段，如低价或打折的产品、新的或改良的产品和服务、更加多样化的产品供应或者是新颖的分销战略。挑战者的成功取决于如何结合各项战略来逐渐提升自身地位。市场挑战者一旦成功，即使成为市场领导者，但一样必须保持挑战者心态。

三、市场跟随者竞争战略

许多公司宁愿跟随而不愿挑战市场领导者。在一些行业中，产品差异化和形象差异化的机会小，服务质量相差不大，价格敏感性非常高。这些行业非常排斥短期抢占市场的，因为这种战略只会引起强烈的报复，因此绝大部分公司决定不去抢夺其他公司的顾客。相反，它们通常复制领先者的做法，为购买者提供类似的产品和服务，市场份额显示出高度的稳定性。但这并不是说市场跟随者缺乏战略。一个市场跟随者必须清楚如何保留现有顾客和如何赢得相当份额的新顾客，每个跟随者都试图在选用、服务或者财务等方面为其目标市场服务。

跟随者需要设计一条成长路线，但前提是这条路不会带来竞争性报复。许多跟随者会效仿领先者的产品、名字和包装，但加以少许变动，比如在广告和定价上作以改变。科技公司通常采用这种策略。

四、市场利基者竞争策略

除了在一个巨大的市场中成为跟随者外，另一个选择就是在小市场中成为领先者，或称之为利基者。小公司通常都要避免与大公司竞争，因而它们会选择大公司不感兴趣的小市场作为目标。随着时间的推移，这些市场最终也可以形成大规模。

第三节　创业市场细分和目标市场

一些初创公司将自己的假设需求当成了顾客的真实需求，当产品开发完成后再与顾客沟通，结果发现开发的产品并不是顾客真正需要的产品。花了大量的时间，浪费了大量的人力、物力、财力，还可能错失了发展的大好机会。因此，对于创业者来说，如何准确定位市场，最大限度降低产品开发成本，并运用有效的方法营销企业产品，是必须解决的关键问题。

一、目标市场定位

要想成功创业，创业者必须回答如下重要问题：谁是我们的顾客？该如何吸引他们？一般可以按照3个步骤来回答上述问题：市场细分、选择目标市场、在目标市场中建立独特定位。

（一）市场细分

尽管市场细分非常重要，但常被创业者忽视。忽视这项重要活动可能会导致创业者对新产品或服务的潜在市场规模的错误评估。市场细分的过程包括识别细分市场的重要特征，然后勾勒细分市场的轮廓。通常使用人口特征和消费模式特征相结合的方式来定义细分市场。

（二）选择目标市场

选择目标市场包括比较不同细分市场的吸引力，然后选择最具吸引力的市场作为目标市场。即便某个细分市场具有一定规模和发展特征，并且其结构也很有吸引力，创业者仍需将其自身的目标和资源与该细分市场的情况结合在一起考虑。有些细分市场虽然有较大吸引力，但不符合创业者的长远目标，因此不得不放弃。这是因为这些细分市场本身可能具有吸引力，但是它们不能推动创业者完成自己的目标，甚至会分散创业者的精力，使之无法完成主要目标。即使这个细分市场符合创业者的目标，创业者也必须考虑新企业初创阶段是否具备在该细分市场获胜所必需的技术和资源。无论哪个细分市场，要在其中取得成功，必须具备某些条件。如果创业者在某个细分市场中的某个或某些方面缺乏必要的能力，并且无法获得必要的能力，创业者也要放弃这个细分市场。即使创业者具备必要的能力，也还不够。如果创业者确实能在该细分市场取得成功，也需要建立优势，以压倒竞争对手。如果创业者无法在细分市场创造某种形式的优势，就不应贸然进入。

新企业在选择目标市场时面临的最大挑战是，如何选择一个具有足够吸引力和差异性的市场，从而避免使自己陷入"红海"竞争。企业选择的目标市场，还必须与其商业模式、创业者和其他人员的背景和技能相一致。此外，企业还要持续地监测目标市场的吸引力。社会偏好不断发生着变化，尽管企业自身没有犯错，但目标市场仍然可能会失去吸引力。

（三）建立独特定位

市场定位并不是对一件产品本身做些什么，而是在潜在顾客的心目中做些什么。从营销的角度说，这可以看成是企业想让顾客感知企业的方式，以及回答目标市场顾客购买我们而非竞争对手产品和服务的原因。市场定位的实质是使本企业与其他企业严格区分开来，使顾客明显感觉和认识到这种差别，从而在顾客心目中占据特殊的位置。

价值曲线是一种非常有帮助的市场定位工具。它的核心是不把主要精力放在打败竞争对手上，而放在全力为顾客与企业自身创造价值飞跃上，并由此开创新的无人竞争的市场空间、彻底甩脱竞争，开创属于自己的一片蓝海。若要通过价值曲线来进行企业的市场定位，必须重点回答4个问题。哪些行业中被认为理所当然的因素应该被剔除了？哪些因素的含量应该降低到行业标准以下？哪些因素的含量应该提升到行业标准以上？哪些行业内从未提供过的因素应该被创造？一旦企业以某种方式进行市场定位后，必须能够坚持到底，实践最初的梦想。然而，若顾客试用了企业的产品或服务后不满意的话，没有完全进行市场定位则是有益的，因为这样还有调整的余地。

二、产品开发模式

市场定位与产品开发紧密相关，准确的定位利于成功开发产品，而适合的产品开发模式也利于市场的准确确定和细分。不同的产品开发模式导致了不同的结果和绩效。

（一）传统的新产品导入模式

过去人们开发新产品，主要采取以产品为中心的开发模式。这种模式先是出现在制造业，然后不断向其他行业或领域扩散与发展，并逐步成为初创企业的惯用模式以产品为中心的开发模式包括从新产品的概念形成到交付到顾客的整个过程。

第一阶段是概念萌芽与创意形成。在这一阶段，创业者往往会抓住灵光一现的奇思妙想，有时甚至将创意写在一张餐巾纸上，然后将其转变成一组核心理念，以此作为实施商业计划的大纲。接下来，他们要弄清楚围绕产品而来的一系列问题，包括产品或服务理念、产品特征和价值分别是什么？产品开发是否需要进一步的技术研究？顾客群体有哪些？怎样才能发现这些群体？这一阶段，创业者会确定一些关于

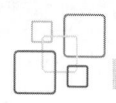

产品的基本假设，包括对竞争差异、销售渠道和成本问题的讨论，以及如何更好地向风投资本家或企业高层介绍公司情况及其带来的利益。此时的商业规划包括市场规模、竞争优势和财务分析等。通过统计市场研究和顾客评论，推动问题评估和商业规划。

第二阶段是产品开发。在这一阶段，产品进入开发流程。这时公司各职能部门相继建立，相关的开发活动被分配到各团队实施。营销部门负责确定商业计划中描述的市场规模，开始定位产品最初的顾客。在组织机构分明的初创企业（即热衷于流程开发的企业）中，营销部门甚至会针对目标市场进行一两次焦点小组测试，和产品管理团队一起制定市场需求文档，以便工程部门确定产品的最终特征和功能。与此同时，工程部门开始忙着明确特征和开发产品。产品开发通常会扩展为瀑布式的几个相互关联的步骤，每个步骤都强调最小化已定义产品特征组的开发风险。这一流程源自创业者的愿景，随后被扩展为市场需求文档（以及产品需求文档），然后进一步扩展为详细的工程技术规范。接着，工程部门便开始夜以继日地加班工作。瀑布式开发流程一旦启动就无回头之路，产品即使出了问题也不可能再进行修改。通常情况下，这一流程会持续不断地进行18～24个月甚至更长，中间即使出现任何有利于企业的变化或新创意，该流程也不会中断。

第三阶段是对产品进行内部测试和外部测试。工程部门继续按照传统的瀑布式模型开发产品，以首次顾客交付日期为目标安排开发进度。进入外部测试阶段，与少数外部用户一起测试产品，确保产品满足既定的设计目标。营销部门负责开发完整的营销沟通方案，建立企业网站，为销售人员提供各种支持材料，展开公关和演示活动。公关机构负责调整定位，联系知名媒体，营销机构负责展开品牌塑造活动。

第四阶段是产品发布和首次顾客交付。产品投入运营后，企业进入"烧钱"模式。企业举行大型新闻发布会，营销部门推出一系列活动以引导最终用户需求。在销售部门的参与下，企业会聘请一家全国性销售机构，为销售渠道设定配额和销售目标。董事会根据销售执行情况和商业计划的对比来衡量企业表现，从根本上考虑这些计划是否适合时宜，因为它们是在一年之前企业寻求初始投资时制定的。

建立销售渠道和支持营销活动需要耗费大量现金。如果企业不具备早期资产变现能力，势必要筹集更多的资金支持运营。首席执行官会检查产品发布活动以及销售和营销团队的发展规模，再次向投资者募集资金（在互联网泡沫经济期间，投资者在产品发布时利用首次公开募股（IPO）吸引投资，此时尚无迹象表明企业经营会取得成功）。

过去，无数初创企业基于以产品或流程为中心的开发模式，把自己的第一款产品推向市场。而这种模式更适合那些已明确顾客群体、产品特征、市场范围和竞争对手的成熟企业。

（二）顾客开发模式

随着环境的变化越来越剧烈，不确定性程度越来越高，创业者并不清楚面对的顾客群体是谁，也不清楚产品特征和市场范围，可以说是在没有成型的商业模式下开始创业的。因此，创业者需要采取一种不同于传统产品开发模式的产品开发流程。顾客开发模式由四个步骤构成。其中，前两个步骤构成商业模式的调查阶段，后两个步骤经过开发、测试和验证之后构成商业模式的"执行"阶段。

四个步骤的具体内容如下：

1. 顾客探索

在这一阶段，通过顾客探索活动，将创业者对企业的愿景转变成商业模式相关要素的假设，并对每个假设进行测试。为实现这个目标，创业者需要丢弃主观猜测，走出办公室，真正倾听顾客的想法，了解他们的问题，了解他们认为哪些产品特征能够解决这些问题，了解他们的企业是如何推荐、批准和采购产品的，从他们的反馈中获取真知灼见，然后对假想的商业模式做出调整。在顾客探索阶段，可能会出现反复调整，也可能发生失败。对商业模式的误解或错误假设会经常出现，例如顾客群体是谁，他们需要解决什么问题，哪些产品特征可以真正解决这些问题，有多少顾客愿意付钱解决这些问题等。

2. 顾客验证

顾客验证阶段，是指用于证明经顾客探索阶段测试和迭代过的业务是具备可重复和可升级性的商业模式，可提供大量所需顾客信息，以建立具有盈利能力的企业。在验证过程中，企业需利用新一轮测试，针对更大规模顾客的业务升级能力（如产品、顾客获取、定价和渠道活动），采取更为严格且定量的方法。在这一过程中，初创企业要回答一个问题，即投入1元的销售和营销资源，能否创造2元以上的收入（或是用户、访问量、点击率以及其他衡量指标）？

顾客验证过程要利用最小化可行产品在顾客面前测试产品的主要特征。顾客验证可证明顾客群体的存在，确认顾客会接受最小化可行产品，验证顾客具备真实且可衡量的购买意图。

如何实现这些目标？验证可通过试销的方式来衡量，即让顾客掏钱购买（或积极参与产品互动）。在单边市场（用户即支付者的市场）中，稳定的顾客采购流对产品产生的验证结果，比简单的调查更有效。在双边市场或广告支撑型商业模式中，以十万为基数呈几何级增长的顾客规模，往往意味着企业可以寻找那些愿意付费接触这些用户的广告商。

顾客开发模式的前两个步骤，即顾客探索和顾客验证，起到的是提炼、巩固和测试商业模式的作用。只有在具备足够规模的顾客群体，以及可重复式销售流程能够形成可盈利商业模式时，顾客验证阶段的"逃逸速度"（即在确定商业模式过程中积累足够的可衡量改善之后）才会出现。这时，企业才可以进入下一个步骤，即扩张阶段，也称顾客生成阶段。

3. 顾客生成

顾客生成建立在企业首次成功销售的基础上，是企业加速发展、花费重金扩张业务、创造终端用户需求和推动销售渠道的阶段。顾客生成过程因初创企业类型不同而不同。有些企业进入的是已有市场，需要与竞争对手展开竞争；有些企业需要开发新的产品或机会，开拓竞争对手还不存在的新市场；还有些企业通过重新细分现有市场或建立利基市场的方式开发低成本的混合模式。

4. 企业建设

当创业企业找到可升级和可重复的商业模式时，便进入顾客开发流程的最后阶段。此时，它已不再是以调查探索为目标的临时性组织，而是变成真正意义上的已建成企业。在这一转变过程中，企业建设的关注点要把团队精力从调查模块转移到执行模块，将非正式的以学习和探索为导向的顾客开发团队，转变成正式的结构化部门，如销售部、营销部、商业开发部等，部门主管要关注组建各自的部门，以实现公司业务规模的扩张。

三、市场类型

市场类型决定市场大小、产品定位和发布产品的方式。

现有市场的概念很容易理解。如果打算生产市场上已经有的产品，而又不打算对它们进行大的改良和创新，只是有限地提高产品的性能或者性价比，那么可以选择现有市场。选择现有市场有利的一面是顾客和市场是现成的，不利的一面是竞争对手也是现成的。

细分市场，大多数创业公司选择进一步细分现有市场。通常有两种方式：低成本策略和小众策略。顾名思义，低成本策略的目标是显著降低产品成本，向低端用户提供更高性能的产品。由于高端市场利润最大，低端市场常常被人遗弃，如果创业公司在保证盈利的前提下，能有效降低产品成本，那么通常会出奇制胜。小众策略是指针对某类产品或某个产品开展研发和营销；或者针对消费者的一些小众需求开发产品和营销活动。小众的"小"，不仅指消费的人群量小，还涉及产品的单一性和专注性。

全新市场，是指公司开发了一种新的产品或服务，让用户做以前无法做到的事，或者以前所未有的方式大幅提高可用性和便利性，解决空间障碍问题等。开拓新市场有利的一面是没有竞争对手，因而产品性能是次要因素；不利的一面是市场情况不明朗。开拓新市场面临的困难不是与同类产品竞争，而是要说服顾客接纳产品。开创新市场的要求很多：发现待解决的用户问题、说服顾客接纳产品、寻找有耐心和有实力的投资者、长时间有效控制现金流等。

顾客开发模式的四个阶段会受到市场类型的影响。在顾客探索阶段，无论市场类型如何，所有人都要离开办公室，寻找顾客，了解需求；在顾客验证阶段，市场类型开始明显影响产品的销售和定位策略；在顾客生成阶段，不同类型市场的销售策略则大相径庭。

四、产品开发与顾客开发结合

顾客开发模式与产品开发模式不是截然对立的，两种模式可以并行不悖。顾客开发团队在公司外尽力发展顾客，产品开发团队在公司内全力开发产品。顾客开发团队与产品开发团队必须通力合作，企业才能取得成功。

两个团队的相互作用，在大公司和创业企业可能完全不同。在大公司里，产品开发团队的任务是为现有市场开发后续产品。开发后续产品具有以下优势：顾客已知、需求明确、市场类型确定、竞争对手都在明处。产品开发团队与顾客开发团队的配合主要体现在以合理的成本为现有顾客提供新功能和新特性，借此扩大市场，实现利润最大化。

而在创业企业里，他们只能猜测顾客是谁，面对的市场是哪种类型。创业企业手中唯一的砝码是产品创意。顾客开发团队的目标是为产品寻找市场，而不是根据已知市场优化产品。在顾客开发模式的每个阶段，产品开发团队和顾客开发团队都要召开正式沟通会议。除非双方达成一致意见，否则不能进入下一个阶段。在顾客探索阶段，顾客开发团队的首要任务是检验产品创意的价值，而不是为产品增加新功能。除非潜在顾客认为产品要解决的问题没有意义，或者产品没能解决问题，产品开发团队和顾客开发团队才能协商增加或者调整产品功能。在顾客验证阶段，产品开发团队的关键成员要承担产品的售前技术支持工作，直接与顾客打交道。在企业建设阶段，产品开发团队除了要负责产品的安装和技术支持外，还要组织培训，培养技术支持人员和服务人员。

第四节　创业营销方案

创业营销方案，主要包括从战略视角定价、营销渠道和创业营销队伍三方面进行。

一、定价

（一）价格及其特征

决定如何收取费用是创业者面临的众多问题中最重要的一个问题。许多创业者或公司管理者都想当然地对产品或服务进行定价，认为价格的主要作用就是弥补成本并得到一个合理的回报。目前，一些企业开始采取更为复杂的、更具创造力的价格管理模式，同时也更加注重价格因素的重要战略地位。他们认为公司对其提供的某种特殊产品或服务制定的价格具有以下五方面的关键特征：

价格是有价值的。顾客最终愿意支付的价格，是他们对某项产品或服务价值的估计。

价格是可变的。顾客为获得一种已有产品或服务支付的费用是可变的，或可以运用不同方式进行管理。这些方式包括绝对支付额、支付构成、支付对象、支付时间、支付形式、支付条款以及全部或部分支付等方面的改变。

价格是多样的。公司一般销售多种产品或服务，他们可能通过一些产品或服务的价格来影响其他产品或服务的销售，或者制定价格时实行捆绑（或单独）销售，或者通过提高产品或服务的边际利润来制定价格。

价格是可见的。价格的可见性，表现为价格向顾客传达的产品或服务的价值、形象、供给和需求状况、独特性等信息。虽然顾客有时并不能估计出需要支付的全部费用，但他们会考虑和关注其购买的大多数商品的价格。

价格是虚拟的。在营销决策变量中，价格被认为是最容易改变，也是改变最迅速的，特别是在互联网时代，有些公司甚至能立即针对市场情况调整价格。

如果创业者没有意识到并利用价格的这些特征，反而依赖于相对固定的、被动的定价方法，可能带来定价方面的失误。而改变这种状况的第一步，就是更为全面地审视企业的定价决策。

（二）创业型定价

几乎在所有行业中，企业的成功都越来越依赖于它们进行基于市场、承担风险、主动和灵活定价的能力。具有这种特征的定价称为机会型或创业型定价。这种定价行为包括四个关键维度。

一是基于成本定价，还是基于市场定价。基于成本的定价模式，更注重自身成本的弥补。基于市场的定价方式，则更趋向于以顾客为中心，价格的主要目的是反映顾客从企业提供的所有产品中得到的价值量。

二是趋向于风险厌恶，还是风险偏好。风险厌恶定价是一种保守型的定价方式，价格在必须变化时才做调整，其水平与竞争者极其接近，其重心在于对成本的弥补，而结构会尽可能简单。风险偏好定价中，创业者或管理者会采取新颖的、未经证实的、评估收益损失、混淆与疏远顾客或其他可能产生负面影响的定价计划。

三是采取主动方式，还是采取被动方式。被动定价是对竞争者定价行为的模仿，对顾客信息的反应，只有在规则发生变化或一项新技术的突破很快影响了产品成本的情况下，价格才会改变。而主动定价不是追随竞争者的价格，而是根据产品的实际情况及与竞争对手的差异状况来确定产品价格。

四是重视标准化，还是重视灵活性。标准化定价趋向于为某类产品或服务制定相同的价格，而不考虑顾客、市场情况或环境变化（包括竞争者）的突发事件等因素。灵活性定价则是根据不同的市场和顾客、购买的时间和地点、产品或服务捆绑销售的机遇，以及根据实际或预期的竞争者行为等因素，为产品制定不同的价格。

以上四维度之间相互作用，如果定价行为更为主动，那么可能承担更大的风险，采用更灵活的定价方式则更可能以市场为导向。

（三）创业型定价的具体形式

创业型定价自身有不同的表现形式，更多地采取实验、试验和小范围测试的方式。创业型定价在几个行业的不同表现形式如下：

软件业传统的定价方式要求顾客对软件产品进行一次性支付，而现在的公司却采取租赁和发放许可证以及基于使用情况的收费方式。另一种新颖的定价方式与点歌系统有关，在这种系统中，价格与点数所在的范围相连，而点数可以根据软件管理的对象（台式机或服务器）进行设定。化工业的定价比较注重能给顾客带来的整体经济价值。公用事业通过捆绑销售的方式提供不同价值的产品或服务组合。这包括以低价为顾客去除产品或服务中的某些成分。公用事业针对不同的顾客群体提供不同的物价清单，而且他们试图将注意力转移到顾客能源管理方面。金融服务业为不同借款人提供不同的按揭产品，由于贷款费用是基于借款人的情况单独制定的，所以金融机构开始采取风险型的定价方式。服务业服务供应商使用一种新的收益管理系统来限制服务供应量（如滑雪胜地、航空公司、主题公园），这样就要求服务供应商进行有效管理，主要方式有基于时间的定价、早期折扣、早期销售限制、需求分配等。

这些定价方式表明，基于成本和固定价格的定价方式也许会成为即将消失的工业时代的文物,用标准化价格来支撑规模经济、大规模生产、产品标准化、大众营销和密集型分销的时代将会被取代,一组新的力量将主导现代定价行为。

(四)以创业导向制订企业定价方案

企业定价导向的四个关键要素可用以表达价格目标、价格战略、价格结构、价格水平与价格提升方面的信息。价格绝非仅仅是形成可以接受或者较高的收益回报率,而应从更具创业精神的视角来看待。价格的目标应在于鼓励一部分顾客的某种特殊行为,在新市场建立自己的立足之地,加速竞争者退出市场。创业型定价应基于价值,并通过寻找独特的市场和顾客群来把握预期的整体价值。企业应根据市场情况的可能,发展多种战略。面对不同的市场,同一家企业可能会同时采取溢价和平价的定价战略。

二、分销渠道

销售渠道的目的就是使恰当数量的恰当产品和服务出现在恰当的时间、地点。互联网技术对分销产生了三个重要影响:解决了距离问题,使时间平均化,而且使地理位置变得无关紧要。距离的消失、时间的同质化及地理位置的无关性在分销渠道的过程中产生了多方面和复杂的长期影响。未来,我们大部分时间谈论的很可能是服务和产品的分销媒介而不是分销渠道。

媒介可能被定义为下面的一种形式:占据了一个位置或是代表了两个极端之间的一个中间变量的中介行动方针,完成、转达、转让某种东西的代理,某物在其中起作用并蓬勃发展的周边环境。

渠道和媒介的区别在于互动。例如,互联网电子媒介、智能手机、苹果音乐播放器都是内置的互动。渠道通常是产品销售渠道。互联网技术有潜力改变被动消极的分销方式,从而变成一种在产品和服务中发挥积极作用的元素。它们能创造虚拟市场、虚拟社区或者虚拟世界。因此,这个媒介就是中心元素,可以让消费者共同创造一个属于他们自己的服务和产品的虚拟世界。

三、创业型销售队伍

目前,很多企业将销售看作一系列活动中的摆设,在销售部门中按照惯例安排销售人员的工作并对其进行培训,规定他们的权限、配额,适当地给予激励,密切监控销售人员的工作绩效,实施奖惩制度。通常销售人员被看成是可以替代的,通过奖励和制裁的组合来激励他们销售。而管理工作的内容就是确保销售人员针对正确的目标进行一定数量的兜售,并在一个合理的价位上推出正确的产品,此外就是完成预定的销售额。

在当今竞争日益激烈的生存环境下，企业需要对这一销售模式进行改革。企业需要挖掘真正有潜力的销售组织，有效地创建和管理一支销售队伍。销售管理的工作领域要处理相当数量的不确定性，这一点与创业者非常类似。最终的销售可能实现，也可能无法实现。但是顾客的需求和购买行为确实是千变万化的。对于创业企业来说，要把公司的部分所有权给予销售人员，并让其充分理解该做法的战略意义。销售人员通过利用公司资源（生产、物流、信息技术、市场营销、顾客服务等）来支持其业务运营，具体包括销售现场管理、产品取样、量身定制解决方案、顾客奖励等活动来为创业企业定制销售成员。

销售经理在某种程度上像风险投资家那样投资感兴趣的企业，其总体销售增长率类似于一种风险投资基金，在该领域投入资金的多少取决于该领域销售人员现有和潜在的努力。因为销售人员经常会出现创新的想法和意识，这些对创业企业来说都是非常宝贵的。

四、创业营销策略

（一）变顾客为销售力量

口碑营销，简单来说就是所有能让人开口谈论一个企业之事。口碑营销是创业者在创业初期常用的一个营销战略。约有82%的创业者都运用口碑营销这种手段来扩大业务。创业者可以通过以下几种常见的方法，促进口口相传的促销：

一是激发顾客谈论你的优质服务。创业企业如果能为顾客创造截然不同的服务体验，便可能脱颖而出，激励顾客将之与他人分享。有效的服务应当是持久的、真诚的和充满热情的。通过提供独特的顾客服务，让老顾客自愿推荐产品和与服务给新顾客。

二是通过感谢推荐人计划形成扩大口碑相传的机制。当顾客推荐其他人来光顾企业时，创业者可以通过"感谢"。这名老顾客，来建立其忠实度、培养口碑相传。例如，通过送打折优惠券、一份表达谢意的小礼物（如一张贺卡），或仅仅是一张手写的感谢便签，以感谢那些介绍新顾客来企业的人。这样做会使早期顾客有自豪感，让他们知道，创业企业的成功正需要他们来帮忙吸引新的顾客。

三是营造热议活动。可以通过朋友、家庭以及雇员积极营造关于公司的热议来模仿口碑相传，如娱乐界的粉丝团，通过一个用户群提供免费服务、支持或训练等，都可以成为创业企业的销售力量。

互联网为口碑相传创造了一种新的促销方式，称之为病毒营销。传统的口碑相传在一个人与另一个人之间进行由此到彼的传递，而病毒营销借助网络的力量，通过网站、微博、微信和电子邮件将公司信息进行指数级的传播。除了运用顾客口碑营销外，许多创业者也应学会利用另一个群体，即自己的竞争对手。许多创业者填补的利基市场正是大的竞争对手们不愿服务的市场，因为来自于利基市场顾客的销售量对大公司来说并不划算。

（二）基于互联网的营销方法

微博和微信是现代创业型企业广泛采用的营销工具。

微博营销是以微博作为营销平台，每一个粉丝都是潜在的营销对象，企业利用微博向网友传播企业信息和产品信息，通过微博与粉丝交流互动，或者发布大家感兴趣的话题吸引流量以达到营销的目的。

微信营销是企业通过微信进行营销活动。现在手机上网具有移动化、碎片化和个性化的特点，只要有空，用户可以随时随地拿起手机浏览信息。微信让用户们找到了新的沟通方式，也已经成为中国移动用户的主要沟通方式，因此利用微信进行营销已经成为许多企业的首要任务。许多企业利用微信公众号进行营销，企业可以随时将活动通过公众号发送给粉丝，当粉丝决定活动不错时，还会将活动分享到自己的朋友圈，通过微信一个又一个的朋友圈的传递，最终活动在网络中不断扩散，从而达到企业营销的目的。微信营销不仅可以通过文字，还可以通过声音、图片和视频等多维度方式进行信息传递，与用户的互动方式也更加多样、更有亲和力。随着互联网营销的不断发展，许多企业开始利用微信等互联网工具加强线上线下的联系和互动，以线上推广带动线下销售，使企业渠道达到互通。此外，在各种网络直播网站和手机应用端的快速发展下，许多企业也开始利用直播方式进行线上线下互动，进行企业营销活动。

（三）其他简便方法

免费的增值模式。一些知名科技企业，通过免费增值模式获得了巨大成功。在这种模式下，顾客一开始不需要付费，可以免费试用产品。其核心是，先吸引用户"上钩"，然后由用户决定是否付费或继续使用产品或服务的增值功能。免费服务模式有两种：一是顾客可以在试用期间免费使用产品的完整功能，但之后如果想继续使用就需要付费；二是企业的基础产品（可能是仅供一人或两人使用的个人版本）免费，但是如果顾客想要继续使用产品的增值功能或包含商务功能的高级版本，或更多的功能时，则需要付费。免费模式的风险在于，顾客对免费试用的产品感到满意，却认为其不值得付费使用。企业可能会吸引大量的免费试用顾客，但付费用户却寥寥无几。顾客对产品持批评态度或不愿意付费使用，会消耗企业的成本并影响企业利润。另外，企业还需要投入大量的时间和资金为这些用户提供支持。如果这些用户数量过多，那么企业所实施的无异于梦想增值模式，而非免费增值模式。

零成本顾客开发。零成本顾客开发模式是由消费型网络公司，特别是脸书（facebook）之类的社交网络公司所倡导，其字面意思为开发新顾客而不需要投入任何成本，它是所有模式中最具有灵活性、最为高效的一种。当用户本身成为企业的产品，即企业将用户的照片、文字、文档与活动作为产品内容时，零成本顾客开发就变得异常简单。企业的产品为用户提供了一个基本框架，而用户以及相关的数字媒体和他们的行为就是其中的内容。当用户充当内容的成分越来越多，其可从分享和互动中获得益处越多，企业的顾客开发成本就越接近于零。这是由于用户乐意邀请朋友与同事使用这一产品，因为邀请的人越多，他能够享受的服务也就越多。

合作。企业可以同已拥有高效营销渠道的大型企业建立合作，以推动自身的销售。但是，这种方式常为人所忽略，因为这伴随着一定成本。首先，与大公司建立合作关系并非易事；其次，建立了合作关系，企业必须向合作伙伴让渡一部分收益。

反复从顾客身上获利。企业最好的收入来源是从现有的顾客身上创造利润。如果某顾客正使用你的产品，就表明你已经支付了获取该顾客的成本。这是经营现有的顾客。企业可以说服他们购买较为昂贵的商品，向他们出售具有新功能的产品，或者向他们收取产品使用费等。对于以广告为主要业务的企业，可说服顾客花费更多的时间浏览企业网站，这样他们就可看到并点击更多的广告。但是这种方法使用过度，也会导致顾客屏蔽所有广告。因此，企业必须找到平衡点。

第五节　消费者分析

消费者行为研究的是个人、群体和组织如何挑选、购买、使用和处置产品、服务、创意或体验来满足他们的需要和欲望的过程。营销人员必须充分理解消费者行为的理论和实践。消费者的购买行为受文化、社会和个人因素的影响，其中文化因素的影响最为广泛和深刻。

一、影响消费者行为的文化因素

文化因素指文化、亚文化和社会阶层等，这些因素对消费者购买行为具有非常重要的影响。文化是影响人的欲望和行为的基本决定因素。营销人员必须密切关注每一个国家的文化价值观，用最佳的方法营销现有产品并为新产品找到市场机会。每个文化都包含着更小的亚文化，亚文化为其成员提供更为具体的认同和社会化。

亚文化包括国籍、宗教、种族和地理区域。当亚文化发展到足够强大时，公司通常设计专门的营销计划来为之服务。另外，所有人类社会都存在社会分层，文化经常以社会阶层的形式体现。社会阶层是在一个社会中具有相对同质性和持久性的群体，他们按等级排列，每一阶层的成员具有类似的价值观、兴趣爱好和行为方式。

二、影响消费者行为的社会因素

影响购买行为的社会因素包括参考群体、家庭、社会角色和地位等。

参考群体（reference group）是指对其成员的看法和行为存在直接或间接影响的所有群体。存在直接影响的群体被称为成员群体，某些成员群体是主要群体，如家庭、朋友、邻居和同事，其成员之间较持续地且非正式地互动。人们还从属于主要群体，如宗教、职业和工会群体，其成员之间的关系一般更正式且互动的持续性较弱。当参考群体的影响较强时，营销人员就必须决定如何去接近和影响群体中的意见簿袖。意见领袖是指对一个特定的产品或产品种类提供非正式建议或信息的人，例如哪个品牌最好，或如何使用某个产品等。意见领袖通常高度可信并善于社交，而且经常使用该产品种类。为了接近意见领袖，营销人员通过他们的人口统计信息与心理统计特征来识别，确定他们经常使用的媒体，并将信息直接传向他们。

第三个因素是情境的力量。它决定了那些传播的想法是否能够组织起团体和周围的社区。

三、影响消费者行为的个人因素

影响消费者决策的个人因素包括年龄和生命周期中的不同阶段、职业和经济状况、个性和自我观念、生活方式和价值观。由于这些都直接影响着消费者的行为，所以对于营销人员来说密切注意这些因素是很重要的。

生命周期阶段会影响人们的消费行为。成人在成长过程中经历了某些阶段或转变，其行为在这些阶段中（例如为人父母期间）并不是固定不变的，会随着时年龄变化而发生改变。营销人员还应该考虑人生大事或重大变迁引起的新需求，包括婚姻、生育、疾病、离婚、搬迁、第一份工作、职业改变、退休、失去配偶。这些应该提醒服务供应商——银行、律师、以及婚姻、就业与丧亲的辅导员——来提供帮助。据估计，面临人生改变的数量众多的新父母的支出非常可观，因而婴儿行业极大地吸引了许多营销人员便不足为奇。

职业和经济状况也会影响消费模式。营销人员试图确定那些对于产品和服务有着高于平均水平的兴趣的职业群体，甚至专门为特定职业群体设计产品。例如，电脑软件公司会为品牌经理、工程师、律师和医生设计不同的产品。经济状况对产品和品牌选择都有极大的影响。经济状态包括可支配收入（收入水平、稳定性及可支配时间）、储蓄和资产（包括流动资产比例）、负债、借款能力和对支出与储蓄的态度。

个性和自我概念。个性是指一组显著的人类心理特质，这些特质会导致对环境刺激做出相对一致而持久的反应，包括购买行为。我们经常用自信、控制力、自主性、顺从性、社交能力、防范能力和适应性等特质来描述个性。生活方式是一个人在世界上的生活模式，表现在其活动、兴趣和看法里。在与环境互动的过程中，生活方式可以全面地描绘一个人。营销人员寻找产品与不同生活方式群体之间的关系。一个电脑制造商或许发现大多数购买者都是注重成就感的，因此将其品牌更加明确地面向具有成就型生活方式的群体。缺钱或者缺时间的消费者有着不同的生活方式。以缺钱的消费者为目标顾客的公司会提供低成本的产品和服务。通过吸引节俭的消费者，沃尔玛已经成为世界上最大的公司。天天低价的战略已经使沃尔玛从零售供应链中获利数百亿美元，同时由于商品廉价，购物者也节省了大量开支。缺少时间的消费者更倾向于多任务处理，同时做两件或者更多的事情。他们更愿意付钱请别人去完成任务，因为他们的时间比金钱更宝贵。以他们为目标市场的公司会为这些人群制造多种节省时间的好处。

实训题

选择一家初创型公司，分析其市场环境及消费者特征，并提出合适的营销策略。

案例讨论

印度最大的线上百货零售商 BigBasket

2018 年初，印度最大的线上百货零售商 BigBasket 获得 3 亿美元投资，由中国电商巨头阿里巴巴领投，为其 2011 年运营以来募集的最大融资，估值达 9.5 亿美元。公司联合创始人兼 CEO Hari Menon 表示，融资将用于"增长、增长、再增长"。

Menon 评论说，BigBasket 的后台是一台"运转良好的发动机"，未来 18 个月，投资会用于营销、基础建设扩容以及用户界面提升、高级分析等技术领域。

5 月初，世界最大零售商沃尔玛宣布以 160 亿美元的代价，收购印度最大电商平台 Flipkart77% 的股份，此前，传闻全球电商巨头亚马逊——同时为印度市场的第二大电商，曾有投资 Flipkart 的意向。与 Flipkart 的交易达成后，沃尔玛在印度有了更稳固的根据地，印度是全球电商增长最迅速的市场之一；就 Flipkart 而言，则储备了更多弹药以抗衡亚马逊，后者正大力下注印度。因格局调整而波及的一大领域，则是线上百货市场。

在印度，百货零售预计占据国内零售市场 60% 以上的份额。吸引线上零售商的不只是百货市场的体量，用户黏性也颇为可观。水果和蔬菜是每个家庭的重要采购项目，复购率非常高。消费者们购买时，不用再三考虑，一旦在百货领域抓住消费者心智和钱包，商家将在竞争中处于优势地位，可能成为购买其他商品时的默认选项。

亚马逊公司这样陈述其愿景——改变印度买和卖的方式，准备成为客户"天天购买、万物汇聚"的商店。"我们认为，百货是帮助电商融入印度消费者日常生活的重要品类，我们决定将百货购物变得更方便、零烦恼。"

亚马逊推出"超级价值日""订购与省钱"等促销活动，前一项在每月 1 号和 2 号举办，提供更多折扣，符合消费者每月头两天购买百货产品的习惯；后一项，消费者可订购平日常买的产品，既省钱又方便。两个选项均适用于印度全国。亚马逊在印度食品零售领域投资 5 亿美元的计划，也已得到印度政府批准，允许亚马逊在印度开设售卖食品的全资实体零售店。咨询调研公司 Forrester 资深预测分析师 Satish Meena 认为，没有线下店面的商家很难攻克百货市场，期待亚马逊在印度投资线下百货公司，其逻辑类似于 2017 年亚马逊在美国收购全食公司（Whole Foods）。

Flipkart 同样紧盯百货领域，数月前，Flipkart 在班加罗尔上线名为"超市"（Supermart）的 App 应用，进行百货递送服务，这是该公司第二次试水该领域。2015 年，Flipkart 曾尝试从社区店中递送百货，最终未能成功，Flipkart 便悄悄退出了。"要保持印度线上零售第一的地位，Flipkart 需拓展智能手机和时尚品类以外的业务，与沃尔玛达成的交易可为 Flipkart 带来运管线下店面的能力，获得更多卖家、制造商和供应链资源及经营百货品类的经验。" Meena 说。

BigBasket 的 Menon 宣称，对于即将到来的威胁并不惶恐，竞争只会促进市场增长。线上百货领域需要更多玩家，消费者从实体转移到线上，就百货品类而言并不容易，只要讨论声音增多，更多消费者就会转至线上，随之更多玩家的涌入，推动市场快速扩张。

BigBasket 新推了两项进入实体零售的尝试，在住宅公寓、办公综合体铺设自动售货机，并提供新鲜牛奶等产品的订购服务，两个项目均处于试验阶段。Menon 打算在未来 24 个月中设立一万个自动售卖点，所有机器均无人操作，根据公寓和写字楼的尺寸，售卖 24 至 48 种产品，包括水果蔬菜、面包、鸡蛋、乳制品、果汁和零食等日常必备产品，该举措预计将提升消费的购买频率。

专注垂直领域的打法，能帮助 BigBasket 对抗巨头亚马逊以及沃尔玛支持的 Flipkart 吗？目前，BigBasket 在印度线上百货市场仅次于 Grofers，后者同样关注垂直领域，背靠日本软银这实力雄厚的投资者，阿里巴巴投资的 Paytm Mall 也在扩大百货领域。在一次媒体访谈中，Paytm 创始人兼 CEO 维贾伊·谢卡尔·沙玛表示，他准备在年底前将百货业务的比重从 25% 提升到 40%。此外，部分线上百货商选择深耕特定的城市，例如班加罗尔的 DailyNinja 和特里凡得琅的 Kada。过往数年，有些一度高调的线上百货商，例如 PepperTap 和 Local Banya 已经关门大吉。

咨询公司 Technopak 高级副总裁 Ankur Bisen 认为，沃尔玛投资 Flipkart 是一项重要的进展，他期待未来三年，印度线上百货的体量能在现有格局下持续增长。"传统商超们在努力促成线上百货的成功，一直以来都需要垂直领域的行家，比如英国的 Ocado 崛起为一个品类的创造者。线上百货的微妙和挑战，决定了这类专才的剧本不可能来自于既有的商超模型。"Bisen 解释说。

（资料来源：《21 世纪商业评论》2018 年第 6 期）

阅读案例，思考在本案例中，Bigbasket 的市场情况是怎样的，它的竞争对手有哪些？Bigbasket 采用的竞争策略是什么？

❋ 本章小结

市场调研是指用科学的方法，有目的、系统地搜集、记录、整理和分析市场情况，了解市场的现状及其发展趋势，为企业的决策者制定政策、进行市场预测、做出经营决策、制定计划提供客观、正确的依据。

市场领导者占有最大的市场份额，而且往往领导价格调整、新产品推出、分销渠道覆盖和促销力度。市场领导者可以有六种防御战略，阵地防御、侧翼防御、先发防御、运动防御、市场扩大化、收缩防御。具体采取哪种战略部分取决于公司的资源、目标以及对竞争者反应的预期。市场跟随者通常复制领先者的做法，为购买者提供类似的产品和服务，市场份额显示出高度的稳定性。

创业者必须回答谁是我们的顾客和该如何吸引他们的问题。一般按照市场细分、选择目标市场、在目标市场中建立独特定位来进行市场细分。创业营销方案，主要从战略视角定价、营销渠道和创业营销队伍三方面进行。消费者行为研究的是个人、群体和组织如何挑选、购买、使用和处置产品、服务、创意或体验来满足他们的需要和欲望的过程。营销人员必须充分理解消费者行为的理论和实践。消费者的购买行为受文化、社会和个人因素的影响，其中文化因素的影响最为广泛和深刻。

第六章　创业机会与创业资源

本章学习目标

通过本章的学习，应达到如下目标：
· 理解创业机会的内涵；创业资源的特征；
· 掌握机会识别的基本方法；
· 掌握机会构建的基本过程；
· 运用创业资源理论解释创业活动；
· 掌握创业资源整合的一般过程；
· 理解信息加工对创业机会建构的意义，创业资源拼凑机制。

引导案例

登陆极地

2018年的春节，汤妙昌教授前往他睽违20年的南极。他说，没想到退休后还能去往曾经工作过的地方。这位年近耄耋的老人，是中国极地研究中心办公室原主任，曾任中国3次南极考察队中山站、长城站站长兼越冬队队长，14次前往南极考察。此次他再"出征"南极，则是以特约极地科学家的身份，受奇迹旅行邀请，为同船的游客分享他在南极科学探险的故事。这次南极行，载着一整船的200名中国人，将在南极迎接新年的到来。

对每一位前往南极的旅游者来说，抵达的过程还很考验体力。张毅选择的路线，是从上海前往乌斯怀亚——火地岛地区的首府、行政中心，也是世界最南端的城市，再从乌斯怀亚乘游轮前往南极次大陆，整个飞行时长超过30个小时。而在南纬60度，西经65度的德雷克海峡也是一道难关，这个被称为南极守护神的必经通道，是世界最宽最深的海峡，风高浪急，船只的最高倾斜角度可到45度，对于想抵达南极的人来说，要扛得住颠簸。由于路途遥远，南极行程从出发到回程基本在15天以上。

即便所有的行程敲定，签证办理也是每一个游客的噩梦。南极本身并不属于任何一个国家。所以前往南极旅游本身并不需要签证，而是取决于途经的国家，比如中转澳大利亚、智利、新西兰还是阿根廷。现在大部分行程的重要中转国家是阿根廷，南美签证对于中国游客来说，不论从材料准备、办理时长来说，都是一件麻烦事。换句话说，想要叩开南极大门的游客们，得有闲、有钱、有运气，还得身体素质过硬。面对现在的客人，我们不只是把行程外包给游轮公司这么简单，专业度、熟悉程度以及对于整个行程的掌控度都需要增加。采购不同的运营公司，实际上就是挑选探险队的过程，经验丰富的探险队能够登陆尽可能多的南极点，也知道哪里更容易观察到南极的动物与生态。不论是南极还是北极，对很多游客来说都是仅有一次的旅行体验，尽可能不留遗憾，于是根据不同的登陆次数、船舱等级、极地游的选择必须多元化。

南极传统的跟团游、定制的轻奢游以及自助游，对应10万~40万元不等的单价。面对高单价，很多市场参与者接踵而至，笃信产品能够成为现金牛。可对于目前的市场从业者来说，这并不是一门好做的生意，并没有因为高价就贡献高利润。一家经营极地游的旅行社负责人说，南极游的线路对很多旅行社来说是门面，尤其是高端旅游线路品牌的主要产品担当，可要站在赚钱的角度看，算不上好。通常情况下，旅行社的成熟线路定价会确保平均10%左右的利润率，淡季可能在5%~10%左右，而旺季可通过溢价达到20%~30%。越是高端游，利润率越会随着行程定价水涨船高。可对南极游来说，由于硬件设施、自然条件的先天限制，价格的高低并不与利润率直接挂钩。

由于极地特殊的地理位置，南极旅游产业链很简单，如果拆解高昂的费用，首先是大交通费——机票，其次是南极游轮费用，最后包括签证、各类地接社、途经地酒店、领队等细碎费用。其中占据整体成本60%~70%的是游轮公司，出行时间、预订时间，登陆点的多少，船只大小以及船舱等级，都由游轮公司划分为不同价格档位。

除了项目本身的利润有限，市场现在有点疯狂和盲目。南极旅游线路的特殊在于、并不能企图一味依靠低价来成为爆款，长时间的游轮生活对于服务与体验要求很高。对于包船的旅行尝到北极游甜头的飞猪，在2017年以"南极不难及"为主线，推出南极飞猪号。一个小众旅游目的地，或者大众目的地的小众玩法，市场上只认第一个开拓者，第二个全力扑上去，即使花10倍的力气也达不到那么好的效果，这是一个规律。

（资料来源：《21世纪商业评论》2018年第5期）

第一节　创业机会的内涵

机会是创业的核心要素。创业离不开机会，但并不是所有的想法和创意都能成为创业机会。不同的创业机会价值不同；同样的机会，不同的人看到的方向和角度不同；由不同的创业者来开发，效果也有巨大差异。创业的实质是具有创业精神的个体对具有价值的机会的认知过程，包括机会的识别、评价和建构等环节。

一、机会与创业机会

机会是具有时效性的有利情况。识别创业机会需要深厚的专业领域知识和技能，以及敏锐的观察能力。创业机会的目标是满足顾客的需求，解决顾客意识到和没有意识到的实际问题，为顾客解决问题并带来价值提升。

创业机会主要来源于四种情境变化：技术变革、政治和制度变革、社会和人口结构变革、产业结构变革。

第一，技术变革。技术变革改变或优化了人们做事的方法和手段，新的技术也改变了企业之间竞争的模式，使得创办新企业的机会大大提高。第二，政治和制度变革。政治和制度变革革除过去的禁区和障碍，或者带来了价值的巨大转变。第三，社会和人口结构变革。通常表现为市场需求的变化、新兴国家的兴起、消费结构和消费群体的变化等。第四，产业结构变革。通常由于其他企业或者为顾客提供产品或服务的关键企业的消亡，或者企业吞并或互相合并，带来了行业结构的变化。

环境的变化改变了行业中的竞争状态，从而形成或终止了创业机会。创业者要善于创造性地利用变化，识别创业机会。

根据"目的—手段"关系的明确程度，可以将创业机会分为识别型、发现型和创造型三类。

识别型机会是指市场中的"目的—手段"关系十分明显时，创业者可通过"目的—手段"关系的连接来辨识机会。常见的问题型机会大都属于这一类型。发现型机会是当目的或手段任意一方的状况未知，等待创业者去发掘机会。比如，一项技术开发出来，但尚未有具体的商业化产品出现，需要通过不断尝试来挖掘出市场机会。创造型机会是指当目的和手段都不明确时，创业者具有先见之明而创造出具有价值的市场机会。

在商业实践中，识别型、发现型和创造型三种类型的创业机会可能同时存在。一般来说，识别型机会多半处于供需尚未均衡的市场，创新程度较低，这类机会并不需要太繁杂的辨别过程，反而强调拥有较多的资源，就可以较快进入市场获利。

把握创造型机会则非常困难，它依赖于新的"目的—手段"关系，而创业者往往拥有的专业技术、信息、资源规模都相当有限，更需要创业者的创造性资源整合与敏锐的洞察力，同时还必须承担巨大的风险。而发现型机会则最为常见，也是目前大多数创业者研究的对象。

二、适合创业的机会

判断创意是否适合创业并不容易，需要天时和地利，也会因人而异。有价值的创意是否适合于创业，还需要考查机会的特点。有的创业机会让现存企业开发更合适，而有的创业机会则对新企业有利。成功创建新企业的过程中面临的困难之一，是经营现存企业的人也想从机会开发中获益。因此，创业者不仅必须识别和开发有价值的创业机会以创建新企业，还必须运用创业机会来应对现存企业面临的竞争挑战。

某些创业机会有利于现存企业，而某些创业机会则有利于新企业。创业者需要开发适合个人和新企业的机会，而且这种优势必须足够大，以抵消现存企业所拥有的优势。创业者经常关注现存企业，特别是大企业不愿意做或做不好的事情，关注利基市场就是创业者经常采取的策略。利基市场容量有限，利润相对薄，大企业人多成本高，效率也经常会因规模大而降低，开发利基市场不仅没有优势反而会造成局部亏损。当然，创业者并不仅仅等待大企业留下的空间创业，也可以积极开发那些对自己有利的机会。

第二节　创业机会的识别

一、创业机会识别的影响因素

影响创业机会识别的因素有：先前经验、认知因素、社会关系网络和创造性。

先前经验指在特定产业中的先前经验，这将有助于创业者识别机会。一方面是产业经验，在某个产业工作，个体可能识别出未被满足的利基市场；另一方面是创业经验，有创业经验的创业者会很容易发现新的创业机会。某个人一旦投身于某产业创业，他将比那些从产业外观察的人，更容易看到产业内的新机会。

认知因素即对机会的认识和识别。有些人认为创业者的第六感使他们能看到别人错过的机会。多数创业者比别人更警觉，在很大程度上是一种习得性的技能。拥有某个领域更多知识的人，倾向于比其他人对该领域内的机会更警觉。创业者可能比其他人更擅长估计市场规模并推断可能的含义。

社会关系网络即创业者的社会关系网络。个人社会关系网络的深度和广度影响着机会识别。建立了大量社会与专家联系网络的人，比那些拥有少量网络的人容易得到更多机会和创意。按照关系的亲疏远近，社会网络关系可以划分为强关系与弱关系。强关系以频繁相互作用为特点，形成于亲戚、密友和配偶之间；弱关系以不频繁相互作用为特点，形成于同事、同学和一般朋友之间。而创业者通过弱关系比通过强关系更可能获得新的商业创意。在弱关系中，个体之间的意识往往存在着较大差异，某个人可能会对其他人说一些能激发全新创意的事情。

创造性是产生新奇或有用创意的过程。机会识别是一个创造过程，是不断反复的创造性思维过程。创造性包含在许多产品、服务和业务的形成过程中。创造性思维很难找准定位，但有时它又非常具体，几乎每家创业企业都希望能尝试一些创新。在不同的现实背景下，那些具有前瞻性思维的创业者，不仅自身就具备了一些高效的创造性思维习惯，而且早已把培养创造性思维的文化潜移默化地融入了自己的企业之中。

二、创业机会识别的过程

机会识别是创业者与外部环境（机会来源）互动的过程。在这个过程中，创业者利用各种渠道和各种方式掌握并获取到有关环境变化的信息，从而发现现实世界中在产品、服务、原材料和组织方式等方面存在的差距或缺陷，找出改进或创造"目的—手段"关系的可能性，最终识别出可能带来新产品、新服务、新原料和新组织方式的创业机会。

对于创业者个体而言，创业机会识别过程可分为五个阶段：准备、孵化、洞察、评价和阐述。如果在某个阶段，创业者停顿下来或没有足够信息使识别过程继续下去，那么他的最佳选择就是返回到准备阶段，以便在继续前进之前获得更多知识和经验。

一是准备阶段。这主要指创业者带入机会识别过程中的背景、经验和知识。创业者需要经验以识别机会。研究发现，50%～90%的初创企业创意，来自于个人的先前工作经验。

二是孵化阶段。这是个人仔细考虑创意或思考问题的阶段，也是对事情进行深思熟虑的时期。有时孵化是有意识的行为，有时它是无意识行为，并出现在人们从事其他活动的时候。

三是洞察阶段。此时，问题的解决办法被发现或创意得以产生，这是创业者识别出机会的时刻。这种经验有时会推动过程向前发展，而有时候则会促使创业者返回到准备阶段。

四是评价阶段。这是创业机会识别过程中仔细审查创意并分析其可行性的阶段。许多创业者错误地跳过这个阶段，他们在确定创意可行之前就去设法实现它。评价是创业机会识别过程中特别具有挑战性的阶段，因为它要求创业者对创意的可行性采取一种公正的看法。

五是阐述阶段。这是创意变为最终形式的过程。详细情节已构思出来，并且由创意变为了有价值的东西，诸如新产品、新服务或新商业概念，甚至已经形成了能够实现价值的商业模式。

三、创业机会识别的方法

较为常用的创业机会识别的方法有以下五种：新眼光调查、系统分析、问题分析、顾客建议、创造需求。其中，有的来自于启发或者经验，另一些则很复杂，需要市场研究专家等外部力量的支持。

（一）新眼光调查

当阅读某人的发现和出版的作品时，实际上就是在进行调查。利用互联网搜索数据，寻找包含你所需要信息的报纸文章等都是调查的形式。大量获取信息对发现问题以及更加快速地切入问题很有帮助。在调查中要学会问问题，同时通过不断地获取信息，建立自己的直觉。新眼光也将不断发展，提供很多看问题的新方法。

（二）系统分析

多数机会都可以通过系统分析得到发现。人们可以从企业的宏观环境（政治、法律、技术、人口等）和微观环境（顾客、竞争对手、供应商等）的变化中发现机会。借助市场调研，从环境变化中发现机会，这是机会发现的一般规律。

（三）问题分析

问题分析是指从开始就要找出个人或组织的需求和他们面临的问题，这些需求和问题可能很明确，也可能很隐蔽。创业者可能识别它们，也可能忽略它们。创业者需要全面了解顾客的需求，以及可能用来满足这些需求的手段。

（四）顾客建议

顾客建议多种多样，他们了解产品和服务，更有可能发现新的机会。讲究实效的创业者总是渴望从顾客那里征求想法。

（五）创造需求

这种方法在新技术行业中最为常见。它可能始于明确拟满足的市场需求，从而积极探索相应的新技术和新知识；也可能始于一项新技术发明，进而积极探索新技术的商业价值。通过创造获得机会比其他任何方式的难度都大，风险也更高。同时，如果能够成功，其回报也更大。

四、创业机会的建构

目前，运用信息加工理论来解释创业机会识别问题，已经成为创业机会研究的一种新趋势。创业机会的建构意味着，创业是创业者从赖以生存的环境中获取信息并建构自认为可靠的机会的认知过程，即使机会是被发现的，它们仍需要被感知。在创业机会的建构过程中，创业者的启发式思维和系统思维对认知加工非常重要。在高度复杂不确定的创业情境下，创业者更倾向于采用启发式思维进行创业决策，不过，成功的创业者往往更善于酌情灵活运用这两种思维方式来识别创业机会。

在建构主义视角下，创业机会开发是一个信息加工的过程，创业者应该采用试错或探索模式，通过诠释法来加工信息，并且利用他们从周围环境中捕捉到的信息来建构他们心目中的现实。

创业机会的建构过程包括三个方面。第一，创业者是具有主动性、目的性和创造性的能动者。第二，创业者在建构创业机会和创业企业的过程中伴随着与他人的互动和交流。第三，创业者在社会性地建构创业机会和企业的过程中受到嵌入特定情境的规则和资源的影响。

第三节 创业机会的评价

一、创业者与创业机会的匹配

并非所有机会都适合每个人，即使看到了有价值的创业机会，个体也可能因没有相应的技能、知识、关系等而放弃创业活动，或者把机会信息传递给其他更合适的人，或者是进一步提炼加工机会从而将其出售给其他高科技企业。当然，创业活动往往不会拘泥于当前的资源约束，创业者可以整合外部的资源开发机会，但这需要具备资源整合能力。

创业活动主要依赖于创业者与创业机会的结合。一方面创业者识别并开发创业机会，另一方面创业机会也在选择创业者，只有当创业者和创业机会之间存在着恰当的匹配关系时，创业活动才最可能发生，也更可能取得成功。

二、创业者对创业机会的初始判断

认定创业机会适合自己,还要对创业机会进行评价。创业者对机会的评价来自于他们的初始判断,而初始判断简单地说,就是假设加上简单计算。机会应该具有吸引力、持久性和及时性,能够在创业者的环境中实施并执行。创业者拥有创立企业的资源和技能,或者知道谁拥有这些资源和技能并且愿意与创业者共同创业。

三、基于系统分析的评价

系统评价类似于大公司开展的可行性论证分析。在系统评价创业机会时,一定要注意创业活动不确定性高的特点,创业者不太可能按照框架中的指标对创业机会做出一一评价,而仅会选择其中若干要素来判断创业机会的价值,从而使得创业者机会评价表现为主观感觉而非客观分析的过程。创业者应该从行业和市场、经济因素、收获条件、竞争优势、管理团队、致命缺陷问题、个人标准、理想与现实的战略差异八个方面评价创业机会的价值潜力。

创业机会定性评价,通常依据以下五项基本标准。第一,机会对产品有明确界定的市场需求,推出的时机也是恰当的。第二,投资的项目必须能够维持持久的竞争优势。第三,投资必须具有一定程度的高回报,从而允许一些投资中的失误。第四,创业者和机会之间必须互相适合。第五,机会中不存在致命的缺陷。

创业机会定性评价,通常分为以下五个环节:其一,判断新产品或服务将如何为购买者创造价值,判断新产品或服务使用的潜在障碍,如何克服这些障碍,根据对产品和市场认可度的分析,得出新产品的潜在需求、早期使用者的行为特征、产品达到创造收益的预期时间。其二,分析产品在目标市场投放的技术风险、财务风险和竞争风险,进行机会窗分析。其三,在产品的制造过程中是否能保证足够的生产批量和可以接受的产品质量。其四,估算新产品项目的初始投资额,使用何种融资渠道。其五,在更大的范围内考虑风险的程度,以及如何控制和管理那些风险因素。

第四节 创业资源

创业者能否成功地开发机会,进而创建新企业或开拓新事业,在很大程度上取决于他们掌握和能整合到的资源以及对资源的利用情况。创业活动的显著特点之一是资源高度约束情况下开展商业活动,大多数创业者在启动创业活动之初资源都相

当匮乏。因此，资源整合能力必然成为创业者开展创业活动的必修课程。在现实生活中，优秀的创业者在创业过程中所展现出的卓越的创业技能之一便是创造性地整合资源。

一、资源基础理论

资源基础理论（Resource-based Theory）的基本观点是将企业概念化为一系列资源的集合体。企业有不同的资源起点（即资源的异质性），而这些资源是其他企业难以仿效的（即资源的固定性）。创业者在创业过程中形成的有特色的创意、创业精神、愿景目标、创业动力、创业初始情境等，就是属于这类具有异质性和固定性的资源。

持续竞争优势是指某企业目前的潜在竞争对手不仅无法同步执行该企业现在所执行的价值创造战略，同时也无法复制并取得该企业在此项战略中所获得的利益。而竞争优势之所以能持久，是因为在企业拥有的异质性和不可流动性资源中，有部分资源尚具有价值性、稀缺性、不可模仿性与不可替代性等特性。

资源基础理论从企业的内部寻找企业成长的动因，用资源与能力来解释企业差异的原因。其基本假设是，企业具有不同的有形和无形资源，这些资源可转变成独特的能力。资源在企业间是不可流动的，且难以复制。企业内部能力、资源和知识的积累是企业获得超额利润和保持企业竞争优势的关键。资源基础理论将企业描述成一组异质性资源的组合，创业因而可以看作整合异质性资源的过程，因此对资源的分类有助于理解资源整合的过程。对创业资源的分类有很多种。结合多方面的研究成果，根据资源性质可将创业资源分为六种，即物质资源、声誉资源、组织资源、财务资源、智力和人力资源（含社会资源）、技术资源。

二、创业资源的类型

（一）物质资源

物质资源指创业和经营活动所需要的有形资产，如厂房、土地、设备等。有时也包括自然资源，如矿山、森林等。

（二）声誉资源

声誉资源是一种无形资产，包括真诚、信任、尊严、同情和尊重等。在商业关系中，声誉资源已成为商业运营成功的决定性因素，比任何有形资产都更为重要。

（三）组织资源

组织资源包括组织结构、作业流程、工作规范、质量系统。它通常指组织内部的正式管理系统，包括信息沟通、决策系统以及组织内正式和非正式的计划活动等。一般来说，人力资源需要在组织资源的支持下才能更好地发挥作用，企业文化也需要在良好的组织环境中培养。

（四）财务资源

财务资源包括资金、资产、股票等。对创业者来说，财务资源主要来自个人、家庭成员和朋友。由于缺乏抵押物等多方面原因，创业者从外部获取大量财务资源比较困难。

（五）智力和人力资源

智力和人力资源包括创业者与创业团队的知识、训练、经验，也包括组织及其成员的专业智慧、判断力、视野、愿景，甚至是创业者本身的人际关系网络。创业者是新创企业中最重要的人力资源，因为创业者能从混乱中看到市场机会。创业者的价值观和信念，更是新创企业的基石。如果说新创企业之间的竞争实际上是创业者个人之间的竞争，这样的判断也并不夸张。

人力资源中包含社会资源，主要指由于人际和社会关系网络而形成的关系资源。社会资源对创业活动非常重要，它能使创业者有机会接触到大量的外部资源，有助于透过关系网络降低潜在的风险，加强合作者之间的信任和声誉。

（六）技术资源

技术资源指关键技术、制造流程、作业系统、专用生产设备等。技术资源与智力和人力资源的区别在于，后者主要存在于个人身上，会随着人员的流动流失；而技术资源大多与物质资源结合，可以通过法律手段予以保护，形成组织的无形资产。

资源还可以根据其他不同维度进行划分，例如有形资源和无形资源，离散资源和系统资源，生产资源和工具资源等。还可继续将资源划分为简单资源和复杂资源。简单资源指有形的、离散的、以产权为基础的资源，复杂资源指无形的、系统的、以知识为基础的资源。生产资源是可以直接用于生产过程的资源，工具性资源是用于获得其他资源的资源，例如财务资源就可以归为简单、工具性资源。

三、创业者的初始资源

一家典型的新企业会面临诸多严重的限制。企业的创办者通常没有什么独特的想法，也缺乏深厚的企业或行业经验。这些资源禀赋的限制了大多数创业者从外部融资，只能依靠自有资金或从亲戚朋友那里筹得少量资金进行创业。

许多有前途的新企业，创办者在创业初期并没有什么新奇的想法或稀有资产。然而，他们获得的回报却非常诱人，绝大多数创业者都宣称在创办数月内，他们的企业就已经赢利。产生了有前途的新企业的一个显著特征是，经营所需要的规模通常较小。不确定性将有前途的企业与边缘企业区分开来。不确定性类型有两种：一种来自市场动荡，另一种源自企业对领导人的依赖。这两种不确定性使得没有新想法、没有特殊训练和资质，或者缺少大量资本支持的创业者有机会获利。

四、创业者的可承受损失

相对于客观损失来说，创建不确定的新企业更需要创业者对模糊性表现出较低的厌恶感。创业者可能把承担风险等同于一种超乎寻常的意愿，即愿意面对不确定性，愿意忍受失败带来的社会与心理上的压力。

人们为创业投入的时间通常被认为是汗水资本，绝大多数创业者长期以来都为创业孜孜不倦地付出心血。然而，这对他们来说合乎情理，因为时间是不同于钱的另外一种货币，因此他们为创业投入多少时间，这笔预算是比较模糊的。并且，因为时间是易逝的，人们对投入时间的感觉不同，毕竟无论如何他们都有可能浪费时间。因此，在创业中，损失时间比损失金钱更能让人接受。

在不同的国家，人们对房子（家庭住宅/房屋净值）有不同的心理预期。用房屋抵押贷款创业的大有人在，但也有很多人不愿意用自己的信用卡账户。人们对于信用卡消费的看法是不同的，因为使用信用卡时开销和支付的联系没有那么明显。

一旦决定了能够承担的损失，接下来创业者就要考虑愿意为这个公司承受什么样的损失。这个问题主要取决于创业者的创业动机和强烈程度，因为这决定了愿意损失的数目。另外，接受损失的程度还取决于创业者所设定的心理门槛，因为无论创业损失低于还是高于这个预设门槛，都会对创业行动有着决定性的影响。最后，还要问自己，是不是就算投资尽失也要创业？

五、步步为营策略

创业者在企业成长的各个阶段都会努力争取用尽量少的资源来推进企业的发展，他们需要的不是拥有资源，而是利用这些资源。

在创业过程中，步步为营是一种最经济的做事方法，还是在有限资源的约束下获取满意收益的方法。它不仅适合小企业，同样适用于高成长企业、高潜力企业。步步为营活动包括创业者在资源受限的情况下，寻找实现企业理想目的和目标的途径，最大限度地降低对外部融资的需要，最大限度地发挥创业者投在企业内部资金的作用，以及实现现金流的最佳使用。

初创企业不可能获得来自银行家或投资者的帮助。创业的初创资金主要来自创业者个人，或家庭的资金。而风险投资，也只是青睐少数的成长潜力大的公司。创业者在实施步步为营策略时所采取的措施多种多样。为了降低运营成本，创业者们采取外包的策略，让其他人承担运营和库存的风险，减少固定成本的投资，防止沉没成本过高，降低自身的灵活性，利用外包伙伴已形成的规模效益和剩余能力为自己降低成本，有时甚至可以利用外国的低成本优势。

为了降低管理费用，创业者们可以选择孵化器或创业服务中心，享受那里的廉价办公场所，和别的创业者共享传真和复印设备，同时结交更多的创业者。创业者们雇用临时工甚至租借员工，使用实习学生。为了实现创业目标，创业者们可以想出各种有效的办法。

步步为营策略还表现为自力更生，减少对外部资源的依赖，目的是降低经营风险，加强对所创事业的控制。这和经常说的内涵式发展接近。步步为营是一种进取而非消极策略，较少的资金需求反而有助于提高获得贷款的可能性。

六、资源拼凑策略

资源拼凑是利用不同的组件整合成新的对象，或者增加复杂度。还包含了以下几层意思，一是通过加入一些新元素，实现有效组合，结构会因此改变；二是新加入的元素往往是手边已有的东西，也许不是最好的，但可以通过一些技巧或窍门组合在一起；三是这种行为是一种创新行为，会带来意想不到的惊喜。

拼凑能够很好地描述创业者资源利用方面的独特行为。创造性拼凑有三个关键要素，分别是：

（一）手边的已有资源

善于进行创造性拼凑的人常常拥有一批"零碎"。它们可以是物质，也可以是一门技术甚至是理念。这些资源常常是免费的或廉价处理品。手边的已有资源经常是通过日积月累慢慢积攒下来的。当时创业者也许并不十分清楚它们的用途，只是基于一种习惯，或是也许以后用得着的想法。而那些根据当前项目的需要，经过仔细调研而获得的资源，不属于手边资源的范畴。很多创业者都是拼凑高手。很多高新技术企业的创业者并不是科班出身，只是出于兴趣或其他原因，对技术略知一二。但后来往往就是借此发现机会，并将这一手边资源迅速转化成生产力。联想的掌门人柳传志毕业于军校，专业是和计算机没有丝毫关系的雷达系统，但在中科院计算机研究所工作期间耳濡目染的一些相关知识，成为他今后掌舵联想的重要基石。

（二）整合资源用于新目的

拼凑的另一个重要特点是为了其他目的重新整合已有资源。市场环境日新月异，对企业而言是挑战也是机遇，环境的变化使得一些前所未闻的问题层出不穷，但同时机会也接踵而来。但机会也是稍纵即逝的，任何企业的资源结构都不可能适合于所有情况，也没有企业总是能够在第一时间找到合适的新资源。于是，整合手边已有的资源，快速应对新情况，便成为创业的利器。拼凑者有一双善于发现的眼睛，洞悉手边资源的各种属性，能将它们创造性地整合起来，开发新机会，解决新问题。这种整合大多不是事前仔细计划好的，往往是具体情况具体分析，"摸着石头过河"的产物。

（三）将就使用

出于成本和时间的考虑，拼凑的载体常常是手边的一些资源。这种先天不足从一开始就注定了拼凑出的东西品质有限。将就使用，意味着经常利用手边的资源将就。拼凑者需要突破固有观念，忽视正常情况下人们对资源和产品的常规理解，坚持尝试突破。这种办法在资源使用上经常和次优方案联系在一起，也许是不合适的、不完整的、低效率的、不全面的、缓慢的，但是在某种程度上是我们唯一能够理性选择的。这种方案的产出是混杂的、不完美的半成品，也许看上去不精致，有很多缺陷、阻碍和无用的成分，但是，它们已经尽到职责，并且还可以改进。拼凑的东西会事故频发，需要一次次尝试，然后才能满足企业的基本需求。拼凑有时候就是在一个个不完美中逐渐蜕变出辉煌。

很多新企业在创办之初都在不自觉地采取了拼凑策略。所谓全面拼凑，是指创业者在物质资源、人力资源、技术资源、制度规范和顾客市场等诸多方面长期使用拼凑方法，在企业现金流步入稳定后依然没有停止拼凑的行为。这种行为导致企业在内部经营管理上难以形成公正有力、符合标准的规则章程，在外部市场拓展上则会因为采用低标准资源遇到阻力，使企业无法走上正轨。

一旦拼凑型企业定位形成，企业往往在同一群人际关系圈中打转，很难拓展新的市场，因而也丧失了更有利润的顾客群，阻碍了企业进一步成长。

与全面拼凑的表现和效果大不相同的是另一种方式——选择性拼凑。选择性拼凑是指创业者在拼凑行为上有一定的选择性，有所为有所不为。在应用领域上，他们往往只选择在一到两个领域内进行拼凑，以避免全面拼凑的那种自我加强循环；在应用时间上，他们只在早期创业资源紧缺的情况下采用拼凑，随着企业的发展逐渐减少拼凑，甚至到最后完全放弃。由此使得企业摆脱拼凑型企业的阴影，逐步走向正规化，满足更广泛的市场需求。

第五节　整合外部资源的机制

受资源约束的限制，创业者要依靠自有资源，分阶段投入资源，用拼凑的策略用好资源，探索最经济的方式开展工作，自力更生。但优秀的创业者绝不会停留在这样的水平上，他们会关注外部资源。创造性地整合外部资源是优秀创业者所具有的关键技能之一。

一、识别利益相关者及其利益

资源是创造价值的重要基础，资源交换与整合显然要建立在利益的基础上。要整合外部资源，特别对缺乏资源的创业者来说，更需要资源整合背后的利益机制。利益相关者及其相关理论也许有助于帮助分析资源整合背后的利益机制。

利益相关者管理理论指企业的经营管理者为综合平衡各个利益相关者的利益要求而进行的管理活动。与传统的股东至上主义相比较，该理论认为任何一个公司的发展都离不开各利益相关者的投入或参与，企业追求的是利益相关者的整体利益，而不仅仅是某些主体的利益。这些利益相关者包括企业的股东、债权人、消费者、供应商等交易伙伴，也包括政府部门、本地居民、本地社区、媒体、环保组织等方面的压力集团，甚至包括自然环境、人类后代等受到企业经营活动直接或间接影响的客体。这些利益相关者与企业的生存和发展密切相关，有的分担了企业的经营风险，有的为企业的经营活动付出了代价，有的对企业进行监督和制约，企业的经营必须要考虑他们的利益或接受他们的约束。从这个意义上讲，企业是一种智力和管理专业化投资的制度安排，企业的生存和发展依赖于企业对各利益相关者利益要求的回应，而不仅仅取决于股东。这一企业管理思想从理论上阐述了企业绩效评价和管理的核心，为其后的绩效评价理论奠定了基础。

二、构建共赢的机制

有了共同的利益或利益共同点并不意味着就可以合作，这只是意味着具备了合作了前提条件。资源整合是多方面的合作，切实的合作需要各方面的利益能够真正实现作为保证，这就必须能够寻找和设计出使大家共赢的机制。对于在长期合作中获益、彼此建立起信任关系的合作，双赢和共赢的机制已经形成，进一步的合作并不很难；但对于首次合作，特别是对受到资源约束的创业者来说，建立共赢机制需要智慧。

共同利益的实现需要共赢的利益机制做保证，共赢多数情况下难以同时赢，更多是先后赢，创业者要设计出让利益相关者感觉到赢而且是优先赢的机制。

让对方看到潜在的收益，为了获取收益需要投入资源，这是基本规律。创业者在设计共赢机制时，既要帮助对方扩大收益，也要帮助对方降低风险，降低风险本身也是扩大收益。

三、维持信任长期合作

共赢机制的背后其实是博弈问题。资源整合也是这样。资源整合的机制不仅要有利益作基础，同时还要有沟通和信任来支持。沟通往往是产生信任的前提，信任成为社会资本的一个重要因素。

过去很多西方学者都认为中国社会的信任度很低或相当有限。关于中国宗教的研究中涉及信任问题时，一些专家指出，儒家文化强调表面的自制，对他人普遍不信任。这种不信任严重阻碍了中国信贷和商业活动的发展。中国人的信任不是建立在信仰共同体的基础之上，而是建立在血缘共同体的基础之上，即建立在家族亲戚关系或准亲戚关系之上，是一种难以普遍化的特殊信任。福山认为诸如中国、意大利和法国这样的国家，一切社会组织都是建立在以血缘关系维系的家族基础之上，因而对家族之外的其他人缺乏信任。但华人会在交往互动过程中不断地将与其有着地缘（如老乡）、业缘（如同事）、学缘（如同学）等联系的外人予以信任。这种信任的产生主要来自于两个方面，一是双方过去交往的经验，如你来我往，礼尚往来，通过长期交往来形成对他人行为的主观预期，从而产生信任；二是由于社会相似性而产生的信任，因为相似的社会背景往往意味着相近的行为规范，容易相互理解，在交往或交流中容易达成共识，从而形成信任关系。作为创业者，要尽快从早期的家族信任，过渡到泛家族信任，进而建立起更宽广范围的信任关系，获取更大规模的社会资本。

第六节 外部资源整合的过程

一、资源整合前的准备

在现实生活中，有些人有很好的创意，但整合不到实现创意所需的资源。有些人虽然自己没有资源，但凭借自己的专业、信息和技术优势，凭借自己的个人信任和人脉关系，总能一次次幸运地找到资源实现自己的企业梦想，成就自己的财富人生。机会总是眷顾有准备的人，创业资源整合不只是一个技术问题，还是一个社会问题。在创业前或资源整合前做好以下工作，会有助于创业资源整合的成功。

在整合创业资源时，信用有很重要的作用。人都生活在一定的社群中，创业者也不例外。创业者因为具有创业精神、创新意识，在思维方法和行为方式上会有不同之处，显示出异质型人才资本的特征。但信任是一种市场规则，谁违背了，信息会在社群内通过口碑传播。而创业最初的资源往往来自自己的亲人、朋友和同事中，如果口碑太差，信任度太低，资源整合难度会加大。

创业者的关系网络形成了新企业的社会资本。许多研究表明，创业者的人脉关系对创业融资和创业绩效有直接的促进作用。我们不应该把人脉关系等同于所谓的"拉关系""走关系"。等寻租行为，而是基于正常的社会经历建立的诸如师生、同学、朋友、同事等的人际关系，这些关系在创业过程中会带来有用的信息、资源。因此，在校的大学生要善于建立良好的同学关系和师生关系，勤于参加社团活动和社会实践，建立健康、有益的人脉关系，创造和积累基于同事关系、师生关系和亲友关系的社会资本，为创富人生、实现自我奠定好基础。

二、测算资源需求量

每个创业者在整合资源前都需要明确资源需求量，换言之，资源需求量的测算是整合资源的基础。

估算启动资金。企业要开始运营，首先要有启动资金，启动资金用于购买企业经营所需的资产及支付日常开支。对启动资金进行估算，需要具备足够的企业经营经验，及对市场行情的充分了解。创业者在估算启动资金时，既要保证启动资金足够企业运营，也要想方设法节省以减少启动资金的花费。在满足经营要求的情况下，可以采用租赁厂房、采购二手设备等方法节约资金。

测算营业收入、营业成本、利润。对新创企业来说，预估营业收入是制定财务规划与财务报表的第一步。为此，需要立足于市场研究、行业营业状况以及试销经验，利用买动机调查、推销人员意见、专家咨询、时间序列分析等多种预测技巧，估计每年的营业收入。之后，要对营业成本、营业费用以及一般费用和管理费用等进行估计。由于新创企业起步阶段在市场上默默无闻，市场推广成本相当大，营业收入不可能与推动营业收入增加所付出的成本成比例增加等情况，因此，对于第一年的全部经营费用都要按月估计，每一笔支出都不可遗漏。在预估第二年及第三年的经营成本时，首先应该关注那些长期保持稳定的支出，如果第二三年销售量的预估是比较明确的话，则可以根据营业百分比法，即根据预估营业量按固定百分比计算折旧、库存、租金、保险费、利息等项目的数值。在完成上述项目的预估后，就可以按月估算出税前利润、税后利润、净利润等，进入预计财务报表编制过程。

编制预计财务报表。新创企业可以采用营业百分比法预估财务报表。优点是能够比较便捷地预测出相关项目在营业额中所占的比率，预测出相关项目的资本需求量。但是，由于相关项目在营业额中所占比率往往会随着市场状况、企业管理等因素而变化，因此，必须根据实际情况及时调整有关比率，否则会对企业经营造成负面影响。

结合企业发展规划预测资源需求量。即使企业有专门的财务人员，创业者也应该大致掌握这些方法。需要指出的是，融资需求量的确定不是一个简单的财务测算问题，而是一个将现实与未来综合考虑的决策过程，需要在财务数据的基础上，全面考察企业经营环境、市场状况、创业计划以及内外部资源条件等因素。

此外，无论企业的规模大小，有计划的企业总比没有计划的企业表现得要好。

三、确定资源来源

测算完资源的需求量之后，接下来的工作就是确定资源的来源，即资源的渠道和对象。创业者需要对自己的人脉关系进行一次详尽的排查，初步确定可以成为资源来源的各种关系。同时，需要搜集各方面的信息，以获得银行、政府、担保机构、行业协会、旧货市场、拍卖行等各种能够提供资源支持的对象的资料。现在政府出台了很多的政策，其中有些好的政策，但是由于一些创业者不了解，而失去了获得有关支持的机会。同时，创业者也应对企业股权和债权的比例安排进行考虑。

四、资源整合谈判

无论商业计划写得有多好，在与资源提供者谈判时表现糟糕的创业者都很难完成交易。因此要做好充分准备，事先想想对方可能提到的问题。要表现出信心，陈述时抓住重点，条理清楚。记住资源提供者关心的是让他们投资有什么好处。这些原则对资源整合至关重要。

◆ 实训题

选择一个初创型企业，分析其企业资源和机会。

案例讨论

区块链火爆

刚刚过去的 2017 年，被称为区块链元年，一枚年初为 1000 美金左右的比特币，至年末创出 20000 美金的新高。投机者蜂拥而至，希望拥有全新的超级财富——数字黄金。节点资本创始合伙人杜均，2017 年也可谓过得风生水起，他曾供职于腾讯、康盛创想等互联网企业，以敏锐的嗅觉和快速执行，成为国内较早一批投入到数字交易以及区块链领域中的创业者。他相信，未来世界将被"token"化，改变当前以资本为中心的股份公司现状，进化成为货币资本、人力资本以及其他要素资本融合的组织，成功的区块链应用有机会成为一家生态型未来公司。

自 2009 年诞生以来，在无中心化机构的运营维护下，比特币发展迅猛，区块链（Blockchain）的概念逐步为大众熟知。作为比特币的底层技术，这就像一个大型数据库账本，记载着所有的交易记录。区块链现集中在数字货币的领域，这仅是冰山一角，其应用场景正逐渐延伸到其他金融领域，智能合约（一种自动化执行的交易）即被视为代表产物。

2018 年一开年，区块链概念即在资本市场引发一阵热潮，越来越多的人希望了解与区块链相关的一切。杜均是区块链技术的公开做多派，对于必然到来的泡沫非常坦然。他坚信，如同 2000 年互联网泡沫寒冬一样，大浪淘沙，时间终将会筛选出真正有价值的成果，而机会稍纵即逝，最为优秀的选手，容不得一丝的迟疑。他认为，区块链突然火起来主要有三方面原因：第一，区块链技术的一个应用场景——虚拟货币市场大涨，其中，比特币兑换美元的价格，从 2017 年初的 970 美元一路上涨，一度突破 2 万美元，一年内飙升 20 倍，问世至今的 9 年时间内，比特币的总市值翻了 2200 万倍。除比特币外，市面上大概有 1300 多种虚拟货币，它们普遍在 2017 年大涨，总市值已达 2 万亿美元左右。第二，ICO 火爆。从全球来看，单是 2017 年上半年，ICO 总体融资额已超过 10 亿美元，是 2016 年的 10 倍。2017 年全年，预计全球区块链领域的投资会超过 30 亿美元，其中 75% 来自于 ICO 融资。第三，资本入场，进一步催化区块链的影响力，徐小平、蔡文胜等标杆人物，以及 BATJ（百度、阿里巴巴、腾讯和京东）、美图、人人网都在布局区块链领域，主流资本都在进入区块链赛道，有些国外机构丢掉传统 VC 业务，全部押注区块链。

区块链作为新的风口领域，资本市场反应激烈，随之监管机构陆续发出。2016 年 12 月，区块链技术首次被列入《十三五国家信息化规划势》。在迅猛发展的早期，必然产生投机行为，不可避免地出现泡沫，强监管有助于挤掉泡沫，推动行业稳健发展。同时，任何一个新生事物的出现，在宏观管理层面尤其是政策执行层面，也有一个动态调整的过程，直到找到合适的监管尺度。

杜均始终认为，区块链的机会属于每一个人。区块链技术是分布式数据存储在互联网经济中的应用，所搭建的无中介信任体系构建了一套价值传输网络，开启价值互联时代。区块链技术正与现有互联网技术深度融合，延展至各个行业的应用场景，并结合密码学、网络技术、智能合约等技术，构建了适用于不同场景的价值传输体系。在区块链的推进过程中，我们看到的不是取代，更不是对立，而是在思维创新的同时，基于现有技术与基础设施的一种跨界与融合，这是一种协同发展的模式。

对于区块链技术广泛应用存在的问题，杜均讲，区块链技术仍处于发展的早期，无论是1.0时代的比特币系统，还是2.0时代的以太坊智能合约技术，都有待解决四大问题。一是社区治理，很多区块链应用依赖于自治社区，为了保证社区的稳定运行，需要良好的共识机制与激励机制，目前来看，社区治理方面有待进一步完善；二是效率不足，以比特币支付为例，目前的支付时间非常慢，有待提升；三是共识算法，需要从低频低效向高频高效转换；四是链接技术的进化，区块链+需要解决不同领域与不同资产的"上链问题"，需要处理链上链下的复杂协调。

（案例来源：《21世纪商业评论》2018年2-3期）

作为价值互联网最佳的技术载体，区块链最大的应用场景就在金融科技领域，事实上，有可能重塑全球金融体系的运行模式。一是去中心化。货币、银行、证券、期货、基金、信托等。传统金融体系的构成元素，从诞生的一刻开始，就是中心化的产物，而区块链技术的一大特性是去中心化，利用技术手段加持了信任关系，解决了无需中介的信任问题，其去中心化的特征，从基础上颠覆了传统金融。二是提高效率，降低了金融市场的进入门槛，人人可参与其中。比如，ICO本质上是一种众包经济，固然存在很多泡沫，但是不能否认，基于区块链技术的投融方式，极大提高了募投管退的效率。三是增加透明度，降低了交易的欺诈风险。在区块链架构下，交易数据由同网络内的成员共享，任何对交易数据的修改，都需得到所有成员间的认证。

在区块链进程中，没有普适的方法和路径，这是一个需要不断创新的领域。现阶段对于区块链的定义以及特征的概括，随着时间的推移以及实践的验证，或许将被重新界定。只有深度了解行业，在充分分析行业特征基础上的区块链应用，才能发挥真正的价值。目前，我们看到的不少应用尚处于试验或者概念阶段，无论在技术层面或应用层面都有待提升，筛选入书的案例也一样，只是为大家提供一个方向和目标。在前行过程中，一千个人或许会找出一千个路径，当最终达到终点时，我们可能会发现，不同的尝试引领我们进入了一个全新时代。

区块链的特点是什么？
区块链这一技术带来的创业机会有哪些？
区块链为什么引发这么多公司的关注？

本章小结

机会是创业的核心要素，创业离不开机会，但并不是所有的想法和创意都能成为创业机会。不同的创业机会其价值不同，同样的机会，不同的人看到的方向和角度会不同，由不同的创业者来开发效果也有巨大差异。创业的实质是具有创业精神的个体对具有价值的机会的认知过程，包括机会的识别、评价和建构等环节。

资源基础理论的基本观点是将企业概念化为一系列资源的集合体。企业有不同的资源起点（即资源的异质性），而这些资源是其他企业难以仿效的（即资源的固定性）。创业者在创业过程中形成的有特色的创意、创业精神、愿景目标、创业动力、创业初始情境等，就是属于这类具有异质性和固定性的资源。创业者在企业成长的各个阶段都会努力争取用尽量少的资源来推进企业的发展，他们需要的不是拥有资源，而是要利用这些资源。

在创业过程中，步步为营是一种做事最经济的方法，还是在有限资源的约束下获取满意收益的方法。资源拼凑是利用不同的组件整合成新的对象，或者增加复杂度。

第七章　商业模式

本章学习目标

通过本章的学习，应达到如下目标：
- 了解商业模式的内涵
- 理解商业模式的核心要素
- 掌握商业模式的设计方法
- 体验商业模式的设计过程

引导案例

薄荷阅读商业模式

"Time and read wait for no man."这是 Carrie 微信朋友圈最近的一条分享。平日不会频繁发朋友圈的她，一个多月来却养成了习惯，每天在薄荷阅读 App 上，阅读英文精简版《野性的呼唤》，完成任务后第一时间在朋友圈打卡。

和 Carrie 一样的用户并不少，这波打卡风潮背后是一款名叫薄荷阅读的 App，它是隶属于成都超有爱科技有限公司旗下的知识付费产品，主打每天 10 分钟，用 100 天读完英文原著。

超有爱公司成立于 2012 年，现已完成 C 轮融资，总融资额接近 6000 万元。成立之初，公司率先上线了百词斩，主打用图片促进单词记忆。2015 年，百词斩尝试在天猫上售卖图书、笔记本、挂件等文具来变现。事后，CEO 欧阳丹表示，天猫店上的销售无法支撑公司的变现需求。这或许就是超有爱公司选择通过新的子品牌，进入知识付费领域的原因之一。

2017 年 6 月，薄荷阅读上线，带着众多知识付费产品的特点：将复杂知识化繁为简；占用每日少量且零碎的时间；价格适中，却能让付费者因金钱成本坚持学习等,快速收割了一大批付费用户。

切入原著

薄荷阅读的引爆,关键之处在于抓住了阅读市场的空白。英语教育市场上,以原著阅读作为切入口的产品不多,因为中国学生的语言学习习惯和能力决定了阅读课程不是强需求。

另外,薄荷阅读由于不应试,受众就从学生扩大到了更广阔的范围。2018年3月底开班的一期高阶课程微信群中,有近500位学员,包括学生、职场新人、全职妈妈。入门级课程中还有不少退休的中老年人。

不同于四六级考试、托福、雅思的阅读材料,英文名著不是针对某一项具体考试的八股文,其中的故事情节、人物关系,体现的文化历史背景,可以让学生更愿意坚持每日阅读。"书是具有连贯性的,新闻阅读则是零碎的。"

社交圈扩张

不同于众多以名师为IP的知识付费产品,薄荷阅读的IP是一部部名著本身。去掉了明星老师的光环后,课程的标准化和规模化有了更大的发展空间。薄荷阅读没有对大V、名师的依赖,教学团队将课程内容标准化后,可以由众多老师同时开课,在微信群中进行讲解、答疑、管理当期课程,就能高效扩大用户规模、丰富课程的多样性。

除了课程标准化外,薄荷阅读带班老师的工作内容、朋友圈呈现的形象也都是高度标准化和产品化的。经过了统一培训,薄荷阅读不请明星老师,更多的则是互联网产品维持用户黏性的运营"套路"。

为了增加复购并扩展客户群,薄荷阅读还实行了补贴政策。老学员在复购时享受20元的价格减免。推荐一位朋友报名后,也可以获得20元的奖金,在百词斩商城消费。新学员则能够从老学员那里获取优惠二维码,减免学费。

目前看来,薄荷阅读是超有爱公司跳出背单词场景,进入阅读领域的一步。不过,阅读本是"一千个读者就有一千个哈姆雷特"的个性化体验,标准化的产品在多样性和复杂性面前能否持续,还有待考验。

(资料来源:《21世纪商业评论》2018年05期)

第一节 商业模式内涵

在现实中我们经常会发现,尽管大量创业者识别到了绝佳的市场机会、形成了新颖的创业思路并组建了才干超群的创业团队,但仍然很难获得投资人的认可,遭

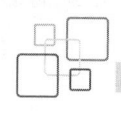

遇成长乏力或快速失败，其中一个可能的重要原因便是没有建立起驱动健康成长的正确的商业模式。因此，创业者的一个主要任务就是探索并建立与机会相适配的商业模式。但是，究竟什么是商业模式呢？虽然有关商业模式的讨论很多，却没有一个严格的定义，对商业模式的理解也存在着一定偏差。

创业企业只具有简单的组织结构和经营内容，当商业模式的界定过于复杂时，反而不易透析出创业企业的特征。因此可以从"商业模式要解决的问题"这个视角来理解商业模式。商业模式涉及三个基本问题，如何为顾客创造价值，如何为企业制造价值，如何将价值在企业和顾客之间进行传递。

一、如何为顾客创造价值

这里谈的实际上是顾客价值主张问题，即在一个既定价格上向其顾客提供能够帮助其完成任务的产品或服务。所有的企业得以运行都有自己的商业模式，必须向顾客提供同类产品难以模仿的价值，增加顾客的转换成本，让顾客对你的产品形成瘾性依赖。技术和设计能力设置的模仿障碍在今天变得越来越脆弱，于是就有了商业模式的创新。众多在产品上具有创新能力的创业者誓言要超越和颠覆iPod，但它们很快就发现iPod早已不是一种产品，而是一种商业模式。iPod的背后，是苹果建立的网上音像商店iTunes。购买一个iPod，等于买下一家奇大无比的音像商店（现在从iTunes购买下载的数字音乐和电影的数量已经超出亚马逊）。

一种购买行为的背后，隐藏着另一种购买需求。这种隐藏的购买需求背后还潜藏着一种或多种更隐秘的需求。平庸的企业往往只能看到显而易见的需求，并且把全部精力用来满足这种浅层的需求；而卓越的企业之所以卓越，就在于它们具有对顾客需求的还原能力。苹果公司目前所取得的一切业绩都始于这家公司对顾客需求超强的还原能力，这种被充分还原的需求，就是顾客价值主张。没有它，任何商业模式都无法成立。

二、如何为企业创造价值

这里谈的实际上是企业价值主张问题，即在为顾客提供价值的同时又如何为自己创造价值。成本结构关注成本是如何分配的，包括主要工资的成本、直接与间接成本、规模经济等。成本结构主要取决于商业模式所需要的关键资源的成本。利润模式是指为实现预期利润，每笔交易所应产生的净利。资源利用速度是指为了完成目标数量，该以多快的速度来利用企业的资源。这涉及库存周转率、固定资产及其他资产的周转率，并且要从整体上考虑该如何利用好资源。但必须明确，商业模式不同于盈利模式。事实上，商业模式虽然包含盈利模式，但盈利模式却只是商业模式的其中一小部分。基本上，商业模式是企业在市场上创造并留下价值的方式。

三、如何将价值在企业和顾客之间传递

为顾客和企业都设计了良好的价值，但这种价值如何进行传递呢？从逻辑上讲，只有拥有了独特的顾客价值主张和企业价值主张，才可能去谋求实现这种价值主张的资源和能力。没有资源（顾客资源、产品渠道）和能力作为支撑，就难以形成商业模式，尤其是难以实现可持续、可盈利的收入流。

因此，商业模式本质上是要回答谁是你的顾客，顾客看重什么，它同时还回答了每个创业者都会问及的一些基本问题，比如从业务中如何赚钱，潜在的经济逻辑是什么，即如何以合理的价格为顾客提供价值。

商业模式是企业创造价值的核心逻辑。商业模式的这一逻辑性主要表现在层层递进的三个方面。第一，价值发现。明确价值创造的来源，这是对机会识别的延伸。第二，价值匹配。通过可行性分析识别创业者所认定的创新性产品和服务，这只是创建新企业的手段，企业最终的盈利与否取决于它是否拥有顾客。第三，价值获取。创业者在对创新性产品和服务识别的基础上，进一步明确和细化顾客价值所在，获取价值，这是商业模式开发的关键环节。

价值获取，制定竞争策略，占有创新价值。这是价值创造的目标，是新企业能够生存下来并获取竞争优势的关键。许多创业企业是新产品或服务的开拓者，但却不是创新利益的占有者。这种现象发生的根本原因在于这些企业没有获取创新价值。价值获取的途径有两个，一是为新企业选择价值链中核心角色，二是对自己的商业模式细节最大可能地保密。对第一方面来说，价值链中每项活动的增值空间是不同的，哪一个企业占有了增值空间较大的活动，就占有了整个价值链价值创造的较大比例，这直接影响到创新价值的获取。对第二方面来说，有效的商业模式被模仿，在一定程度上将会侵蚀企业已有利润，因此创业企业越能保护自己的创意不泄露，越能较长时间地占有创新效益。

第二节　商业模式的设计框架

一般来说，商业模式至少要满足两个必要条件。首先商业模式必须是一个整体，不是单一的某一要素。再次，它具有一定的结构，各个要素之间必须具有内在联系，这个内在联系把各组成部分有机地联系起来，使它们互相支持，共同作用，

形成一个良性的循环。因此，商业模式实际上是一种包含了一系列要素及其关系的概念性工具，用以阐明某个特定实体的商业逻辑，描述了公司所能为顾客提供的价值以及公司的内部结构、合作伙伴网络和关系资本等用以实现（创造、营销和交付）这一价值并产生可持续、可盈利性收入的要素。

商业模式应是一个特定公司的商业逻辑，是对顾客价值的描述，是对公司的构架和它的合作伙伴网络和关系资本产生盈利性和可持续性的收入流的描述。

我们把商业模式分为9个关键要素：顾客细分、价值主张、渠道通路、顾客关系、收入来源、核心资源、关键业务、重要伙伴以及成本结构，企业参照这九大要素就可以确定企业的商业模式。

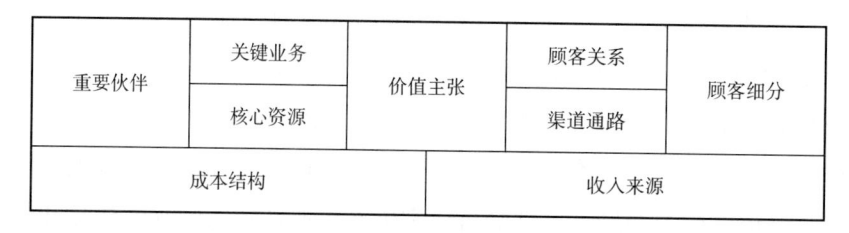

重要伙伴	关键业务	价值主张	顾客关系	顾客细分
	核心资源		渠道通路	
成本结构				收入来源

图 7-1　商业模式画布

以下对商业模式的九个要素分别进行说明。

一、顾客细分

即用来描述想要接触和服务的不同人群或组织，主要回答我们正在为谁创造价值和谁是我们最重要的顾客这两大问题。通常来讲，我们将顾客细分为三种群体类型。第一种是大众市场。价值主张、渠道通路和顾客关系全都聚集于一个大范围的顾客群组，顾客具有大致相同的需求和问题。第二种是利基市场。价值主张、渠道通路和顾客关系都针对某一利基市场的特定需求来定制，通常可以在供应商与采购商的关系中找到。区隔化市场顾客需求略有不同，细分群体之间的市场区隔有所不同，所提供的价值主张也略有不同。第三种是多元化市场。经营业务多样化，以完全不同的价值主张来迎合完全不同需求的顾客细分群体的多边平台，或多边市场。服务于两个或更多的相互依存的顾客细分群体。

二、价值主张

用来描绘为特定顾客细分创造价值的系列产品和服务，主要回答我们该向顾客传递什么样的价值，我们正在帮助我们的顾客解决哪一类难题，我们正在满足哪些顾客需求，以及我们正在提供给顾客细分群体哪些系列的产品和服务等的问题。

价值主张的要素主要包括以下几个方面。第一是新颖。产品或服务满足顾客从未感受和体验过的全新需求，改善产品和服务性能是传统意义上创造价值的普遍方法。其中，定制化是以满足个别顾客或顾客细分群体的特定需求来创造价值。第二是完善。可通过帮顾客把某些事情做好而简单地创造价值。第三是品牌。顾客可以通过使用特定品牌的产品而发现其的高价值，或以更低的价格提供同质化的价值，满足一些价格敏感顾客的成本削减需求，因为帮助顾客削减成本也是创造价值的重要方法。第四是风险抑制。即帮助顾客抑制风险，也可以创造顾客价值可达性，把产品和服务提供给以前接触不到的顾客。第五是便利性。使事情做起来更方便或易于使用而去创造更可观的价值。

三、渠道通路

即用来描绘如何沟通接触顾客细分群体而传递价值主张，主要回答通过哪些渠道可以接触我们的顾客细分群体，我们如何接触他们，我们的渠道如何整合，哪些渠道最有效，哪些渠道成本效益最好，如何把我们的渠道与顾客的例行程序进行整合等这些问题。企业可以选择通过自有渠道、合作伙伴渠道或两者混合来接触顾客。其中，自有渠道包括自建销售队伍和在线销售，合作伙伴渠道包括合作伙伴店铺和批发商。

四、顾客关系

用来描绘与特定顾客细分群体建立的关系类型，主要回答每个顾客细分群体希望我们与其建立和保持何种关系，哪些关系我们已经建立了，这些关系成本如何，如何把它们与商业模式的其余部分进行整合等这些问题。

一般来说，可以将顾客关系分为三种类型。第一种是助理型顾客关系。基于人与人之间的互动，可以通过呼叫中心、电子邮件或其他销售方式等个人助理手段进行。第二种是自助服务，为顾客提供自助服务所需要的全部条件的专门个人助理，为单一顾客安排专门的顾客代表，通常是向高净值个人顾客提供服务。第三种是社团类顾客关系。提供与顾客电子订单或交易相关的服务社群，利用用户社群与顾客或潜在顾客建立更为深入的联系，甚至于与顾客共同创作、共同创造价值，鼓励顾客参与到全新和创新产品的设计和创作，比如小米的粉丝群体。

五、收入来源

用来描绘从每个顾客群体中获取的现金收入，但是需要扣除成本，主要回答什么样的价值能让顾客愿意付费，他们现在付费买什么，他们是如何支付费用的，每个收入来源占总收入的比例是多少等这些问题。

一般来说，收入来源可分为七种类型。一是资产销售，即销售实体产品的所有权。二是通过特定的服务收费。三是订阅收费，销售重复使用的服务。四是租赁收费。五是使用权的授权收费，或者知识产权的授权使用。六是经济收费，提供中介服务收取佣金。七是广告收费，提供广告宣传服务收取佣金。

六、核心资源

即用来描绘让商业模式有效运转所必需的最重要的因素，主要回答我们的价值主张需要什么样的核心资源，我们的渠道通路需要什么样的核心资源，我们的顾客关系需要什么样的核心资源，我们的收入来源需要什么样的核心资源等基本问题。

一般来说，核心资源可以分为实体资产、知识资产、人力资源和金融资源。实体资产包括生产设施、不动产、系统、销售网点和分销网络等。知识资产主要包括品牌、专有知识、专利和版权、合作关系和顾客数据库。人力资源主要指相关行业或产业的优秀人才，特别是在知识密集型产业和创意产业中显得尤为重要。金融资产包括金融资源或财务担保，如现金、信贷额度或股票期权等。

七、关键业务

即用来描绘为了确保其商业模式可行而必须要做的最重要的事情，主要回答我们的价值主张需要哪些关键业务，我们的渠道通路需要哪些关键业务，我们的顾客关系需要哪些关键业务，我们的收入来源需要哪些关键业务等基本问题。

一般来说，关键业务可以分为三种类型。一是制造产品，这与设计、制造及发送产品有关，是企业商业模式的核心。二是平台或者网络，网络服务、交易平台、软件等都可看成平台，与平台管理、服务提供和平台推广相关。三是问题解决，为顾客提供新的解决方案，需要知识管理和持续培训等业务。

八、重要伙伴

即让商业模式有效运作所需的供应商与合作伙伴的网络，主要回答谁是我们的重要伙伴，谁是我们的重要供应商，我们正在从伙伴那里获取哪些核心资源，以及合作伙伴都执行哪些关键业务等问题。

重要伙伴可以分为四种类型。一是非竞争者之间的战略联盟关系，二是竞争者之间的战略合作关系，三是为开发新业务而构建的合资关系，四是为确保可靠供应的购买方与供应商关系。

九、成本结构

即商业模式运转所引发的所有成本,主要回答什么是我们商业模式中最重要的固有成本,哪些核心资源花费最多等基本问题。

第三节 商业模式的实施

商业模式的实施可以按照以下步骤进行:首先分析并确定目标顾客,其次定义并检验价值主张,接下来需要设计营收模式,最后设计关键流程与资源。

一、分析并确定目标顾客

商业模式设计的第一步也是最重要的一步就是确定你的顾客是谁。不知道顾客是谁或者没有对顾客进行明确的界定是初次创业者最常犯的错误,因为大多数人往往是从自己想提供的产品或功能出发,而忽略了顾客想要什么的问题。但创业归根到底经营的是市场而不是技术,出售的是价值而不是利益,所以必须要清楚地知道顾客是谁,企业能够为顾客提供什么价值,以及顾客为什么要购买企业提供的产品。

识别目标顾客时,可以参照以下几个步骤:

(一)描述顾客的轮廓

对顾客的轮廓必须要有大致的描述,可以不用精准,但进入市场后,还需再进行调整。描述的方式包括他们的年龄、性别、婚姻状态、居住地区、收入水平、兴趣、嗜好、习惯,以及其他常用的服务等。

用户画像又被称为用户角色。作为一种勾画目标用户、联系用户诉求与设计方向的有效工具,用户画像在各领域得到了广泛的应用,尤其是创业领域。一个令人信服的用户画像需要满足七个条件,即 PERSONA。

P 代表基本性(Primary),指该用户画像是否基于对真实用户的情境访谈。

E 代表移情性(Empathy),指用户画像中包含姓名、照片和产品相关的描述,该用户画像是否引发同理心。

R 代表真实性(Realistic),指对那些每天与顾客打交道的人来说,用户画像是否看起来像真实人物。

S 代表独特性(Singular),指每个用户是不是独特的,彼此很少有相似性。

O 代表目标性(Objectives),指该用户画像是否包含与产品相关的高层次目标,是否包含关键词来描述该目标。

N代表数量（Number），指用户画像的数量是否足够少，以便能记住每个用户画像的姓名，以及其中的一个主要用户画像。

A代表应用性（Applicable），指是否能使用用户画像作为一种实用工具进行决策。

（二）详细列出顾客的问题

这一步骤必须要一项项地列出顾客可能有的问题。这些问题可能有几十个，要把有可能成立的，通通逐一列出来，再进行分析。

（三）确认并理清重要问题

这一步骤主要是去跟符合顾客描述的人聊天，确认每个顾客问题的存在。在此过程中，会删掉很多其实不存在的问题，也会增加很多他们真正有的问题。最少要跟3~5个人聊天，最好能够跟二三十个人聊天。完成之后，你就会有一个初步的、精简版的问题清单。接着，可以做更大规模的问卷调查，再去确认这个精简后的问题清单中哪些问题普遍存在，有哪些问题其实也没有那么重要。另外，也要针对每个问题的成本做调查。

（四）调查市场

当经历了上面的步骤后，理论上应该会产生一个重点问题的清单（如果没有的话，那就得退回到访谈的步骤，或是要重新选择另一个目标群体）。接着，需要开始做一些自上而下的市场规模调研。去看看类似、即将被你取代的产品在市场上的表现，有哪些可能的竞争性产品、市场够不够大、上下游关系会不会难以切入等。

完成了以上这些步骤，就对顾客的基本情况，他们有哪些问题和相应的市场规模有了初步的概念。

二、定义并检验价值主张

价值主张是商业模式的基础，它说明了我们向选定的目标顾客传递什么样的价值或者帮顾客完成了什么样的任务。任何类型的企业都有价值主张，因为企业都需要提供产品或服务来满足其目标顾客需要完成的任务。创业团队可以利用头脑风暴方法思考可能的价值主张。

当头脑风暴出价值主张后，需进一步检验价值主张是否可行。若要检验价值主张是否符合顾客需求，可以从以下三点来检验，即真实性、可行性和与顾客的关联性。

真实性。价值主张不应停留在构想阶段，须具有真实性，在特定期间可以让顾客看到所提供的附加价值。顾客所期望的价值可以分为三个层次，一是解决目前的问题，二是解决竞争者无法解决的问题，三是满足未来的需求。

可行性。具有可行性的价值主张，才是好的价值主张，可行性包括可以执行、可评估效果，最好是竞争者没有的，这样的价值才符合多数顾客的企盼。

与顾客的关联性。在定义价值主张之前，须用心研究顾客需求、购买行为、当前满足情形、不满意原因等，据此发展和顾客息息相关的产品和服务，缩小产品供给与顾客需求的落差。根据检验过的价值主张，发现可以提供的产品、服务或解决方案。

三、设计营收模式

根据所预定的目标市场及价值主张，进一步设计可能的收费来源、收费模式及定价。

设计营收模式的第一步，在于确认此商业模式所有的营收来源，以及了解此商业模式如何创造营收。营收模式基本上是价格乘以销售量。价格的制定应依照价值主张而变。对于低成本的商业模式，目标价格点可能是整个营收模式的关键点。在溢价商业模式中，其价格可能是需要传递独特价值所需的资源成本。而销售量的部分，则依照先前所推估的市场规模而定。

成本结构大多由直接成本、人力成本所组成，并需考虑经济规模。成本结构主要取自于传递价值主张所需的关键活动与关键资源。

毛利源自于营收模式及成本结构，许多公司会将毛利作为获利与判断创意是否适当的指标。然而，商业模式设计的目的，不只是协助维持至某个毛利，而是着眼于建立可获利的成长平台。

创业的最终目标当然是让收入大于成本，当一个商业模式做到了这件事情，并且有高度可规模化的潜在顾客，我们则称这是一个可升级的商业模式，也是所有初创业者追求的目标。

四、设计关键流程与资源

在目标顾客、价值主张及营收模式确定后，就需要考虑必须哪些要素到位才能支撑这三者。通常我们需要考虑三个方面：关键活动、关键资源和关键伙伴。

关键活动也就是身为一个创业团队，你必须要完成的工作项目。如果还没有产品，那么开发产品就是关键活动。但开发什么产品，绝不能完全从个人兴趣出发。而是基于前面研究了目标顾客后得到的信息，也就是目标顾客共同面临的问题，因而决定提出的价值主张，然后据此得出来的一个产品。而当产品开发完成，并且发现有产品与市场之间存在适配关系后，关键活动也会开始变多。业务、顾客服务、商务发展、质量管控，只要能帮助整个公司进步的，都必须要放入到商业模式画布中加以追踪，并且想办法不断演化。

关键资源是根据前面所有的设定，思考这个商业模式需要什么资源。关键伙伴就是提供关键资源的那些伙伴。

透过一些问题的引导，可以帮助我们思考可能需要的关键活动、资源与伙伴。比如人员传递价值主张所需的技能、人才及专家如何？企业是否有能力建立一个新品牌？是否可以借用现有品牌的知名度？我们现在的供货商，是否可以满足新商业模式在能力上的缺口？我们的技术与竞争对手有何差异？是否有能力激励渠道？研发/产品开发需要什么样的经验与技术？是否有这样的技术？制造多少量可以达到经济规模？我们有这种制造能力吗？通过对这些问题的思考，企业可以对关键活动、资源和伙伴有更清晰的了解。

商业模式是一个系统，拥有所有系统应有的特征。商业模式系统的要素之间是互相影响的，没有绝对从属关系。商业模式这个系统存在的目的是长期、可发展、可重复的价值产生，然而没有一个要素是因为那样的目的存在，所以要素间必须要巧妙、和谐地共生，才能够达到系统的目的。也因此，只优化其中一个要素，往往无法达成系统的目的。

第四节　在模仿与竞争中设计商业模式

每个创业者都想为自己的企业设计一个独特、全新的商业模式来颠覆产业内现有的企业，但商业模式创新是一个非常困难的事情。实际上，很多企业都是在模仿改进现有商业模式的基础上收获了巨大的成功，包括腾讯、百度、阿里巴巴等巨大体量的公司。即便已经设计了一个独特的商业模式，也会面临其他企业的快速模仿并利用相似的商业模式与你开展竞争。因此，在竞争中设计商业模式显得极为重要。

一、在模仿中设计商业模式

一般来说，模仿其他企业商业模式的方法可以归纳为全盘复制和借鉴提升两类。

（一）全盘复制

全盘复制商业模式的方法比较简单，即对优秀企业的商业模式进行直接复制，将较为好的商业模式全盘拿来为我所用，当然有时也需要根据企业情况略加修正。全盘复制的方法主要适用于行业内的企业，特别是同属一个细分市场或拥有相同产品的企业。直接全盘复制优秀企业的商业模式必须要做到快速和调整这两个方面。

所谓快速就是需要快速捕捉到商业模式的信息，谁先复制推出谁就可能具备先发优势并快速占领市场。所谓调整是指进行细节调整，复制并不是生搬硬套，需要针对细分市场或企业情况和产业行情等进行适应性调整。

（二）借鉴提升

通过学习和研究优秀商业模式，对商业模式中的核心内容或创新概念给予适当提炼和节选，通过对这些创新点的学习，比照本企业的相关内容，寻找本企业商业模式与这些创新点的不足，如果这些创新点能够比本企业现阶段商业模式中的相关内容更符合企业发展需要，企业就应结合实际需要将这些创新概念在本企业给予应用并发挥价值。引用创新点学习优秀商业模式的方法适用范围最为广泛，不同行业、不同竞争定位的企业都适用。在行业内细分市场，通过分析找到同一行业内尚未开发的其他细分市场，将商业模式的主体框架率先运用在同一行业不同细分市场，使商业模式的应用范围不断扩展到其他细分市场。

这种学习方法的优点是借助商业模式的研究，寻找到尚未开发的其他有效细分市场，并有机会构建先发竞争优势，且使用范围也更为广泛。

二、在竞争中设计商业模式

当企业采取不同的商业模式进行竞争时，结果往往很难预料。如果在孤立的情况下进行分析，某个商业模式或许会显得优于其他商业模式，但是当把互动和协同影响考虑在内的话，创业企业通过商业模式开展竞争的方式有三种。

（一）强化自身的良性循环

企业可以通过调整商业模式来打造新的关键要素之间良性循环，从而让自己更有效地与对手展开竞争。

（二）削弱竞争对手的良性循环

一项新技术或新产品能否颠覆行业规则不仅仅取决于该技术的内在优势，也取决于它与其他竞争对手之间的互动。

（三）变竞争为互补

拥有不同商业模式的竞争对手也可以成为价值创造的合作伙伴。

三、在试错中调整商业模式设计

商业模式设计通常意味着基于现实对各构成要素及其子要素进行分析和检验，需要对企业所依赖的关键性假设提出一些在什么条件下会怎么样的问题。一旦企业开始运作，其商业模式中隐含的那些既与需求有关、又与经济效益有关的种种假设,都要在市场上不断经受检验。

商业模式的成功往往有赖于创业者是否有能力在模式实施中对其进行调整,或进行全面改革。如果创业者有意识地遵循能促进整个企业系统顺利运作的模式来工作,那么每个举措以及每一次测评都会提供有价值的反馈,并证明商业模式的可行性。如果没有达到预期效果,就应该重新检验商业模式。商业模式的重点不是在会议室里头脑风暴,而是在现实中不断进行实验,然后不断试验出符合市场规律和实际情况的商业模式。比如尝试不同的销售渠道,不同的顾客关系等,如果发现他们不喜欢或者效果不佳,那么就要改变目标顾客,或是改变价值主张。每一次尝试,都会获得更多关于市场的信息,然后不断进行信息更新来调整商业模式。

早期创业公司的首要任务之一,就是对它的商业模式进行试错,并且是快速试错。市场情况瞬息万变,即便是再好的商业模式,一旦付诸实践,也常常问题百出,甚至根本行不通。例如在其他地区或产业能够顺利施行的商业模式,在自己企业中却无法正常施行。这对于创业公司来说可能是致命的。创业公司能否生存下来,很大程度上取决于它的试错速度,幸运的公司能够赶在资源耗尽之前,根据试错实践迅速调整、修改、改进、磨炼出可行的商业模式,找到生财之道,这样创业公司才能成活,才有发展的前提。

商业模式的有效设计和运行需要人物、场景、动机、地点和情节。为了使商业模式的情节令人信服,人物必须被准确安排,人物的动机必须清晰,最重要的是情节必须充分展示新产品或服务是如何为顾客带来了价值和利益,同时又是如何为企业创造了利润。

需要注意的是,商业模式并不是企业的全部,商业模式描述的是企业的各个部分怎样组合在一起构成一个系统。但是,商业模式没有考虑影响业绩的一个重要因素,即竞争要素。每一家企业都会遇到竞争对手,而应对竞争则是战略的任务。竞争战略说明的是,如何比竞争对手做得更好。战略的全部内容就是如何通过与众不同来做得更好。因此,创业者不能认为有了好的商业模式就可以了,它只是创业成功的一部分而已。

❖ 实训题

选择一个创业型企业,完成其商业模式画布,并分析其商业模式中的九个因素。

案例讨论

小米模式的本质

供应链、生态链两个齿轮的咬合度，决定了小米速度。

随着小米香港上市招股书的披露，越来越多的企业关注小米，重点多是小米上市的估值、雷军的身价，或者对小米历轮融资和回报进行分析。

小米是中国互联网发展史上的奇迹，累计融资 20 亿美元上下，不到 10 年创造出了千亿销售的企业；而近年来独角兽频出，融资数十亿而收入寥寥的企业比比皆是。小米和雷军虽然有融资能力，却没有滥用。因此，小米的成败代表着中国互联网的成败，小米是中国互联网行业的锚，小米临近上市，成功的故事开始了一半，其商业模式也足够可以写入教科书。抛开关于估值、可转债、小米金融等扑朔迷离的数字，让我们还原小米的真实现金流，仔细看一下小米的模式。

在小米披露的招股书中，小米 2017 年年收入 1146 亿元，非国际财务报告准则口径（主要是调整了历轮融资的可转债、股权支付等非业务支出）净利润 53.6 亿元，净利润率 4.7%，从现金流量表来看，小米的现金流似乎并不乐观，经营活动净流出 10 亿元，投资流出 26.8 亿元，而经营活动和投资活动的现金主要靠融资活动所得的 62.1 亿元现金弥补，因此年度尚有结余。

这样看来，小米很像一个典型的中国独角兽，靠融资支持着业务发展。小米的确在 2014 年进行了最后一轮 F 轮的融资，融资金额达 1 亿美元，最后一笔交割一直延续到 2017 年。不过，2017 年小米通过股权融资获得的现金不到 1 亿元。2017 年小米的融资活动得到的现金主要来自银行融资借款，总额为 112 亿元，但是，这并不是用来支持小米运营所用的现金流。根据小米招股书的披露，2017 年 112 亿元的融资借款主要是为互联网金融业务提供资金。互联网金融业务主要是小米金融。这一业务小米已经做好了单独的构架，并且在招股书中披露了分拆的可能方案，未来大概率类似京东金融一样独立于小米集团之外。同时，仔细分析小米的经营活动现金流也可以发现，一个主要消耗掉小米运营现金流的项目是应收贷款及利息，同样，这是小米金融的贷款业务向贷款用户放款导致。

小米有良好的造血功能，经营活动正向现金流为 58.7 亿，能够支持公司的对外项目投资和资本开支（2017 年资本开支为 12.2 亿，包含在投资活动现金流内）。也就是说，小米主营业务的自由现金流良好。

对小米良好现金流的解读，大多数人会联想到小米的饥饿营销。的确，小米创立初期，开创了产品预售的先河，用粉丝效应打造出了小米品牌。回顾历史，小米

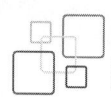

早期预售10万台手机,能做到在数分钟内销售一空。从财报上来看,2017年12月31日小米账面上客户的预付款高达34亿元,按照当年小米存货周转天数45天计算,小米一年周转约8次,对应1146亿元销售大约是140亿/次,这意味着24%左右的货款是预付款,由"米粉"这样的粉丝垫付。

但是饥饿营销只是手段,撑不起千亿的销售体系。小米真正核心的能力,是对其供应链的管理能力。截至2017年底财务数据显示,对应2017年1146亿元销售额的,是163亿元的存货,55亿元的应收账款和高达340亿元的贸易应付款。这些数据直观反映出小米有效利用了供应商的账期,对冲生产规模扩大所需的资金。从小米披露的现金循环周期来看,小米在历史上一直是有效利用了供应商的账期优势。虽然在出海销售的过程中,海外市场如印度对资金的占用会多一些,但不影响小米的现金循环周期为负,也就是利用供应链的账期差异,来实现规模的扩张。小米的销售额从2016年的684亿元增长到2017年的1146亿元,贸易应付账款增加了接近160亿元,平均账期95天。相比之下,小米在2016年和2017年自身的资本支出仅为18亿元和12亿元,而且,从过往3年的现金循环周期天数逐年增加的趋势来看,小米对供应链资金的利用能力还在增强。

能驾驭"低价—高产—高销"这一循环逻辑的企业并不多,因为这对供应链有极高的要求,手机厂商尤是。芯片核心技术在高通,屏幕核心,技术在三星,其他的环节都有重量级的企业,手机厂家竞争激烈且利润微薄,并没有多少议价能力。2016年小米遭遇了供应链危机,雷军不得不挥泪斩马谡,把原联合创始人周光平博士调离,推上有供应链管理经验、原负责小米移动电源的张峰,并亲自挂帅负责供应链,前后四次到访三星,稳定屏幕的供给。经过一年多的动荡,2017年小米销量恢复,创出新高。根据小米官方的披露,小米的供应链覆盖了手机行业的核心企业,很多是细分领域的龙头公司、上市公司,在考虑利润之外对销售规模、市场份额也非常看重,能够配合小米保质保量、长线发展的诉求。2017年小米的供应商大会,主题就叫做"同舟共赢"。

2016年小米手机销量下滑的时候,除了暴露出供应链的问题之外,公司也意识到线下渠道的重要性。小米主打的性价比策略,单靠手机的利润并不能支持线下的经营成本。而这时小米的生态链产品也在蓬勃发展,从移动电源、耳机、手环等手机周边到空气净化器、投影仪等应有尽有,这无疑是小米打开线下渠道的利器。

根据小米招股书的披露,小米整个生态链体系有90多家硬件公司,出产1600个SKU的产品。这足以撑起一个数百坪的门店,让用户停留足够长的时间。除了购买相对低频的产品如手机和智能电视等,还可以选购手环、充电宝、平衡车、电动牙刷、扫地机器人、无人机等多种硬件。据小米之家官方披露的数据，目前进店下单的顾客，单人平均成交产品数为2.6个。

此外，2017年初小米公司从上海证券交易所获得了发行100亿元供应链金融ABS产品的许可，能够更好地从资金上支持生态链上的公司。因此，对于国内的硬件初创公司来说，获得小米的青睐，就意味着获得了产品以外的所有支持，线上线下的销售渠道、召回部分供应商、技术和资金。

生产手环的华米是成立刚满4年的企业，主要产品是小米手环，2017年销售额为20亿元人民币，其中小米的产品占了16亿元。华米成立以来就保持了销量50%的增速，2015年估值超过10亿美元成为独角兽，并且被评为"2015年福布斯中国成长最快科技公司"，2018年2月登陆了纽交所。生态链对小米同样有积极的作用，仅销售而言，2017年小米生态链的销售达到了200亿元。除了丰富小米之家的产品选择，生态链的产品对小米的利润有直接的贡献。

以生产空气净化器的智米为例，根据招股书中小米和智米的框架协议，双方约定采购价为成本加不超过2%的利润乘数，然后再根据利润分成。小米TOT板块的毛利率2017年为8.3%，2017年小米从智米采购加上利润分成的金额为19亿元人民币，公开资料中未披露小米和智米的分成比例，假设该比例为5∶5，那小米从销售智米得到的利润大约在8000万元人民币上下。

此外，在供应链环节，小米也对生态链企业卡得略紧。2017年小米采购了关联企业133亿元的产品和服务，假设主要为生态链企业的产品，关联方的贸易应收款年底余额仅为1.6亿元，换算成应收账款周期天数仅有4天。小米生态链和小米之家的创始人都是刘德，小米的联合创始人之一，曾经是北京科技大学工业设计系系主任，是国内工业设计行业的专家。刘德在小米负责过前100万台手机的供应链工作，并不得心应手，反而在供应链的反面，生态链的位置，找到了小米的商业价值。

（资料来源：《21世纪商业评论》2018年06期）

小米供应链的逻辑并不难理解，核心是以价格优势为基础预估上规模的销售数量，从供应量获得优惠的条款，进而实现低价，兑现销售数量。这个商业模式并不是小米原创，格力凭借这一策略获得了小家电的半壁江山。

小米的招股书中把硬件、互联网服务、新零售作为三个环，放在了用户的周围，这是小米的一种直观的解释。然而推动小米前进的，是小米背后，用户看不到的供应链、生态链，这两个链条是小米的动力来源，并且缺一不可。一方面，供应链的规模优势吸引生态链的企业加入，另一方面，生态链的企业在产品、销售、利润、资金上都反哺供应链，让小米变得更为强大和抗打击。

小米生态链策略效果很好，截至2018年3月31日，小米之家一共开设了331家，在连锁零售中仅次于苹果。对于小米生态链的合作公司来说，小米的线下+线上的销售网络非常适合科技含量高的消费品，用户有足够多的时间来了解和切身体验产品，能够大幅提高转化率和销售。除了销售渠道之外，小米的供应链能够帮助合作伙伴降低成本、提高效率，无论是从议价能力还是设计能力，都是业内领先的水平。

供应链和生态链像是小米的两个齿轮，密不可分，只有在这两个齿轮高度咬合、亲密无间的前提下，小米才能稳定地让资金流转起来，吸引优秀的团队持续做出优质的产品，让小米保持高速前进。

阅读案例，分析小米商业模式画布中的各个要素，并画出小米的商业模式画布。

本章小结

本章主要介绍商业模式的概念，从商业模式涉及的三个基本问题：如何为顾客创造价值，如何为企业制造价值，如何将价值在企业和顾客之间进行传递开始，来介绍商业模式的理念。商业模式至少要满足两个必要条件：首先商业模式必须是一个整体，不是单一的某一要素；再次，它具有一定的结构，各个要素组成部分之间必须具有内在联系。商业模式分为九个关键要素：顾客细分、价值主张、渠道通路、顾客关系、收入来源、核心资源、关键业务、重要伙伴以及成本结构，企业参照这九大要素就可以确定企业的商业模式。商业模式的实施可以按照以下步骤进行：首先分析并确定目标顾客，其次定义并检验价值主张，接下来需要设计营收模式，最后是设计关键流程与资源。每个创业者都想为自己的企业设计一个独特、全新的商业模式来颠覆产业内现有的企业，但商业模式创新是一个非常困难的事情，因此很多企业都是在模仿与竞争中设计商业模式的。

第八章　创业融资

本章学习目标

通过本章的学习，应达到如下目标：
- 掌握创业融资的主要渠道；
- 理解创业企业融资难的原因；
- 了解股权融资和债券融资方式的差异；
- 了解创业融资的一般过程；
- 熟知融资决策过程要考虑的关键因素。

引导案例

致命的融资

2018年1月25日早晨，80后创业代表人物茅侃侃自杀身亡的消息刷爆了互联网。茅侃侃在朋友圈的最后留言，只有简单的几个字：嗯，我爱你不后悔，也尊重故事的结尾。

年少成名

据媒体报道，茅侃侃小学五年级时开始玩电脑，对程序、软件等计算机系统的痴迷让他迅速成为一名电脑高手，12岁玩转各种软件的安装和拆卸，14岁开始在《大众软件》等杂志发表数篇文章，15岁成为瀛海威时空最年轻的BBS版主并自行设计开发软件，17岁高中辍学创业。

2004年底，茅侃侃碰上一个曾经合作过的国有企业老板，他把闷在心里想了一年的Majoy项目跟他交流：把网络游戏搬到线下、模仿其后台数据运行，但用实景、由玩家实际扮演。两个人一拍即合，茅侃侃以知识产权入股公司，双方正式运营Majoy，整体投资预计3亿元。21岁，茅侃侃便当上了Majoy总裁。2006年因做客央视的《对话》栏目，他声名大噪，成了那个年代所有80后年轻人的创业偶像，被称为80后的"四大财子"。

踏入电竞

在成立Majoy公司之后,茅侃侃先后做了移动医疗领域的APP以及提供实时路况信息的APP"哪儿堵"。2013年,茅侃侃加入GTV,开始踏入电竞圈。2015年9月,茅侃侃与万家文化成立合资公司万家电竞,并出任CEO。当时万家文化出资460万元,认购了46%的股份,茅侃侃出资340万,认购34%,其余4家股东分别出资50万。

融资无门

财报显示,万家电竞从成立以来一直处于亏损状态。2016年,公司实现损益-1073.72万元。但这并不耽搁万家电竞的发展,截至2016年底,万家电竞自研移动游戏项目共5款,如果资金不断,其中2款在2017年10月便可以向所有一线发行商(包括腾讯、阿里等)提供游戏内测包,进而实现盈利。

2016年底,万家电竞还迎来了融资机会,演员赵薇的龙薇传媒拟作价30.59亿元收购万家文化29.135%股份,后因"龙薇传媒在自身境内资金准备不足、相关审核未通过的情况下发布收购公告,误导投资者"等原因,银行叫停龙薇传媒贷款,证监会对龙薇传媒、万家文化、赵薇等作出行政处罚和市场禁入。受万家文化影响,万家电竞融资计划被迫搁置。

此后,祥源控股在2017年8月收购万家文化股东万好万家集团,成为万家文化实际控制人。上市公司暂停了对万家电竞的资金支持。祥源文化方面认为万家电竞并不符合祥源文化的发展战略。而且万家电竞处于持续亏损状态,2017年上半年亏损215万元,负债合计约4812.7万元,不利于上市公司年度利润目标的实现。祥源文化还表示,希望万家电竞能在十月中旬就从上市公司剥离。在茅侃侃看来,这在短时间内不可能实现,至少要两三个季度左右的时间才能完成。万家电竞与新进入的祥源控股的关系趋于紧张。

为了能满足员工工资以及公司办公、房租等正常开销,茅侃侃抵押了个人住房和车,为公司借入资金周转,但祥源文化方面表示,不能以超过上市公司向其借款的利息借入高息债务,否则会影响审计。茅侃侃只得原路退回,这也导致了公司彻底停摆。

回顾茅侃侃与万家文化的这一段纠纷,入主万家电竞的祥源文化以旅游地产业为主业,祥源文化作为资本方的态度是希望尽快卖掉部分万家电竞的股权,但并不会出钱参与新一轮融资,也不愿意等万家电竞盈利后进行回购。万家电竞作为实业方,经过一年多的自主研发,5款移动游戏项目已经成型,急需资金加速推进上线,茅侃侃在一次次融资的希望与失望中苦苦挣扎,最终以生命的代价告别了曾经成就过他的资本界和创投圈。一位创业者在得知该不幸消息后,表示感同身受:"创业中,往往大事儿打不倒人,但融资的反复折磨会让人崩溃。资本是锦上添花的,不会雪中送炭,谁管你曾经如何。"

是什么压垮了茅侃侃与万家电竞公司?茅侃侃作为经营者最大的失误在哪里?有没有更好的办法拯救万家电竞公司?

第一节 创业融资概述

创业不是一次偶然为之的即兴行为,而是从创业动机产生、创业机会识别、创业组织设立到企业成长及创业收获的整个过程。这个过程离不开资金的支持。资金是初创企业创立、发展与壮大必备的战略资源之一。任何一个创业者都必须站在战略制高点来理解资金对创业的战略意义,扎实做好创业融资工作。创业过程是一个整合资源进行创新的过程,如果缺乏资金等关键资源的支持,任何优秀的项目或好的市场机会都难以把握,势必导致创业的失败。从创业之初到创业成功一般会经历一段较长的时间,在这个过程中存在较多的不确定性,需要有相应资金的支持。而创业者个人或团队所拥有的资源有限,难以支撑创业的顺利开展,因此,需要持续不断地融资,以保证一定的资金规模。总之,资金是初创企业的基本构成要素之一,融资是创业者的一个重要工作内容,融资规模与融资方式都会影响创业的成功。

一、创业融资的概念

融资,是指资金的融通。狭义的融资,主要是指资金的融入,也就是通常意义的资金来源,具体是指通过一定的渠道、采用一定的方法、以一定的经济利益付出为代价,从资金持有者手中筹集资金,组织对资金使用者的资金供应,满足资金使用者在经济活动中对资金需要的一种经济行为。广义的融资,不仅包括资金的融入,也包括资金的运用,即包括狭义融资和投资两个方面。

本书中,创业融资是狭义的融资,是指创业者为了将某种创意转化为商业现实,通过不同渠道、采用不同方式筹集资金以建立企业的过程。创业者应该根据新创企业在不同发展阶段的资本需求特征,结合创业计划以及企业发展战略,合理确定融资方式及融资规模。

二、创业融资的重要性

任何企业的生产经营活动都需要资金的支撑。尤其是对于新创企业来说,在企业的销售活动能够产生现金流之前，企业需要技术研发，需要为购买和生产存货支付资金，需要进行广告宣传，需要支付员工薪酬，还可能需要对员工进行培训；另外，要实现规模经济效应，企业需要持续地进行资本投资；加上产品或服务的开发周期一般比较漫长，就使得创业企业在生命早期需要大量筹集资金。

对创业者来说，融资的重要性主要表现在以下三个方面：

第一，资金是企业的血液。资金不仅是企业生产经营过程的起点，更是企业生存发展的基础。资金链的断裂是企业致命的威胁。

第二，合理融资有利于降低创业风险。创业企业使用的资金，是从各种渠道借来的资金，都具有一定的资金成本。因此，合理选择融资渠道和融资方式，有利于降低资金成本，将创业企业的财务风险控制在一定范围之内。

第三，科学的融资决策不仅能为企业带来资金支持，同时还能为企业引入经验丰富的战略投资人，为创业企业植入"健康的基因"，保证创业企业的可持续发展。

三、创业融资困境分析

创业融资难源于创业活动的高风险性。这种风险包含两部分：一部分来自创业活动本身固有的风险，即创业企业的不确定性；另一部分来自外部投资人对创业活动风险的感觉，即信息不对称。

（一）新创企业不确定性大

创业活动本身面临非常大的不确定性。既有企业也面临环境的不确定性，但创业企业的不确定性比既有企业的不确定性要高得多。创业企业缺少既有企业所具备的应付环境不确定性的经验，尚未发展出以组织形式显现的组织竞争能力。据清华大学中国创业中心 GEM（全球创业观察）项目的研究成果，市场变化大是中国创业环境方面的重要特征。市场变化大意味着更多的创业机会，但创业活动也可能面临更大的风险和不确定性。从统计上看，我国创业者的创业能力低于全球创业观察项目的均值水平，创业者普遍缺乏创办新企业的经验，缺乏进行创业管理的知识和经验，在商机把握和资源组织方面能力不强等。这些导致创业者把握不好创业机会，不能及时对市场变化做出反应，创业容易失败，进而加剧了创业企业的不确定性。据统计，我国新创企业的失败率在 70% 左右。国外有学者估计新创企业在 2 年、4 年、6 年内的消失率分别是 34%、50%、60%。创业企业的高失败率给投资者带来很大的风险，导致了创业融资难度增加。

（二）创业企业与投资者之间信息不对称

信息不对称是经济生活中普遍存在的现象，例如：产品的卖方比买方更了解产品质量情况，公司经理比公司所有人更了解公司的经营情况。在创业融资中同样存在着信息不对称问题。一般来讲，创业者比投资者对自身能力、企业产品、创新能力、市场前景更加了解，处于信息优势的地位，而投资者则处于相对信息劣势地位。投资前的信息不对称可能导致逆向选择。由于投资者只能根据感知到的信息进行判断，那些素质不高、技术上有缺陷、经营管理不善的创业企业可能会因将各项数据和材料包装得漂亮而获得投资；而真正优秀、未来收益高，但能没做好这方面工作的企业可能失去投资。投资后的不对称则与道德风险有关，被投资公司的创业者往往既是大股东又是经营管理者，可能侵害投资者的利益，改变资金用途、关联交易、股权稀释、给自己订立过高的报酬等，投资者对创业者的行为很难监控，诸多因素导致投资者对创业企业不信任而不敢贸然投资。

破解创业者与投资者之间信息不对称困局的方法有：提供可抵押的资产、企业规模足够大等，以向投资者充分展示自身的财务实力。但这恰恰是创业者的死穴。一项针对中国六家城市商业银行及其分支机构的抽样调查显示，企业规模和贷款申请被拒绝次数呈现负相关关系；同样，企业经营年限与贷款被拒绝次数的比例也是负相关关系。由此可见，企业规模越小、成立时间越短越难以获得银行资金的支持，对创业企业而言，其融资困境更为显著。另外，创业企业缺少可以抵押的资产，既有企业在获得银行贷款资金时，可以用企业的资产作为抵押，而创业企业几乎没有可以提供抵押的资产。为创业企业提供资金，比为其他企业提供资金面临更大的风险。

第二节　创业融资渠道

俗话说"兵马未动，粮草先行"。对创业者而言，能够广泛地从各种渠道获得创业资金，等同于兵家眼中的粮草，关乎战局的胜败。创业者需要开动脑筋，广泛收集信息，挖掘一切可能的融资渠道。

创业融资的渠道按融资对象可分为私人资本融资、企业机构融资和其他方式融资。私人资本融资是指创业者向个人融资，包括：①自筹资金；②向亲朋好友融资；③个人投资资金（天使资金）融资。企业机构融资是指创业企业向金融机构及相关企业融资，包括：①银行贷款，主要有抵押贷款、担保贷款和信用贷款；②创业投资资金；③中小企业间的互助机构贷款；④通过发行股票公开上市融资；⑤企业间的信用贷款。其他方式融资形式更为灵活，包括利用政府推出的针对创业企业的扶持资金及政策，及互联网金融等新兴渠道融资。

一、私人资本融资

（一）自有资金融资

每一个创业者都应该明白，创业有风险。当准备创业时，必须放弃原有的待遇，将自己的所有精力和智慧投入新创企业中。创业者将自有资金的大部分投入新创企业意义重大。一方面，创办新企业是将捕捉到的商业机会转变为价值的过程，将尽可能多的自有资金投入其中，可以在新创企业中持有较多的股份。创业成功后，将获得较大的创业回报。这样，个人才能和资产在创业活动中共同创造较大价值。另一方面，自我融资是一种有效的承诺。

前面已经分析了创业的不确定性和信息不对称造成的创业融资的诸多困难。如果在投身创业的过程中投入自己的资金，这本身就是一种信号，它告诉其他投资者，创业者对自己认定的商业机会有十足把握，对自己的新创企业充满信心，是全心全意、踏踏实实地干事业。创业者会谨慎地使用新企业的每一分钱，因为那是自己的血汗钱。这种信号会给其他资金所有者投资新企业一种积极的暗示，可适度缓解信息不对称的负面作用，增加其对新创企业投资的可能性。当然，对很多创业者来说，自我筹资虽然是新企业融资的一种途径，但它不是根本性的解决方案。一般来说，创业者个人的资金对新创企业而言，总是十分有限的，特别是对先期投入大的行业来说，几乎是杯水车薪。

（二）向亲友融资

向亲戚朋友融资也是初创企业比较常见的融资渠道。亲友融资建立在亲情和友情的基础之上，不是单纯为了获得高额利润回报。在向亲友融资时，创业者必须用现代市场经济的游戏规则、契约原则和法律形式来规范融资行为，保障各方利益，减少不必要的纠纷。首先，创业者一定要明确所筹集资金的性质，据此确定彼此的权利和义务。若筹集的资金属于亲友对企业的投资，则属于股权融资的范畴，双方共同承担企业经营风险，享有企业经营获利；若资金是从亲友处获得的借款，则需以书面的形式明确借款金额和偿还日期等内容。此外，无论是从亲友处借款还是获取投资，创业者都应通过书面方式将相应问题确定下来，以避免将来可能的矛盾。创业者在向亲友融资之前，要仔细考虑这一行为对亲友关系的影响，尤其是如果创业失败，无力偿还亲友投资等问题。要将日后可能产生的有利和不利方面都告诉亲友，尤其是创业风险，以便将来出现问题时将对亲友的不利影响降到最低。

（三）天使投资

天使投资（angel investment）是自由投资者或非正式机构对有创意的创业项目或小型初创企业进行的一次性的前期投资，是一种非组织化的创业投资形式。与其他投资相比，天使投资是最早介入的外部资金，即便还处于创业构思阶段，只要有发展潜力，就能获得资金，而其他投资者很少对这些尚未诞生或嗷嗷待哺的"婴儿"感兴趣。

天使投资起源于纽约百老汇的演出，原指富有的个人出资，以帮助一些具有社会意义的文艺演出，后来被运用到经济领域。20 世纪 80 年代，新罕布什尔大学的风险投资中心首先用"天使"来形容这类投资者。天使投资有三个方面的特征：一是直接向企业进行权益投资。二是天使投资不仅提供现金，还提供专业知识和社会资源方面的支持。惠普公司创业时，斯坦福大学的弗雷德里克·特曼教授，不仅提供了天使投资帮助惠普公司生产振荡器，还帮助惠普公司从帕洛阿尔托银行贷款，并在业务技术等方面给予创业者很大的支持。三是投资程序简单，短时期内资金就可到位。

天使投资人是指用自有资金以债权或股权的形式向非朋友和家人的创业者或新创企业提供资本的个体。天使投资人在投资决策方面看重产品和市场，更看重创业者个人，一般包括创业者的热情、可信度、专业知识、受欢迎程度以及过往创业记录等。天使投资更多的是对创业者进行投资，在创业者和机会匹配的过程中，创业者的作用更大，更具有能动性。天使投资人一般有两类人：一是创业成功者；二是企业的高管或高校科研机构的专业人员。他们有富余的资金，也具有专业的知识或丰富的管理经验。他们对天使投资感兴趣的原因不仅仅限于能在自己熟悉或感兴趣的行业进行投资，获取资金的回报，还希望以自己的资金和经验帮助那些有创业精神和创业能力的志同道合者创业，以延续或完成他们的创业梦想。

近年来，我国的天使投资已有了较快发展，社会对天使投资已越来越关注。由《创业家》杂志发起并主办的"最受尊敬的创业天使"评选活动，从 2007 年起开始举办，活动主要是针对创业支持机构及天使投资领域的个人进行量化评价。中国温州地区，实际上早已活跃着类似的天使投资人，整个地区或温州人就像一个"资本网络"，对想创业的温州人来讲，起步的钱是不用愁的。一个人只要有诚信，值得投入，在温州肯定能找到资金。相信随着市场机制的完善，信用制度的建立以及个人财富的积累和增加，天使投资一定会在促进我国的创业活动中发挥更大的作用。这对许多有志于创业的大学生，将是值得期待的融资渠道。

案例阅读一

雷军与他的天使投资故事

1998年，不到30岁的雷军就成为了当时中国最大软件公司金山的总经理，可谓少年成名。两三年后，马化腾的腾讯和马云的淘宝成立，由于初期资金困难，这两位如今的互联网顶尖级大佬都找过雷军要投资。可惜都被雷军拒绝了。雷军拒绝马化腾，是因为觉得当时QQ两三百万元的价格太贵了；而拒绝马云的理由更令人啼笑皆非，因为雷军觉得马云满嘴跑火车，看起来像搞传销的。如果雷军当时投资了这两家公司，相信现在的华人首富就是雷军，甚至可以问鼎全球首富。

错过腾讯和阿里，雷军一直很后悔。但是在雷军的天使投资人生涯中，也有很多成功的案例，其中最成功绝对是投资UCWEB和欢聚时代。早前雷军透露：2007年投了UCWEB三四百万人民币，占了20%股份，2015年阿里以43亿美金（约280亿人民币）收购了UC，这笔投资回报率超过1000多倍，价值近60亿人民币，这绝对是雷军最成功的天使投资！雷军第二成功的天使投资是欢聚时代。2005年雷军投了欢聚时代100万美元，如今欢聚时代市值超26亿美元，雷军占股约20%，这笔投资价值超5亿美元（约合35亿元人民币）。雷军共投资了这两家公司约1000万元，而价值回报接近100亿元。

雷军在2008年10月24日名为《我的第一篇博客：天使投资只是我的业余爱好》中这样解释自己做天使投资的原因：一是我喜欢，二是想报恩。喜欢好理解，就是爱好，报恩则是源于柳传志曾投给金山450万美元，才成就了今天的金山。做天使投资，帮助创业公司实现梦想，是他觉得回报所有帮过他的人的最好方式。

在国内身兼创业者和天使双重身份的人凤毛麟角，雷军不喜欢身处神坛，不愿意被称作创业导师，按他的说法"把他当成一个热心的大婶就好"。

雷军做天使投资的原则：只投熟人或者熟人介绍的人。早期的几个项目，如UCWEB（俞永福）、拉卡拉（孙陶然）、乐淘（毕胜）、凡客（陈年），这些人都是雷军相识多年的朋友。有甄别的投资源于信任，对人对项目都适用，缺乏信任一切都是镜花水月。雷军说过一句很接地气的话："当时很多人写信给我，让我投钱，可是我的钱也是血汗钱，也是起早贪黑的滚出来的。"

投了钱以后，雷军也不会给创始人太大压力，从后期项目入股比例基本在15%~20%的样子就可以看出来。他自己也说过："做天使投资必须放弃控制，除了放弃股权的控制，还要放弃心态上的控制。"帮忙不添乱是雷军奉行的宗旨。

电子商务、社交、移动互联网是雷军投资的三大领域，超过十多家公司已经做到了行业领先地位。除了独特的投资原则以及高瞻远瞩的眼界，他的成功还离不开一个好的投资心态："赔了我就支持了创新，赚了我就中了六合彩。"

（资料来源：http://www.360doc.com/content/17/0219/23/32626470_630415635.shtml）

二、企业机构融资

随着创业企业进入发展期和成熟期，许多前景明朗的企业会逐步吸引越来越多的投资机构的资金注入。初创企业的机构融资渠道主要包括银行贷款、商业信用融资、融资租赁、创业投资基金等。

（一）银行贷款

银行贷款是指企业通过银行为企业筹集资金，它是初创企业的重要资金来源。银行贷款是企业根据借款合同向银行（或其他金融机构）借入的需要还本付息的款项。银行贷款通常以风险最小化为原则，因此会要求企业提供可抵押资产，对于进入发展期或成熟期的企业，这种融资方式具有较强的适用性。

银行贷款按有无担保，可分为信用贷款和担保贷款。信用贷款是指银行依据对借款人资质的信任而发放的贷款，借贷人无须向银行提供抵押物。担保贷款是指以担保人的信用为担保而发放的贷款。创业者在向银行申请贷款时，并非仅仅与银行打交道，往往还需要与工商、税务、中介机构等部门进行接洽，手续较为烦琐，所需时间较长。

（二）商业信用融资

商业信用融资是指初创企业步入正常运营之后，逐步开发并拥有了自己的客户和供应商，通过商品交易过程中以延期付款或预收货款等方式进行购销活动而形成的借贷资金。商业信用融资是初创企业常见的融资方式，主要有以下几种形式：应付账款、商业汇票、票据贴现、预收货款。商业信用融资形式可以帮助企业在资金缺乏时彼此帮助、渡过难关。

（三）融资租赁

融资租赁是一种以融资为直接目的的信用方式，是指出租人根据承租人对租赁物的特定要求和供货商的选择，出资向供货商购买租赁物，并租给承租人使用，承租人分期向出租人支付租金。在租赁期内，租赁物的所有权属于出租人所有，承租人拥有租赁物的使用权；租赁期满，租金支付完毕，租赁物归出租人所有，但承租人有优先购买权。

融资租赁实质上是一种融资方式，它将融资和融物集于一体。融资租赁对于租赁企业的资质信用和担保要求不高，对于需要购买大件设备的初创企业及中小企业非常适用。企业不用支付高额费用购买设备而改为租赁，将固定投入转变为流动投入，可盘活企业运营资金，减小企业资金压力。应注意的是在融资租赁时，初创企业一定要选择资金实力强、信誉良好的租赁公司进行合作。

（四）创业投资

创业投资（Venture Capital，VC），也称为"风险投资"。最早可以追溯到15世纪英国、葡萄牙、西班牙等西欧国家创建远洋贸易企业时期，到19世纪美国西部创业潮时期"创业投资"一词在美国开始流行。1946年，世界上第一家风险投资公司美国研究与发展公司（ARD）在美国成立。20世纪70年代，伴随高新技术的发展，风险投资步入高速成长时期，培育出一大批世界级的著名企业：如微软公司、苹果公司、惠普公司、英特尔公司、思科公司、雅虎公司、谷歌公司等；也造就了一大批创业企业家，如比尔·盖茨、史蒂夫·乔布斯、安迪·葛罗夫、杨致远等。风险投资业在美国的经济生活中扮演着不可或缺的重要角色，赢得了"新经济发动机"的美誉。中国的风险投资业从20世纪80年代开始起步，经历了90年代末的互联网热及21世纪初的网络泡沫破灭，再随着2003年前后新一波创业浪潮的兴起，中国已经成为全球风险投资的中心之一。

创业投资是指由专业机构提供的投资于极具增长潜力的创业企业并参与其管理的权益资本。创业投资的本质内涵体现在三个方面：

①以股权方式投资于具有高增长潜力的未上市创业企业，从而建立起适应创业内在需要的"共担风险、共享收益"机制。因此风险投资并不过分强调投资对象当前的盈亏状况，而更看重投资对象的发展前景和投资增值状况，以便在未来通过上市或出售取得高额回报。

②由于风险投资属于权益性投资，持有企业的股份，往往拥有企业的部分控制权。为了降低投资风险，风险投资一般会积极参与所投资企业的创业过程，一方面弥补所投资企业在创业管理经验上的不足，另一方面主动控制创业投资的高风险。

③风险投资并不经营具体的产品，而是以整个创业企业作为经营对象，即通过支持"创建企业"并在适当时机转让所持股权，来获得资本增值收益。与高度投资风险相伴随的是超额的回报，如软银亚洲投资盛大网络4000万美元最后获得了近6亿元美元的收益。创业投资的投资对象大多为新企业或中等规模的企业，对目标企业有严格的考察。创业投资所接触的企业，大约只有2%~4%能最终获得融资。

广义的创业投资包括天使投资，但狭义的创业投资主要是指机构投资者，天使投资与创业投资都是对新兴的具有巨大增长潜力的企业进行权益资本投资。其不同点在于：天使投资的资金是投资人自己的，并且自己进行管理；而创业投资机构的资金则来自外部投资者，他们把资金交给创业投资机构，由专业经理人管理。天使投资一般投资于企业的早期或种子期，投资规模相对较小，决策快；创业投资的投资时间相对要晚，投资规模较大。

案例阅读二

如何让风险投资爱上你

IDG（International Data Group）技术创业投资基金副总裁李建光认为，投资人60%以上的时间都花在寻找合适的投资机会上，最大的耻辱和失败是漏掉了好的投资对象。如果一个创业者通过很多的途径锲而不舍地找到了他，他就有可能向这个创业者投资，因为会觉得这个人有耐心、持续能力比较强。他也告诫寻求风险投资的创业者："脸皮厚一点儿，锲而不舍的精神要多一点儿。"很多项目都是创业者跟投资人见面之后被贬了回去，半年之后又被贬了回去，被贬了多次之后才得到风险投资的。同时，李建光也介绍说，如果通过一些他们投资过并且成功了的企业家推荐的话，投资人就会非常重视这个创业者。所以，在IDG的投资对象中，有很多是通过那些已成功了的企业家推荐来的。

李建光还强调，风险投资公司在决定投资前，很看重团队以及团队的领导者。风险投资商是投"人"，做企业要有一流的团队、二流的创意，在与投资人打交道时，不能只顾创意，而忽视团队的组织与建设。

北京技术产权交易所总裁熊焰说，投资人会考虑两个事情：一个是盈利，一个是避险。并且，通常情况下，避险的权数大大高于盈利的权数。在谈到如何与投资商沟通时，熊焰说，"真诚，把自己的情况很真实地告诉投资人，这非常重要"。风险投资商的钱也都是血汗钱，不管是外国资本家的钱，还是国内的。

熊焰介绍说，投资人看重投资对象的五个要素：团队、市场、技术、财务、制度。把团队放在第一位，是因为企业最核心的竞争力就是人，技术方案、商业计划可能变，人是很难改变的。所以人的基本素质很重要，其中真诚非常重要。

典通汇达国际投资管理公司的执行副总裁林莹认为，在与投资人沟通时，如果有很好的技巧，投其所好地沟通，会促进更好的合作。林莹以自己在投资公司的工作经验，给投资对象总结了与投资人沟通的两条法则：一是需要一份很专业的商业计划书。在商业计划书中，明确自己的商业模型是什么，预期是什么，行业的调研情况如何，突出的优势是什么。商业计划书要用专业的商业语言来写；二是对高科

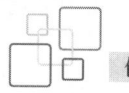

技企业而言，除了有好的商业计划书之外，更重要的是知识产权方面的保护，要明确地描述出是否有专利，是国际的，还是国内的。

（资料来源：http://www.360doc.com/content/06/0504/13/4565_110042.shtml）

（五）创业板上市融资

创业板市场着眼于创业，是指主板市场之外为满足中小企业和新兴行业创业企业融资需求和创业投资退出需求的证券交易市场，如美国的纳斯达克市场，英国的AIM（Alternative Investment Market）市场等。创业板在服务对象、上市标准、交易制度等方面与主板市场存在较大差异，主板市场只接纳成熟的、已形成足够规模的企业上市，而创业板以成长型尤其是具有自主创新能力的创业企业为服务对象，具有上市门槛相对较低，信息披露监管严格等特点。它的成长性和市场风险均要高于主板，是对主板市场有效的补充。从世界范围看，创业板已成为各国高科技企业的主要融资场所。据统计，美国软件行业上市公司中的93.6%、半导体行业上市公司中的84.8%、计算机及外围设备行业上市公司中的84.5%、通信服务业上市公司中的82.6%、通信设备行业上市公司中的81.7%都在纳斯达克上市。我国创业板市场于2009年10月23日正式开板，首批28家公司在创业板市场挂牌上市，截至2018年1月份，中国创业板市场上共有711家上市公司，这些创业板上市公司的总股本达到了3267.8亿股，创业板上市公司所发行股票的总市值超过了52265.24亿人民币，已经成为中小企业良好的融资平台。

创业板市场具有资本市场的一般功能，能为处于创业时期饱受资金缺乏困扰的中小企业提供融资的渠道。创业板市场青睐成长性高、科技含量高，能够符合新经济、新服务、新农业、新材料、新能源和新商业模式特征的企业，适合处于成长期的中小高新技术企业。与主板市场相比，创业板不过分强调企业规模和以往业绩，而是强调企业要有发展前景和成长空间，这为急需资金的创业企业提供了必要的金融支持，有利于促进创业企业的发展。

创业板上市不仅可以帮助创业者实现收益，风险投资退出需求，还有利于创业企业提高知名度。通过上市公开发行股票，企业可以在全国性的市场中树立品牌，使社会公众了解企业，提高企业形象，提高知名度，对人才、技术合作者等产生较强的吸引力，有利于企业的长远发展和市场开拓。另外，为确保上市公司的质量，创业板对公司治理结构的要求较高，要求构建产权明晰、权责明确、管理科学的现代企业制度，规范企业运作，制定严密的业务发展计划和完整清晰的业务发展战略，提炼核心业务范围，保持管理技术队伍的稳定，选择好投资项目与前景好的产品市场，不断提升业务增长潜力。而对创业企业来说，上市融资有助于建立现代企业制度，规范法人治理结构，提高企业管理水平，增强企业创业和创新的动力。

但是创业者对于上市可能带来的约束和风险也应有一定的心理准备。由于创业板市场的高风险性，为了保护投资者的利益，监管部门对创业板市场制定了更为严格的业务要求、信息披露要求、限售规则及退市制度。企业一旦成为上市公司，在信息公开、财务规范、治理结构方面必须遵循市场要求，股价直接反映了企业的形象。这对较多依赖创业者个人、决策随意的创业企业来说，意味着管理模式的全面转型。另外，由于股本规模小及股份全流通，创业板上市企业很有可能成为其他企业的收购对象，对于看好企业发展的创业者或创业团队将形成收购风险，减弱甚至丧失在企业中的话语权。

三、其他方式融资

（一）科技创新基金

科技型中小企业技术创新基金是 1999 年经国务院批准设立，用于支持科技型中小企业技术创新的政府专项基金，通过拨款资助、贷款贴息和资本金投入等方式，扶持和引导科技型中小企业的技术创新活动。根据中小企业项目的不同特点，创新基金支持方式主要有：①贷款贴息。对已具有一定水平、规模和效益的创新项目，原则上采取贴息方式支持其使用银行贷款，以扩大生产规模。一般按贷款额年利息的 50%~100% 给予补贴，贴息总金额一般不超过 100 万元，个别重大项目可不超过 200 万元。②无偿资助。主要用于中小企业技术创新中产品的研究、开发及中试阶段的必要补助，科研人员携带科技成果创办企业进行成果转化的补助，资助额一般不超过 100 万元。③资本金投入。对少数起点高，具有较广创新内涵，较高创新水平并有后续创新潜力，预计投产后有较大市场，有望形成新兴产业的项目，可采取成本投入方式。

（二）大学生创业优惠政策

自我国推行"大众创业、万众创新"以来，国家和地方对大学生创业在各个方面提出了大量的扶持政策。2014~2017 年，在全国范围内实施大学生创业引领计划，扶持和帮助大学生创业。各地采取保障措施，确保符合条件的高校毕业生能得到创业指导、创业培训、工商登记、融资服务、税收优惠、场地扶持等各项服务和优惠政策。各地的公共就业人才服务机构要为自主创业的高校毕业生做好人事代理、档案保管、社会保险办理和接续、职称评定、权益保障等服务。同时，鼓励各地充分利用现有资源建设大学创业园、创业孵化基地和小企业基地，为高校毕业生提供创业经营场所支持。各银行金融机构要积极探索和创新符合高校毕业生创业实际需求的金融产品和服务，本着风险可控和方便高校毕业生享受政策的原则，降低贷款门槛，优化贷款审批流程，提升贷款审批效率，多途径为高校毕业生解决担保难问题，切实落实银行贷款和财政贴息。高校毕业生在电子商务平台创办"网店"，可享受小额担保贷款和贴息政策；高校毕业生创办小微企业，可以减半征收企业所得税，月销售额不超过 3 万元的暂免征增值税和营业税。

（三）P2P 融资

P2P 是 peer-to-peer 的缩写，peer 有（地位、能力等）同等者、同事和伙伴等意。P2P 直接将人们联系起来，让人们通过互联网直接交互，使得网络上的沟通变得容易，更直接地共享和交互，真正地消除中间商，为企业与个人提供更大的方便。

P2P 是指个人与个人之间的借贷，而 P2P 理财是指以公司为中介机构，把借贷双方对接起来实现各自的借贷需求。借款方可以是无抵押贷款或是有抵押贷款，而中介一般是以收取双方或单方的手续费为营利目的或以赚取一定息差为营利目的。P2C 模式是传统 P2P 的延伸和升级，可帮助小微企业快速安全融资，为大众提供了一个投资理财平台。

2015 年年底，银监会会同工业和信息化部、公安部、国家互联网信息办公室等部门研究起草的《网络借贷信息中介机构业务活动管理暂行办法（征求意见稿）》中提到，网络借贷是指个体和个体之间通过互联网平台实现的直接借贷。个体包含自然人、法人及其他组织。网络借贷信息中介机构是指依法设立，专门从事网络借贷信息中介业务活动的金融信息中介企业。该类机构以互联网为主要渠道，为借款人与出借人（即贷款人）实现直接借贷提供信息收集、信息公布、资信评估、信息交互、借贷撮合等服务。这里的网络借贷也即 P2P。

据网贷之家数据显示，截至 2017 年 12 月底，P2P 网贷行业正常运营平台数量下降至 1931 家。网贷停业及问题平台数量共计 645 家，其中问题平台 216 家，占比为 33.49%。虽然平台跑路事件依然存在，但是日趋严厉的合规性标准也迫使大量小平台转型或者良性停业。2017 年底，网贷行业总体贷款余额已经达到 12245.87 亿元，同比 2016 年上升了 50%，行业集中度进一步提高。2017 年全年网贷行业成交量达到了 28048.49 亿元，相比 2016 年全年网贷成交量（20638.72 亿元）增长了 35.9%。在 2017 年，P2P 网贷行业历史累计成交量突破 6 万亿元大关，单月成交量均在 2000 亿元以上。数据表明：网贷行业正在飞速地发展，在 P2P 融资快速发展的同时，如何降低风险，保证投资人的合法权益。是理论界和实践界需要共同面对的问题。

（四）众筹平台融资

众筹（Crowdfunding）的兴起源于美国网站 kickstarter。该网站通过搭建网络平台面向公众筹资，让有创造力的人有机会获得他们所需要的资金，以便使他们的梦想有可能实现。这种模式的兴起打破了传统的融资模式，每个普通人都可以通过众筹模式获得从事某项创作或活动的资金，使得融资的来源不再局限于风投等机构，而可以来源于大众。

众筹是通过"团购+预购"的形式，向网友募集项目资金。众筹利用互联网和SNS（即社会性网络服务）传播的特性，让小企业、艺术家或个人向公众展示他们的创意，争取人们的关注和支持，进而获得所需要的资金援助。众筹由发起人、跟投入、平台构成，具有低门槛、多样性、依靠大众力量、注重创意等特征。群众募资被用来支持各种活动，包含灾后重建、竞选活动、创业募资、艺术创作、设计发明、科学研究以及公益慈善等。

众筹最初是艰难奋斗的艺术家们为创作筹措资金的手段，现已演变成初创企业和个人为自己的项目争取资金的一个渠道。众筹网站使任何有创意的人都能够向几乎完全陌生的人筹集资金，消除了向传统投资者和机构融资的许多障碍。众筹融资也要遵循一定规则，如：筹资项目必须在发起人预设的时间内达到或超过目标金额才算成功；在预设天数内，达到或者超过目标金额，项目即成功，发起人可获得资金；筹资项目完成后，支持者将得到发起人预先承诺的回报，回报方式可以是实物，也可以是服务。如果项目筹资失败，那么已获资金全部退还支持者。众筹不是捐款，支持者的所有支持一定要设有相应的回报。

案例阅读三

电影众筹融资设计：百发有戏+《黄金时代》

2014年9月，百度联合中影股份、中信信托和北京德恒律师事务所发布"百发有戏"，定位为"众筹消费+金融"的信托产品，最低门槛仅10元人民币，用户可获得电影票等权益，并根据票房情况有可能得到8%~16%的现金收益。该产品的背后是中信信托成立的消费信托，将用户的消费权益变成收益权。"百发有戏"的特殊之处在于，它并不只是将百度当作一个渠道，而是创造了一个全新的投资模式：让用户在消费的同时进行理财，理财的同时进行消费，且两者可以相互刺激。

首期推出的项目是著名作家萧红的传记电影《黄金时代》。据"百发有戏"公开资料介绍，该项目计划筹资1500万元，最低筹资10元，时间为2014年9月22日至10月22日。至项目结束时，共有3301人参与此次众筹，筹集金额1800余万元，超额完成筹资计划。该众筹项目采用"消费+金融"模式，收益将根据《黄金时代》

的票房变化而定，如果该影片的票房低于2亿元，则以不超过8%的年利率进行补偿；如果票房为2亿~6亿（不包括6亿），每增加1亿票房收益率提升一个百分点；若票房为6亿以上（包括6亿），收益率则为16%。

不过"百发有戏"正在努力淡化众筹色彩，中信信托资本市场总监冯彦庆称，产品并非一个保本投资，如果电影亏损，那么将没有金融收益。以前的众筹，回报的都是实物、软件、门票、股权这些非现金类的物品或者权益，"百发有戏"还回报现金。虽然监管层有提出众筹项目不得提供资金回报的规定，而"百发有戏"的模式仍然能够推行的重要原因就在于：百度联合中信信托做了一个"巧妙"的设计，那就是消费信托。

消费信托的目的是为消费者选择可以提供优质消费权益的商家，并保障其消费权的行使。来源于消费需求，而非投融资需求，与传统的投融资类的集合资金信托完全不同。消费信托最大的特点是没有投资门槛的限制，也没有人数限制。而且信托模式本身就能把消费权益变成收益权。

"百发有戏"定位为消费权益，而被控制在法律允许的范围之内。尽管百度百付宝总经理章政华曾雄心勃勃地说，"百度将打造国内最大互联网众筹平台"，但是在实际业务推进中，仍然选择谨慎行事。

当然，这种谨慎不无道理，国内的众筹平台虽然发展迅猛，但是仍然走在政策红线的边缘，特别是以投资回报为目的的股权众筹，和"非法集资"仅一步之遥。相对于股权众筹面临的重重法律障碍（诸如前文所提的非法吸收公众存款、非法发行证券、公司人数限制等），产品众筹在中国的法律障碍更小，也更容易发展。产品众筹的优势在于金额小，参与人数多，具有有话题性。文化娱乐行业，尤其是电影行业关注度高，具备观众基础。"百度百发"基于信托产品的定位原因正在于此，从而躲开了众筹模式存在的法律风险。

（资料来源：http://www.360doc.com/content/16/0228/17/28093736_538058256.shtml）

（五）知识产权融资

知识产权融资作为一种新兴的融资方式，对企业发展的作用正日渐显现。知识产权的融资行为包括：质押贷款、知产引资、技术入股、融资租赁等。

质押贷款是指企业或个人以合法拥有的专利权、商标权、著作权中的财产权经评估后作为质押物，向银行申请融资。

知识产权引资指企业通过知识产权吸引合作第三方投资，企业通过出让股权换取第三方资金，共同获利。

技术入股是指拥有专利技术/专有技术的企业或者个人，通过知识产权的价值评估后，与拥有资金的第三方机构合作成立新公司的一种方式，使得拥有专利技术/专有技术的企业或者个人获得企业股权；也指企业股东或者法人将自主拥有的专利/专有技术，通过知识产权的价值评估后，转让到企业，从而增加其持有的股权。

知识产权融资租赁与传统行业中的设备融资租赁具有类似性，在租赁期间，承租方获得知识产权的除所有权外的全部权利，包括各类使用权和排他的诉讼权。租赁期满，若知识产权尚未超出其有效期，根据承租方与出租方的合同约定，确定知识产权所有权的归属。知识产权的融资租赁在中国大陆地区域属于尚未开拓的全新融资方式。

据中国社会科学网报道，2017年我国重点产业知识产权运营基金募资总额超过42亿元。专利质押融资金额达720亿元，同比增长65%；商标、版权质押融资金额分别达369亿元、59.8亿元。专利保险金额99.85亿元，同比增长170.6%。可见，随着我国知识产权质量的不断提升，知识产权融资能力也得到了显著提高。

第三节 创业融资的选择策略

由于融资困难，创业者需要利用各种可能的融资渠道来筹集资金。同时还要遵循创业融资的原则，综合考虑自身拥有的资源情况，根据资金来源的性质不同，充分比较股权融资和债权融资两种不同融资方式的利弊，以便做出科学的融资决策。

一、创业融资原则

筹集创业资金时，创业者应在自己能承受的风险基础上，遵循既定的原则，尽可能以较低的成本及时获得足额创业资金。一般来说，创业融资应遵循以下原则：

（一）合法性原则

创业融资作为一种经济活动，影响着社会资本及资源的流向和流量，涉及相关经济主体的经济权益。创业者必须遵守国家的有关法律法规，依法依约履行责任，维护相关融资主体的权益，避免非法融资行为的发生。

（二）合理性原则

在创业的不同时期，创业资金的需求量不同，能够采用的融资方式可能也不同，创业者应根据创业计划，结合创业企业不同发展阶段的经营策略，运用相应的财务手段，合理预测资金需求量，详细分析资金的筹集渠道，确定合理的资本结构，包括股权资金和债权资金的结构，以及债权资金内部的长短期资金的结构等，为企业持续发展植入"健康的基因"。

（三）及时性原则

在市场经济条件下，机会稍纵即逝的特性要求创业者必须能够及时筹集所需资金，将可行的项目付诸实施，并根据初创企业不同阶段的资金需求，使融资和投资在时间上协调一致，避免因资金不足影响生产经营的正常进行。同时也要防止资金过多造成的闲置和浪费，将资金成本控制在合理的范围之内。

（四）效益性原则

创办和经营企业的根本目的是获得一定的经济利益，所以，创业者应在进行成本效益分析的基础上决定资金筹集的方式和来源。鉴于投资是决定融资的主要因素，投资收益和融资成本的对比是创业者在融资之前要做的首要工作。只有投资的报酬率高于融资成本，才能够使创业者实现创业目标；而且投资所需的资金数量决定了融资的数量，对创业项目投资的估计也会影响融资方式和融资成本。因此，创业者应在充分考虑投资效益的基础上，确定最优的融资组合。

（五）杠杆性原则

创业者在筹集创业资金时，应选择有资源背景的资金，以便充分利用资金的杠杆效应，在关键的时候为企业发展助力。大多数优秀的风险投资往往在企业特殊时期会与企业家一起，将有效的资源进行整合，如选择投行、证券公司，进行IPO路演等，甚至还参与到企业决策中。这种资源是无价的。因此，创业者不能盲目地"拜金"，找到一个有资源背景的基金更有利于企业的持续快速发展。

二、股权与债权融资方式及比较

债权性资金是借款性质的资金，资金所有人提供资金给资金使用人，然后在约定的时间收回资金（本金）并获得预先约定的固定的报酬（利息），资金所有人不过问企业的经营情况，不承担企业的经营风险，他所获得的利息也不因为企业经营情况的好坏而变化，如上一节中提到的银行贷款、亲朋好友借贷等。

股权性资金是投资性质的资金，资金提供者占有企业的股份，按照提供资金的比例享有企业的控制权，参与企业的重大决策，承担企业的经营风险。一般不能从企业抽回资金，其获得的报酬根据企业经营情况而变化。典型的如天使投资基金、风险投资基金、创业板融资等。

对于创业企业而言，债务融资和股权融资各有其优缺点。债权融资的优点主要表现在：债权融资需要支付本金和利息，但创业者可以保持对企业的有效控制权，并且独享未来可能的高额回报率。只要按期偿还贷款，债权方就无权过问企业经营上的事务。其缺点主要表现为债权融资方式要求企业按时清偿贷款，如果不能保证经营收益高于资金成本,且无法产生稳定的现金流,企业会面临亏损甚至破产的危局;并且债务融资提高了企业的负债率,如果负债率过高,企业的再融资和经营能力都面临风险。

股权融资的优点主要体现在:投资者不要求债务融资中常见的担保、抵押等方式,而是要求按一定比例持有企业产权,并分享利润和资产处置收益,能够承担企业经营风险。创业者通过股权融资不仅得到资金,很多时候投资者拥有创业企业所需要的各种资源,如关系网络、人力资源、管理经验等。股权融资的缺点主要体现在控制权方面,由于股份稀释,创业者可能失去企业的控制权,在一些重大战略决策方面,创业者可能不得不考虑投资方的意见,如果双方意见存在分歧,就会降低企业决策效率。企业如果能够成功上市,在融资的同时,也要承担信息披露等责任,部分创业者可能对此会有顾虑。表8-1是对股权与债权融资方式的性质及优缺点比较。

表8-1 股权与债权融资方式的性质及优缺点比较

比较项目		债权融资	股权融资
融资方式的性质	本金	到期从企业收回	不能从企业抽回,可以向第三方转让
	报酬	事先约定固定金额的利息	根据企业的经营情况而变化
	风险承担	低风险	高风险
	对企业的控制权	无	按比例享有
对创业者而言的优点		创业者保有企业的控制权 创业者独享未来可能的高额回报 债权方无权过问企业的经营和管理	无须提供抵押或担保 投资人与创业企业共同承担风险 投资者为创业企业提供资金以外的资源
对创业者而言的缺点		需要提供抵押或担保 企业需要按时清偿贷款和利息 企业具有较大的资金压力 企业如果负债率高,则投资和经营风险加大	创业者失去企业的部分控制权 重大决策需要投资者参与,降低创业企业决策效率 上市公司融资时,需要披露信息 投资者参与企业的股份分红

三、创业融资决策的影响因素

创业融资不仅仅是筹集创业的启动资金,而且包括整个创业过程的所有融资活动。由不同渠道取得的资金之间的有机构成及其比重关系就是融资结构,即创业者的资金有多少是来源于债权融资,有多少是来源于股权融资。因为不同性质的资金对企业的经营有不同的影响,所以创业者应该合理均衡债权融资与股权融资之间的比例。通常,创业者融资决策会受到以下几个因素的影响:创业所处阶段、创业企业特征、融资成本、创业者对控制权的态度。

(一)创业所处阶段

创业融资需求具有阶段性特征,不同阶段的资金需求量和风险程度存在差异,不同的融资渠道所能提供的资金数量和要求的风险程度也不相同。创业者在融资时必须将不同阶段的融资需求与融资渠道进行匹配,才能高效地开展融资工作,获得创业活动所需的资金,化解融资难题。

在种子期和启动期,企业处在高度的不确定中,只能依靠自我融资或亲戚朋友的支持,以及从外部投资者处获取"天使资本"。创业投资很少在此时进入,而从商业银行获得贷款支持的难度更大。建立在血缘和信任关系基础上的个人资金是该阶段融资的主要渠道。

企业进入成长期后,已经有了前期的经营基础,发展潜力逐渐显现,资金需求量也比以前增大。成长期前期,在企业产生正的现金流量之前,创业者获得债权融资的难度较大,即使获得,也很难支付预定的利息,这时创业者往往倾向于通过股权融资这种不要求他们做出固定偿付的方式来筹集资金。成长期后期,企业表现出较好的成长性,且具有一定的资产规模,可以寻求银行贷款、商业信用等债权融资方式。

企业进入成熟期后,债券、股票等资本市场可以为企业提供丰富的资金来源。如果创业者选择不再继续经营企业,则可以选择公开上市、管理层收购或其他股权转让方式退出企业,收获自己的成果。

综上所述,企业生命周期阶段与融资渠道的对应关系如表所示,深色区域为该阶段采用较多的融资渠道,浅色区域为该阶段可能会采用的融资渠道。

表 8-2 企业生命周期阶段与融资渠道选择

融资渠道＼生命周期	种子期	启动期	成长期	成熟期
自有资金	深	浅		
亲友款项	深	深		
天使投资	深	深	浅	浅
众筹融资	深	深	深	
合作伙伴	深	深	深	深
政府基金	深	深	深	深
风险投资	浅	深	深	深
抵押贷款		深	深	深
融资租赁		深	深	深
商业信用		深	深	深

(二)创业企业特征

创业活动千差万别,所涉及的行业、初始资源禀赋、面临的风险、预期收益都有较大的差异,不同行业所面临不同的竞争环境、行业集中度及经营战略等,创业企业的资本结构是不同的,不同的资本结构产生了不同的融资要求。对于从事高科技产业或有独特商业创意的企业,经营风险较大,预期收益也较高,创业者有良好的相关背景,可考虑股权融资的方式;对于从事传统产业类,经营风险较小,预期收益较易预测,可主要考虑债权融资的方式。

实践中,大部分新创企业不具备银行或投资者所要求的特征,在风险和预期收益方面均处于不利情况,这时只能依赖个人资金、向亲朋好友融资等自力更生的方式,直到能够证明自己的产品或创意可以在市场上立足,才能获得债权融资或股权融资(见表8-3)。

表8-3 创业企业的特征与融资方式

创业企业类型	创业企业的特征	适当的融资方式
高风险(或中低风险)、预期收益不确定	弱小的现金流 高负债率(或低负债率) 低、中等成长 未经证明的管理层	个人资金、向亲朋好友融资
低风险、预期收益好预测	一般是传统产业 强大的现金流 低负债率 优秀的管理层 良好的资产负债表	债权融资
高风险、预期收益较高	独特的商业创意 高成长 利基市场(小众市场) 得到证明的管理层	股权融资

(三)融资成本

不同的融资渠道,融资成本不一样。债权融资的成本是使用债务资金所需要支付的利息,一般来说,支付周期较短,支付金额固定。在债权融资中应实现各种融资渠道之间的取长补短,将各种具体的债权资金搭配使用、相互配合,最大限度地降低资金成本。

股权融资中,投资者获得企业部分股权,其未来潜在的收益是不受限制的,虽然不需要像利息那样无条件定期支付,但会影响创业者对企业的控制权,许多创业投资公司会要求一系列保护投资方利益的否决权,介入企业的经营管理中。即使创业者及其团队在初期拥有相对多数的股权比例,但往往在2~3轮融资之后,创业者的股权被大量稀释，决策效率及控制权都会受到影响。因此，在大多数情况下，股权融资的成本要比债权融资的成本高。

过高的融资成本对创业企业来说是一个沉重的负担，而且会抵消创业企业的成长效应。因此，即使初期的资金很难获得，创业企业仍要寻求一个较低的综合资金成本的融资组合，在投资收益率和资金成本权衡中做出选择。

（四）创业者对控制权的态度

创业者对控制权的态度会影响到融资渠道的选择。一些创业者不愿意将自己费尽心血所创立企业的部分所有权与投资者共同拥有，希望保持对企业的控制权，因此更多地选择债权融资。而另一些投资者则更看重企业是否可以迅速做大，取得跳跃式发展，获得渴望的财富。为此他们愿意引入外来投资，甚至让位于他人管理企业。按照研究初创公司 CEO 的哈佛大学教授诺姆·沃瑟曼（Noam Wasserman）的观点，创业者需要在"富翁"和"国王"之间进行选择。当"富翁"，引入外来股权投资，可以让公司更具价值，但会失去 CEO 职位和主要决策权，在公司里靠边站；当"国王"，则可以保留对公司的决策控制权，但往往会造成公司价值较低。对创始人而言，选择当"富翁"不一定优于当"国王"，反之亦然。这种决策的做出在很大程度上取决于创业的初衷。

创业者也可以参照上述思路判断自己该投身于哪个领域。渴望掌控企业的人应当把目标锁定在自己已掌握技能和业务关系的领域，或者是无须投入大笔资金的领域。而追求财富的人则应该保持开放的心态，选择需要投入大量资源的领域。

实训题

1. 结合本章介绍的融资渠道，为你的创业方案拟订一份融资计划，要求如下：

（1）列出可能寻求的主要融资渠道；

（2）你所在的城市、大学或你计划投入的行业是否有对创业活动的扶持政策，请尽力收集这些信息，讨论哪些可能为你提供创业资金。

2. 利用课余时间，去中关村创业大街 3W 咖啡厅坐坐，实地观察一下投资人和创业者之间的交流，要求：

（1）制作访谈大纲，调查投资者和创业者在融资过程的不同心态和诉求；

（2）微视频记录投融资双方的融资谈判过程；

（3）创业团队之间模拟不同角色，进行创业融资谈判。

🔷 案例讨论

"三个爸爸"千万元融资神话背后的故事

2015年2月,"三个爸爸"空气净化器准备创业,3月份融资1000万美元,再后来30天在京东众筹1100万元,创造了京东众筹的一个纪录。"三个爸爸"创业者是用什么办法快速拿到这么多资金的呢?创始人之一戴赛鹰讲了他们团队的融资故事。

"我们是2月份想做这个事儿,然后3月份就拿到了1000万美元的投资:为什么能拿到呢?我去找高榕资本的张震的时候,正好那天北京的空气污染特别严重。我跟他讲,我们要做的是为孩子造一个空气净化器。张震说,你讲的技术方面的东西,我不太懂,也不关心。但是我被你打动了,你知道为什么吗?昨天我把我的老婆和孩子都打发到三亚去了,去躲空气污染。我觉得你这个爸爸想给孩子做净化器,这个点打动了我。我这么理性的人都被你打动了,我想你能打动天下的父亲。"

戴赛鹰的团队在创业过程中,通过周围的朋友和几个母婴社区,调查了700多个父母,找客户痛点。他们与每个父母都进行了长时间的沟通,最后挖掘到的痛点有65个之多,从中找到12个最重要的痛点,又将它们简化成4个一级痛点,开发产品,吸纳"粉丝"参与。他们甚至像小米一样,吸纳了100个梦想赞助商作为"铁杆粉丝",而且命名为"偏执狂爸妈"。后来,他们在总结他们的创业经验时,主要提出了痛点+尖叫点+爆点的结论。同时,在互联网经济下他们熟练地应用了"粉丝"经济、"病毒"营销等方法,这些都促成了他们的创业成功。

阅读上述案例,结合本章所学内容,讨论并实践:
1. 总结"三个爸爸"空气净化器创业方案融资成功的原因;
2. 查阅有关资料,举例说明还有哪些不同种类的众筹融资方式,请为你(你团队)的创业项目设计出一套具体的众筹融资方案;
3. 现场举行项目众筹发布会。

🔷 课后思考

1. 为什么融资成为创业的一大难题?
2. 创业融资的渠道主要有哪些?
3. 天使投资与创业投资有什么不同?
4. 从创业资金的性质来看,主要可以分为几种类型的资金?

5. 为什么初创企业的资金大部分来自个人资金？

6. 对于创业者而言，债权融资与股权融资各有什么优缺点？

❖ 本章小结

创业融资是创业管理的关键内容，在企业成长和发展过程中的不同阶段，融资是困扰创业者的一个难题。不确定性和信息不对称从理论上阐释了创业融资难的原因。

创业融资的主要渠道包括：自我融资、向亲朋好友融资、天使投资、商业银行贷款、创业投资、商业信用融资等方式。另外还可以通过其他手段融资，比如：互联网金融、政府创业优惠政策及扶持基金、众筹融资、知识产权融资等方式。

股权融资和债权融资各有利弊，创业者应充分考虑影响融资决策的主要因素，科学设计股权融资与债权融资的规模及比例。

第九章　创业财务预算与分析

本章学习目标

通过本章的学习，应达到如下目标：
- 掌握初创企业所需资金的测算方法；
- 熟悉预计财务报表的编制思路及过程；
- 掌握主要的财务比率分析方法；
- 掌握盈亏平衡分析法；
- 了解投资回收期法和净现值法。

引导案例

精打细算话创业

CozaCamp.com 公司是一家经营野营帐篷的小型公司，从创立开始经过短短的 3 年时间，依靠互联网销售，成功超越了经营实体店的大型母公司。

对于这个小型帐篷和相关器材制造商来说，事情的发展并不总是非常顺利。CozaCamp 公司的成功在于两个方面：世界水平的产品和顶尖的管理团队。公司的创建者和拥有者玛丽·爱德华说："这是一家小型的装备齐全的公司，但是运营非常紧凑。我们花大量的时间进行计划，而且能从中得到回报。我们尽最大努力编制每年的总预算，包括原材料预算以及关于生产过程每一步骤的预算。这些预算的终点是一系列的财务预算报表。"爱德华说她坚持通过每周、每天的预算进行管理。"我非常确信，只要所有的计划步骤都做到了，预计利润也就实现了，否则，我会为此寝食不安！"正是由于该公司出色的预算过程使公司得以发展，同时又不至于使公司的财务支出过度膨胀。"明年的预算中有 100 万美元的借款，这是公司扩展的一个重要条件，我们将会用恰好一年的经营现金流将其还清。"

"凡事预则立，不预则废。"对于创业企业而言，依据现有的财务资源和合理的经营假设，进行科学的财务预算的编制和分析是至关重要的。

第一节 创业所需资金的测算

创业企业在开始正常经营之后，各种花费，诸如办公室租金、人员工资等费用，就会源源不断地出现在创业者的账单上。因此，有必要在创业之初，做好创业所需各种资金的预算安排，未雨绸缪，融通足够的资金以满足开业后的资金需要。

一、创业资金的分类

创业资金按照不同的标准可以进行不同的分类。对于创业资金不同种类的认识，有利于创业者在估算创业启动资金时，充分考虑可能的资金需求。

（一）按照资金占用形态和流动性的分类

按照资金的占用形态和流动性，可以分为流动资金和非流动资金。占用在原材料、在制品、库存商品等流动资产，以及用于支付工资和各种日常支出的资金，被称为流动资金；用于购买机器设备、建造房屋建筑物、购置无形资产等的资金，被称为非流动资金。

流动资金的流动性较好，极易使用和变现，一般可在一个营业周期内收回或耗用，属于短期资金的范畴，创业者在估算创业资金需求时需考虑其持续投入的特性，选择短期筹资的方式筹集相应资金；非流动资金占用的期限较长，不能在短期内回收，具有长期资金的性质，能够在1年以上的经营过程中给企业带来经济利益的流入，创业者在进行创业资金估算时，往往将其作为一次性的资金需求对待，采用长期筹资的方式筹集相应资金。

（二）按照资金投入企业时间的分类

按照资金投入企业的时间可分为投资资金和营运资金。投资资金发生在企业开业之前，是企业在筹办期间发生各种支出所需要的资金。投资资金包括企业在筹建期间为取得原材料、库存商品等流动资产投入的流动资金；购建房屋建筑物、机器设备等固定资产，购买或研发专利权、商标权、版权等无形资产投入的非流动资金；以及在筹建期间发生的人员工资、办公费、培训费、差旅费、印刷费、注册登记费、营业执照费、市场调查费、咨询费和技术资料费等开办费用所需资金。营运资金是从企业开始经营之日起到企业能够做到资金收支平衡为止的期间内，企业发生各种支出所需要的资金，是投资者在开业后需要继续向企业追加投入的资金。企业从开始经营到能够做到资金收支平衡为止的期间称作营运前期，营运前期的资金投入一般主要是流动资金,既包括投资在流动资产上的资金,也包括用于日常开支的费用性支出所需资金。

创业企业开办之初,企业的产品或服务很难在短期内得到消费者的认同,企业的市场份额较小且不稳定,难以在企业开业之时就形成一定规模的销售额;而且,在商业信用极其发达的今天,很多企业会采用商业信用的方式开展销售和采购业务。赊销业务的存在,使企业实现的销售收入的一部分无法在当期收到现金,从而现金流入并不像预测的销售收入一样多。规模较小且不稳定的销售额,以及赊销导致的应收款项的存在,往往使销售过程中形成的现金流入在企业开业后相当长的一段时间内,无法满足日常的生产经营需要,从而要求创业者追加对企业的投资,形成大量的营运资金。

营运前期的时间跨度往往依企业的性质而不同,一般来说,贸易类企业可能会短于一个月;制造类企业则包括从开始生产之日到销售收入到账这段时间,可能要持续几个月甚至几年;不同的服务类企业其营运前期的时间会有所不同,可能会短于1年,也可能会比1年要长。

在很多行业,营运资金的资金需求要远远大于投资资金的资金需求,对营运资金重要性的认识,有利于创业者充分估计创业所需资金的数量,从而及时、足额筹集资金。

二、投资资金的测算

投资资金通俗地讲是创业企业的启动资金,包括创业企业开业之前的流动资金投入、非流动资金投入,以及开办费用所需要的资金投入。一般来说,在估算投资资金时,大部分创业者均能想到购置厂房、设备及材料等的支出以及员工的工资支出、广告费,但常常会忽略诸如机器设备安装费用、厂房装饰装修费用、创业者的工资支出、业务开拓费、营业税费等开业前可能发生的其他大额支出。因此,采用表格的形式,将投资资金项目清晰地列出来,是合理估算创业资金的有效方法。投资资金估算的常用表格如表9-1所示。

表9-1 创业企业投资资金估算表

投资资金	项目	估算方法
非流动资金	经营场地费用(房屋、建筑物)	根据市场调查,估算面积、单价及总金额
	设备费用(机器设备、工具、车辆、办公家具等)	根据市场调查,估算数量、单价及总金额
	开办费	根据市场调查总金额

续表

投资资金	项目	估算方法
流动资金	原材料和商品存货	备足至少六个月的存货
	工资（业主和员工工资）	预留至少六个月的该项费用
	租金（办公室及厂房租金）	预留至少六个月的该项费用
	销售费用（广告费、促销费等）	预留至少六个月的该项费用
	管理费用（水电燃气费、电话费、保险费、办公用品费用等）	预留至少六个月的工资费用
	……	……
	合计	

创业投入的非流动资金通常包括经营场地购置费和设备采购费等大项支出，这些支出需要通过认真的市场调查来估算出所需数量、单价及总金额。创业投入的流动资金通常包括原材料及商品的存货采购费用、工资费用、办公场地的租金费用、促进商品推广的销售费用及支持行政办公的管理费用等项目，这些项目一般要预留至少六个月的所需资金。通常创业企业在刚起步的前半年非常艰难，几乎没有销售收入或者只有少量的销售现金流，难以满足创业企业短期流动资金的需要。但是，对创业企业所需流动资金的预留期并没有统一的标准，不同行业、不同类型、不同商业模式的企业可以有所不同。

第二节 预计财务报表的编制

创业企业在制定创业计划时，通常需要编制预计财务报表。因为无论什么项目，最终投资与否的决策和该项目能否实现盈利都要通过预计财务报表来进行分析和评价。预计财务报表包括：预计利润表、预计资产负债表和预计现金流量表等内容。计算并提供有关的投资回报指标，可以增强对投资者的吸引力，帮助创业企业更容易获得资金。

不少创业者不把财务计划当一回事，认为预计财务报表上的那些数字只是推测，所以财务分析实际上并不重要。但是预计财务报表的编制能力以及对财务报表背后商业问题的思考能力是非常重要的，这是创业者和投资人及银行家沟通的必备工具。里奇和冈波特在《创业计划书的作用》一书中，描述了企业家声称财务规划实际上并没有那么重要时投资者的反应。一位就公司未来财务计划接受调查者咨询的企业家最后用恼怒的语气说："我确实没有那么认真地制订财务规划或者任何一年以上的财务规划。毕竟，我确实不知道预期未来3年、4年和5年企业的经营规模多大合理。"调查者的反应迅速而肯定,调查者说:"我们知道你对将来会发生什么事情没有把握,但是你必须全面研究思考过程。你必须考虑最好情况和最坏情况的应对方案。你必须证明你能够胜任市场营销、生产和你已经做过的其他研究与检验。虽然我们可能不同意你的计划,但是我们想知道你已经考虑了你的公司在未来5年里会怎样,并证明你思考的合理性。"

预计财务报表是对企业未来财务状况的估计,而不是反映企业过去发生的真实的财务状况。因此,在编制预计报表之前需要明确给出报表编制的基本假设。如对未来经济形势的判断,对销售变化趋势的分析,预计销售量、单价,销售成本的估计方法,假定企业的信用政策,利润分配方案,固定资产折旧的计提和无形资产摊销方法,存货发出计价方法等。

一、预计利润表的编制

利润表是用来反映企业在某一会计期间经营成果的财务报表。该表是根据"收入－费用＝利润"的会计等式,按营业利润、利润总额、净利润的顺序编制而成的,是一个时期的、动态的报表。创业者在编制预计利润表时,需要首先估算出营业收入,其次根据预计的业务量对营业成本进行测算,然后再采取专门的方法对销售费用、管理费用、财务费用等期间费用进行估算,在收入、成本、费用等项目都科学的估算之后,才能编制预计利润表。

(一)估算营业收入

初创企业收入的估算是制订财务计划与编制预计财务表的基础。在进行营业收入估算时,创业者应立足于对产品需求市场的研究和对行业营业状况的分析,根据其试销经验和市场调查资料,利用推销人员意见、专家咨询、时间序列分析等方法,以预测的业务量和市场售价为基础,估计每个会计期间的营业收入。营业收入估算表的格式如表9-2所示。

表9-2 营业收入估算表　　　　　　　　　　　　　　单位:元

项目		1	2	3	4	……	合计	预测方法
产品一	销售数量							根据市场需求量调查估算
	平均单价							根据产品市场需求价格调查估算
	销售收入							销售数量 × 平均单价
产品二	销售数量							根据市场需求量调查估算
	平均单价							根据产品市场需求价格调查估算
	销售收入							销售数量 × 平均单价

续表

项目	1	2	3	4	……	合计	预测方法
……						……	
……						……	
合计 销售收入							N种产品销售收入汇总求和

（二）估算营业成本

在进行营业成本估算时，应根据测算营业收入时预计的业务量对营业成本进行测算。创业者应立足于对原材料供给市场的研究和对行业平均销售成本率的分析，并咨询采购及生产人员关于单位产品的成本构成状况，利用科学的统计方法预测单位成本，以预测的业务量和单位成本为基础，估计每个会计期间的营业成本。营业成本估算表的格式如表9-3所示。

表9-3　营业成本估算表　　　　　　　　　　　　　单位：元

项目		1	2	3	4	……	合计	预测方法
产品一	销售数量							根据市场需求量调查估算
	单位成本							根据原材料市场价格调查估算
	销售成本							销售数量×单位成本
产品二	销售数量							根据市场需求量调查估算
	单位成本							根据原材料市场价格调查估算
	销售成本							销售数量×单位成本
……	……							……
合计	销售成本							N种产品销售成本汇总求和

（三）编制预计利润表

创业者在编制预计利润表时，应根据上述方法测算营业收入和营业成本，然后根据拟采用的营销组合对销售费用进行测算，根据市场调查阶段确定的业务规模和企业战略，对新创企业经营过程中可能发生的管理费用进行测算，根据预计采用的融资渠道和相应的融资成本对财务费用进行测算，根据行业的税费标准对可能发生的营业税费进行测算，以此计算新创企业每个会计期间的预计利润。预计利润表的格式如表9-4所示。

表9-4　预计利润表　　　　　　　　　　　　　单位：元

项目	1	2	3	4	……	合计	预测方法
一、营业收入							表9-2　预测营业收入

续表

项目	1	2	3	4	……	合计	预测方法
减：营业成本							表9-3 预测营业成本
营业税金及附加							根据行业的税费标准，对营业税金及附加费用进行估算
销售费用							根据拟采用的营销组合对销售费用进行估算
管理费用							根据企业规模和战略对企业经营的管理费用进行估算
财务费用（收益以"-"号填列）							根据预计采用的融资渠道和融资成本对财务费用进行估算
二、营业利润（亏损以"-"号填列）							营业收入－营业成本－营业税金及附加－销售费用－管理费用－财务费用
加：营业外收入							与企业日常经营活动没有直接关系的各种利得，如：非流动资产处置收入、政府补贴等
减：营业外支出							与企业日常经营活动没有直接关系的各种损失，如：非流动资产处置损失、公益性捐款、罚款等
三、利润总额（亏损总额以"-"号填列）							营业利润＋营业外收入－营业外支出
减：所得税费用							根据行业的税费标准，对所得税进行估算。
四、净利润（净亏损以"-"号填列）							利润总额－所得税费用

由于初创企业在起步阶段业务不稳定，在市场上默默无闻，营业收入和推动营业收入增长所付出的成本之间一般不成比例变化。对新创业初期的营业收入、营业成本和各项费用的估算应按月进行，并按期预估企业的利润状况。一般来说，在企业实现收支平衡之前，企业的利润表均应按月编制；达到收支平衡之后，可以按季、按半年或者按年度来编制。

二、预计资产负债表的编制

资产负债表是总括反映企业在某一特定日期全部资产、负债和所有者权益状况的报表。资产负债表是根据"资产＝负债＋所有者权益"这一会计基本等式，依照流动资产和非流动资产、流动负债和非流动负债大类列示，并按照一定要求编制的，是一张时点的、静态的会计报表。创业者在编制预计资产负债表时，应根据测

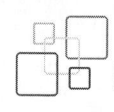

算的营业收入金额和企业的信用政策确定在营业收入中回收的货币资金及形成的应收款项,根据材料或产品的进、销、存情况确定存货状况,根据投资资本估算时确定的非流动资金数额和选择采用的折旧政策计算固定资产的期末价值,根据行业状况和企业拟采用的信用政策计算确定应付款项,根据估算的收入和行业税费比例测算应交税费,根据预计利润表中的利润金额确定每期的所有者权益,并可据此确定需要的外部筹资数额。预计资产负债表的格式如表 9-5 所示。

表 9-5 预计资产负债表　　　　　　　　　　　　　单位:元

项目	1	2	3	4	……	合计	预测方法
一、流动资产							
货币资产							根据企业投资、融资的资金使用情况分析填列
应收账款							根据当期销售收入和赊销政策分析填列
存货							根据当期进销存情况分析填列
其他流动资产							
流动资产合计							
二、非流动资产							
固定资产							根据创业开始期投资的固定资产及后续追加投资分析填列
减:累计折旧							根据企业的固定资产折旧政策分析填列
无形资产							根据创业开始期投入的无形资产及后续追加的无形资产分析填列。
非流动资产合计							
资产合计							
三、流动负债							
短期借款							根据创业企业融入的短期银行借款分析填列
应付账款							根据企业当期的采购状况及赊购政策分析填列。
应付职工薪酬							根据企业每月发放给职工的薪酬状况分析填列
应交税费							根据行业的税费标准及企业预计利润表当中的税负状况分析填列
应付利息							根据企业融资规模及相应的利息率分期填列
应付股利							根据企业的分红政策分析填列
其他应付款							

续表

项目	1	2	3	4	……	合计	预测方法
流动负债合计							
四、非流动负债							
长期借款							根据创业企业融入的长期银行借款分析填列
其他非流动负债							
非流动负债合计							
负债合计							
五、所有者权益							
实收资本							根据企业股东初始投资额的法定份额分析填列
资本公积							根据企业股东的初始投资额超过法定资本份额的部分分析填列
盈余公积							根据企业的留存收益及盈余公积的计提规定分析填列
未分配利润							根据企业的留存收益及分红政策分析填列
所有者权益合计							
负债及所有者权益合计							

资产负债表项目中的盈余公积与未分配利润的合计数是留存收益，留存收益反映了企业当期经营获利增加的股东资本。企业在经营过程中增加的留存收益是资金的一种来源方式，属于内部融资的范畴。留存收益取决于企业当期实现的利润和利润留存的比率。一般来说，初创期的企业为筹集企业发展需要的资金，利润分配率会很低，甚至为零，于是，企业实现利润的大部分都能够留存下来，构成企业资金来源的一个部分。当留存收益增加的资金无法满足企业经营发展所需时，需要从外部融集资金。外部融资额 = 期末资产合计 − 期初负债合计 − 期末所有者权益合计。通过持续不断的编制预计资产负债表，我们能够提前预估出当期需要融入的外部借款的规模。

与预计利润表编制时期相同，一般来说，预计资产负债表在企业实现收支平衡之前也应该按月编制，在实现收支平衡之后可以按季、按半年或按年编制。

三、预计现金流量表的编制

现金流量表是反映企业在一定会计期间现金和现金等价物（也可简称为现金）增减变动情况的报表。创业者必须在最后编制预计现金流量表，因为该表依赖相应的预计利润表和预计资产负债表的信息,并将这两张表联系在一起。它显示创业企业每期的资金流入与流出情况,并且对现款结存进行预测。预计现金流量表的格式如表9-6所示。

表9-6 预计现金流量表　　　　　　　　　　　单位:元

项目	第一年	第二年	第三年
一、经营活动产生的现金流量:			
净利润			
加:折旧和摊销			
财务费用			
存货减少			
经营性应收款项减少			
经营性应付款项增加			
经营活动产生的现金流量净额			
二、投资活动产生的现金流量:			
购建固定资产、无形资产和其他长期资产支付的现金			
投资支付的现金			
支付其他与投资活动有关的现金			
投资活动现金流出小计			
收回投资收到的现金			
取得投资收益收到的现金			
处置固定资产、无形资产和其他长期资产收回的现金净额			
收到其他与投资活动有关的现金			
投资活动现金流入小计			
投资活动产生的现金流量净额			
三、筹资活动产生的现金流量:			
吸收投资收到的现金			
取得借款收到的现金			
收到其他与筹资活动有关的现金			
筹资活动现金流入小计			
偿还债务支付的现金			
分配股利、利润或偿付利息支付的现金			
支付其他与筹资活动有关的现金			
筹资活动现金流出小计			

续表

项目	第一年	第二年	第三年
筹资活动产生的现金流量净额			
四、现金及现金等价物净增加额			
加：期初现金及现金等价物余额			
五、期末现金及现金等价物余额			

在现金流量表中，企业从各种经济活动中收到的现金，称为现金流入；为各种经济业务支付的现金，称为现金流出。现金流入与流出的差额称为净现金流量，也称为现金净流量、现金流量净额。净现金流量为正值，说明公司当期增加了现金流；净现金流量为负值，说明公司当期减少了现金流。通过现金流量表，人们可以方便地了解和评价企业获取现金的能力，并据以预测企业未来的现金流量。

现金流量按照其产生的活动来源可以分为三类：经营活动产生的现金流量、投资活动产生的现金流量和筹资活动产生的现金流量。经营活动产生的现金流量，是指企业日常生产经营活动提供的现金流量。对一般企业而言，经营活动主要包括：销售商品、提供劳务、购买商品、接受劳务、支付工资、税费等行为。投资活动产生的现金流量，是指企业对非流动资产的投资和处置活动提供的现金流量。投资活动主要包括：企业取得及处置固定资产和无形资产的行为，企业对外进行股权性质或债权性质的长期投资行为。筹资活动产生的现金流量，是指企业在筹集资金的活动中提供的现金流量。筹资活动主要包括：企业吸收投资和取得借款的行为，企业偿还债务的行为，企业分配股利、利润或偿付利息的行为。

经营活动中，像折旧这样的科目是正数，因为它是从现金流量表的净利润中扣除，而不是现金支出。同样，应收账款的增加为负数，因为它增加了净利润，但并没有增加现金。投资和筹资活动的处理更简单。如果你购买一台设备，就减少现金。如果获得贷款，就增加现金；如果偿还贷款，就会减少现金等。经营活动一般会受到密切关注，因为它说明公司应收账款、应付账款和存货的变化如何影响用于维持日常经营活动的现金。

第三节　财务比率分析

解释或弄懂公司历史报表或预计财务报表最实用的方法，是进行财务比率分析。

财务比率是通过从财务报表众多项目中挑出一些有关联的项目进行比较构成的比率。单个比率一般是针对某一方面进行的分析，通过对企业某一财务指标的连

续表

续计算和分析，可以比较深入地反映企业局部存在的问题。多个财务比率的综合运用，能够比较系统地反映企业全局性问题。财务比率的另一个有价值的应用，是将公司比率与行业标准比率进行比较，能够更好地诊断企业商业管理活动安排的合理性及效率性。

最常见的三种财务比率分别是盈利能力比率、营运能力比率和偿债能力比率。

一、盈利能力比率

对于企业的利益相关者来说，最关心的通常是盈利能力比率，即企业赚取利润的能力。如果有足够的利润，就可以偿还债务、支付股利和进行投资等。评价企业盈利能力的指标有很多，主要有两类：一类是经营活动赚取利润的能力；一类是资产或资本投入获取利润的能力。

（一）毛利率

营业毛利率是指企业的营业毛利润与营业收入的对比关系。其计算公式如下：

$$毛利率 = 毛利 / 营业收入 \times 100\%。$$

公式中，毛利等于营业收入减去营业成本。这个比率用来计量管理者根据产品成本进行产品定价的能力，也就是企业的产品还有多大的降价空间。但要注意，由于各个企业所处行业和会计处理方式的不同，产品成本的组成有很大的差别，所以在用这个指标比较两个企业时要注意分析具体情况。

（二）销售净利率

销售净利率是指企业实现的净利润与营业收入的对比关系。其计算公式如下：

$$销售净利率 = 净利润 / 营业收入 \times 100\%$$

这个比率是用来衡量企业营业收入给企业带来利润的能力，该比率较低，表明企业经营管理者未能创造出足够多的营业收入或者没有成功地控制成本，可以用来衡量企业总的经营管理水平。

（三）总资产报酬率

总资产报酬率是指企业息税前利润（EBIT）与全部资产平均额之间的比率。它反映了企业全部资产在支付税费之前给社会带来的全部收益，是评价企业资产综合利用效果、企业总资产获利能力及企业经济效益的核心指标，是企业资产运用效果最直观的体现。其计算公式如下：

$$总资产报酬率 = （利润总额 + 利息支出）/ 总资产平均额 \times 100\%$$

其中：

总资产平均额=（期初资产总额+期末资产总额）÷2

因为该指标不仅要反映资产为企业带来的利润，而且也要反映企业为社会带来的经济利益，所以在计算该指标时要将从利润总额中扣掉的利息支出加回。这样分子中既包含了可分配给股东的净利润、可上缴给国家的所得税，也包含了可支付给债权人的利息，体现了企业通过资产运营为主要利益相关人带来的收益。这个比率反映了不考虑利息费用和纳税因素，只考虑经营情况时，管理层对能够运用的所有资产管理好坏的程度。也就是说，管理层利用企业现有资源创造价值的能力。值得注意的是，利用这一指标评价企业盈利能力时，还需要与企业历史标准、预期计划或同行业其他企业的标准进行比较，进一步找出该指标变动的原因和存在的问题，以便于企业加强经营管理。

（四）净资产收益率

净资产收益率是指企业的税后利润与净资产平均额之间的比率，这个比率通常也被称为股东权益报酬率，它是判断企业资本盈利能力的核心指标。一般来说，该指标越高，说明企业的资本盈利能力越强。其计算公式如下：

$$净资产收益率=净利润/净资产平均额 \times 100\%$$

其中：

$$净资产平均额=（期初所有者权益总额+期末所有者权益总额）÷2$$

净资产收益率是评价企业自身资本获取报酬的最具有综合性和代表性的指标，它反映了企业资本运营的综合效益。一般来说，企业的净资产收益率越高，说明企业自身获取收益的能力越强，运营效率越好，对企业投资者、债权人的保证程度就越高。

二、营运能力比率

企业营运能力分析就是要通过对反映企业资产营运效率与效益的指标进行计算与分析，评价企业的营运能力，为企业提高经济效益指明方向。同时，营运能力分析是盈利能力分析和偿债能力分析的基础与补充。

（一）总资产周转率分析

总资产周转率，也称总资产利用率，是企业营业收入与资产平均总额的比率，即企业的总资产在一定时期内（通常是一年）周转的次数。总资产是企业拥有或控制的、能以货币计量的并能给企业带来未来经济利益的全部经济资源。总资产周转率是综合评价企业全部资产经营质量和利用效率的重要指标。其计算公式为：

$$总资产周转率 = \frac{营业收入}{资产平均总额}$$

资产平均总额 =（期初资产总额 + 期末资产总额）÷ 2

总资产周转速度，也可以用周转天数来表示，计算公式为：

$$总资产周转天数 = \frac{360}{总资产周转率}$$

总资产周转率综合反映了企业整体资产的营运能力。一般来说，周转次数越多或周转天数越少，表明其周转速度越快，营运能力也就越大。在此基础上，应进一步从各个构成要素进行分析，以便查明总资产周转率升降的原因。企业可以通过薄利多销的办法，加速资产的周转，带来利润绝对额的增加。

（二）应收账款周转率

应收账款周转率是企业一定时期（通常是一年）营业收入与应收账款平均余额的比率。应收账款是企业购销活动中所发生的债权，在市场经济条件下，应收账款所占用的资金比重不断上升，构成了流动资产中的一个重要项目。应收账款周转率是衡量应收账款流动程度和管理效率的指标。其计算公式为：

$$应收账款周转率 = \frac{营业收入}{应收账款平均余额}$$

其中：

应收账款平均额 =（期初应收账款额 + 期末应收账款额）÷ 2

公式中的"营业收入"数据来自利润表，"平均应收账款"是指因销售商品、提供劳务等而应向购货单位或接受劳务单位收取的款项平均数，它是资产负债表中"应收账款"的期初、期末金额的平均数。

应收账款周转速度也可用应收账款周转期来表示，计算公式为：

$$应收账款周转期（天数） = \frac{360}{应收账款周转次数}$$

应收账款周转率反映了企业应收账款变现速度的快慢及管理效率的高低。应收账款周转率高表明：①企业收账迅速，账龄期限相对较短；②资产流动性大，短期偿债能力强；③可以减少收账费用和坏账损失，从而相对增加企业流动资产的投资收益；④借助应收账款周转天数与企业信用期限的比较，可以更好地评价客户的信用程度及企业原定信用条件的合理性。

（三）存货周转率

存货周转率，是企业一定时期（通常是一年）的销售成本与平均存货的比率。通过存货周转率的计算与分析，可以测定企业一定时期内存货资产的周转速度，是反映企业购、产、销平衡效率的一种尺度。

存货周转率有两种计算方式：一种是以成本为基础的存货周转率，即存货周转率是企业一定时期销售成本与平均存货的比率，主要运用于流动性分析；另一种是以收入为基础的存货周转率，即存货周转率是企业一定时期的营业收入与平均存货的比率，主要运用于获利能力分析。其计算公式为：

$$以成本为基础的存货周转率（次）= \frac{营业成本}{平均存货余额}$$

$$以收入为基础的存货周转率（次）= \frac{营业收入}{平均存货余额}$$

公式中：平均存货余额 =（期初存货余额 + 期末存货余额）÷ 2

分析存货周转速度，也可采用周转天数来表示，即存货周转一次所需要的天数。其计算公式为：

$$存货周转天数 = \frac{360}{存货周转次数}$$

以成本为基础和以收入为基础的存货周转率各自有不同的意义：以成本为基础的存货周转率运用较为广泛，因为与存货相关的是销售成本，它们之间的对比更符合实际，能够较好地表现存货的周转状况；以收入为基础的存货周转率既维护了资产运用效率比率各指标计算上的一致性，又因为由此计算的存货周转天数与应收账款周转天数建立在同一基础上，从而可直接相加并得出另一个分析指标——营业周期。

营业周期是指从取得存货开始到销售存货并收回现金为止的这一段时间。营业周期的计算公式为：

$$营业周期 = 存货周转天数 + 应收账款周转天数$$

一般情况下，营业周期短，说明资金周转速度快；营业周期长，说明资金周转速度慢。决定流动比率高低的主要因素是存货周转天数和应收账款周转天数。

（四）固定资产周转率

固定资产周转率，也称固定资产利用率，是企业营业收入与固定资产平均占用额之比。它反映企业固定资产周转的快慢、变现能力和有效利用程度。其计算公式为：

$$固定资产周转率 = \frac{营业收入}{平均固定资产}$$

固定资产周转率也可以用周转天数表示，其计算公式为

$$\text{固定资产周转天数} = \frac{360}{\text{固定资产周转次数}}$$

固定资产周转率指标没有绝对的判断标准，一般通过与企业原来的水平相比较加以考察，因为种类、数量、时间均基本相似的机器设备与厂房等外部参照物几乎不存在，所以难以找到外部可资借鉴的标准企业和标准比率。一般情况下，固定资产周转率越高越好。该指标高，说明企业固定资产投资得当，固定资产结构分布合理，能够较充分地发挥固定资产的使用效率，企业的经营活动越有效，闲置的固定资产越少；反之，则表明固定资产使用效率不高，提高的生产经营成果不多，企业的营运能力较差。

三、偿债能力比率

偿债能力是企业偿还到期债务的承受能力或保证程度，包括偿还短期债务和长期债务的能力。从静态上讲，就是用企业资产清偿企业债务的能力；从动态上讲，就是用企业资产和经营过程创造的收益偿还债务的能力。企业偿债能力分析是企业财务分析的重要组成部分，企业有无现金支付能力和偿债能力是企业能否健康发展的关键。

（一）资产负债率

资产负债率是指全部负债与全部资产之比率，是反映企业长期偿债能力的重要指标，其计算公式为：

$$\text{资产负债率} = \frac{\text{负债总额}}{\text{资产总额}} \times 100\%$$

资产负债率表明企业的全部资金来源中有多少是由债权人提供的，或者说在企业的全部资产中有多少属于债权人所有。站在债权人角度可以说明债权的保证程度；站在所有者角度既可以说明自身承担风险的程度，也能反映财务杠杆的利益；站在企业角度既可反映企业的实力，也能反映其偿债风险。资产负债比率也可衡量企业在发生清算时对债权人权益的保障程度。如果债权人认为负债对总资产比例过高，将停止对企业发放贷款，企业也就无法获取贷款融资。资产负债率越低，所有者权益所占的比例就越大，说明企业的实力越强，债权的保障程度越高；资产负债率越高，则所有者权益所占比例就越小，说明企业的经济实力较弱，偿债风险越高，债权的保障程度相应越低，债权人的安全性越差，企业的潜在投资人越少。该比率对于债权人来说越低越好。因为公司的所有者（股东）一般只承担有限责任，而一旦公司破产清算时，资产变现所得很可能低于其账面价值。所以如果此指标过高,债权人可能遭受损失。当资产负债率大于100%,表明公司已经资不抵债,对于债权人来说风险非常大。

(二) 流动比率

流动比率是指在某一特定时点上的流动资产与流动负债之比,是反映企业短期偿债能力的重要指标,其计算公式为:

$$流动比率=\frac{流动资产}{流动负债}$$

对于制造业企业,流动比率的经验值为2∶1。之所以流动资产通常应该是流动负债的2倍,那是因为:第一,流动资产中的一定比例事实上是长期存在的,因而具有实质上的长期资产特性,即资金占用的长期性,因而应该由长期资金予以支撑;第二,流动资产如果全部由流动负债支撑,亦即流动比率为1∶1,那么,一旦发生金融危机或公司信用危机,公司生产经营周转将会面临十分严重的困难。

(三) 速动比率

速动比率是指速动资产与流动负债之比,是反映企业短期偿债能力的重要指标,其计算公式为:

$$速动比率=\frac{速动资产}{流动负债}$$

其中,速动资产一般是指流动资产扣除存货之后的差额。

之所以要在流动比率之外,再以速动比率来说明公司的短期偿债能力,就是因为流动资产中的存货可能存在流动性问题,即缺乏正常的变现能力。若是如此,流动比率即便看起来很正常(即在2∶1左右),速动比率偏低,那么,公司的实际短期偿债能力依然存在问题。对于传统制造业而言,速动比率的经验值为1∶1,意味着存货占流动资产的适当比例应该为50%左右。存货比例过高且变现有困难时,就意味着可用于偿还流动负债的速动资产过少。

第四节 投资评价分析

创业企业通常还需要对投资项目的可行性及不确定性状况进行评价分析。常用的投资评价方法有:盈亏平衡分析、投资回收期法和净现值法。

这些投资评价方法有助于投资人及企业的利益相关者对项目整个投资期内的收益情况及风险状况有一个全面地了解。

一、盈亏平衡分析

盈亏平衡分析又称保本点分析或本量利分析法，是根据产品的业务量（产量或销量）、成本、利润之间的相互制约关系的综合分析，用来预测利润，控制成本，判断经营状况的一种数学分析方法。由于各种不确定因素（如投资、成本、销售量、产品价格、项目寿命期等）的变化会影响投资方案的经济效果，当这些因素的变化达到某一临界值时，就会影响方案的取舍。盈亏平衡分析的目的就是找出这种临界值，即盈亏平衡点，判断投资方案对不确定因素变化的承受能力，为决策提供依据。

一般说来，企业收入＝成本＋利润，如果企业利润为零，则有收入＝成本＝固定成本＋变动成本，而收入＝销售量×价格，变动成本＝单位变动成本×销售量，这样由销售量×单位价格＝固定成本＋单位变动成本×销售量，可以推导出盈亏平衡点的计算公式为：

盈亏平衡点（销售量）＝固定成本÷（单位价格－单位变动成本）

当企业的销售量刚好达到盈亏平衡点的销量时，企业处于不赚不赔、利润为零的状态。当企业的销售量超过盈亏平衡点销售量时，企业每多销售一个单位的产品，企业就会盈利；反之，如果企业的实际销售量低于盈亏平衡点处的销售量，企业就会出现亏损。

案例讨论一

假设创业计划是开一个快餐店，经市场调研和测算，开快餐店的总固定成本是 200 000 元，每份快餐的售价为 20 元，每份快餐的可变成本为 10 元，该快餐店的保本点是：

盈亏平衡点（销售量）＝固定成本÷（单位价格－单位变动成本）
＝200 000÷（20-10）＝20 000（份）

这个数字意味着每年你必须卖出 2 万份快餐，才可以保本。按照一年 360 天算，平均每天要卖 56 份。为了验证开这个快餐店的创业计划是否合理，是否足够赚钱，可以观察同类型的其他快餐店的日销售量，来决定是否进行实际的创业投资。

二、现金流量的估算

现金流量是指资本循环过程中现金流入、现金流出的金额。具体包括投资项目从其筹划、施工、投产直至报废的整个期间内所发生的现金流入量和现金流出量。

创业者在对投资项目进行可行性评价时,最重要、同时也是最困难的环节之一就是估算项目的现金流量。因为现金流量代表了一个投资项目预期产生的未来收益,而投资项目的未来收益决定着初始投资支出能否足额回收,是影响项目投资成败的关键。科学合理地估算项目现金流量之后,才可以运用多种评价方法进行项目的可行性分析。

(一)现金流量的构成

在投资决策中,决策者需要充分地估计在初始投资阶段、项目运营阶段、项目终结阶段这三个主要阶段产生的现金流量。

1. 初始现金流量

初始现金流量是指项目初始投资阶段所发生的现金流量,主要包括:

(1)固定资产投资,即固定资产(如设备和厂房)的买价、运输成本和建筑安装成本等。

(2)营运资金的垫支,即投资项目建成投产后,为保证其生产经营活动得以正常进行所必须垫支的周转资金,包括原材料、在产品、产成品等方面的投资。

(3)处置原有固定资产时产生的现金流量。包括处置过程中支付的清理费,变卖固定资产时获得的现金,以及由此引起的税收流入或流出。原有固定资产的变现损失可以抵减企业的应纳税所得额,而变现利得需要交纳企业所得税。

2. 营业现金流量

营业现金流量是指项目投产运营阶段所产生的现金流量,主要包括:

(1)销售收入,即投资项目为企业创造的现金流入。

(2)付现成本,即企业以现金形式所支付的成本。成本中不需以现金支付的成本,即非付现成本,如折旧、待摊费用等。因此,付现成本可用全部成本扣除非付现成本后得到。

(3)企业所得税。

3. 终结现金流量

终结现金流量是指项目终结阶段所发生的现金流量,主要包括:

(1)固定资产残值的回收,即投资项目终结时处置固定资产所产生的现金净收入。

(2)营运资金垫支的回收,即在项目投产时垫付的营运资金需在投资项目寿命结束时如数收回。

(二)现金流量的计量

由于现金流量是由现金流入和现金流出两部分所组成,所以现金流量的计量通常是计算各期的现金净流量。

某期现金净流量 = 该期现金流入量 – 该期现金流出量

显然，其结果为正数时表示为现金净流入，结果为负数时表示为现金净流出。

根据各阶段现金流量的构成，可分别计算各期现金净流量，公式如下：

建设期某年现金净流量 = – 该年固定资产投资额 – 该年垫支流动资金额

经营期某年现金净流量 = 该年营业收入 – 该年付现成本 – 该年所得税

　　　　　　　　　　 = 该年营业收入 – （该年营业成本 – 折旧等非付现成本）
　　　　　　　　　　　 – 该年所得税

　　　　　　　　　　 = 该年税后净利润 + 折旧等非付现成本

　　　　　　　　　　 = 该年营业收入 × (1 – 税率) – 该年付现成本 × (1 – 税率) + 折旧等非付现成本 × 税率

终结期现金净流量 = 固定资产残值净收入额 + 垫支流动资金收回额

简要汇总投资项目现金流量的内容，如表9–7所示。

表9–7 投资项目现金流量的构成

流量	购建期	经营期	终结期
流入量	旧资产变现（更新改造）	营业收入	营业收入 收回流动资金 资产残值
流出量	固定资产购建支出 无形资产支出 开办费 垫支流动资金	营业成本 – 非付现折旧 + 相关税金	营业成本 清理费用
净流量	原始投资 = 净投资额 + 垫付流动资金	营业收入 – 营业成本 + 非付现折旧 – 相关税金 或：净利润 + 折旧	终结期经营现金流量 + 净残值 + 收回流动资金

在实际决策过程中，为了简化且便于理解，现金流量的计量通常建立在如下假设基础上：

第一，假设现金流量以年为时间单位发生，并且由第0年开始，至第n年结束。

第二，假设年度内发生的现金流量均汇集于某时点，通常是各年年初或年末。

第三，假设年度内经营匀速发生，赊销、赊购等应计项目的期初、期末余额相当，因而可忽略不计其对各期现金流量的影响。

第四，假设项目所需全部投资均为自有资金，或者说项目相关现金流量不会受投资资金取得方式的影响。

案例讨论二

新创企业华强公司拟购置一台新设备用于生产甲产品。该设备的投资额为5 000万元，于第1年年初一次性投入。使用寿命为10年，采用直线法计提折旧，期满后设备残值为200万元。另外，企业还需垫支流动资金1000万元。该设备购入后可立即投产，在使用寿命中每年的销售收入为4000万元，同时每年的付现成本为2000万元。假设企业所得税税率为25%，试计算该资本支出项目各年的现金净流量。

（1）初始现金净流量 = −（固定资产投资 + 营运资金的垫支）

$$= -(5000 + 1000) = -6000（万元）$$

（2）设备每年的折旧额 =（5000 − 200）÷ 10 = 480（万元）

经营期每年现金净流量 = 净利润 + 折旧

$$= (4000 - 2000 - 480) \times (1 - 25\%) + 480$$

$$= 1620（万元）$$

（3）终结现金净流量 = 固定资产残值的回收 + 营运资金垫支的回收

$$= 200 + 1000 = 1200（万元）$$

该项目每年的现金净流量如表9-8和图9-1所示。

表9-8　资本支出项目各年现金净流量表　　　单位：万元

年份	0	1	2	3	4	5	6	7	8	9	10
设备初始投资	−5000										
流动资金垫支	−1000										
年营业现金净流量		1620	1620	1620	1620	1620	1620	1620	1620	1620	1620
设备残值回收											200
流动资金回收											1000
年现金净流量	−6000	1620	1620	1620	1620	1620	1620	1620	1620	1620	2820

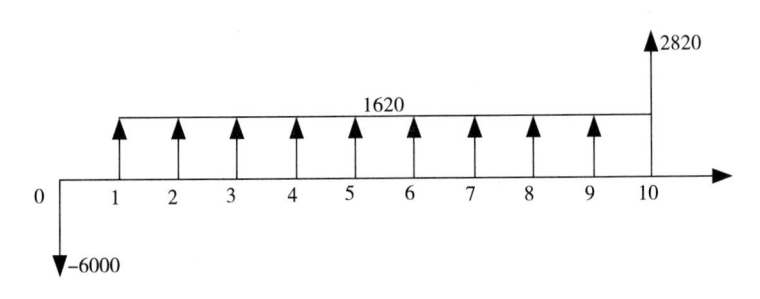

图9-1　资本支出项目各年现金净流量图

三、投资回收期的计算

在进行投资之前，创业者应该清楚地知道，投资的钱用几年时间才能回收，这就需要计算投资回收期。只有实际的回收期比你预期的回收期短时，投资才是可行的。

在不考虑货币时间价值的情况下，投资回收期的计算其实很简单。如果每年的营业净现金流量相等，则：

静态投资回收期 = 初始投资额 / 每年营业净现金流量

如果每年的营业净现金流量不相等，则：

静态投资回收期 = 累计营业净现金流量第一次出现正值的年份 −1+ 该年初尚未回收的投资 ÷ 该年营业净现金流量

案例讨论三

续新创企业华强公司的案例，计算该项目的静态投资回收期。

静态投资回收期 = 初始投资额 / 每年营业净现金流量

$$= 6000/1620 \approx 3.7 \text{ 年}$$

华强公司需要大约 3.7 年才能收回初始投资额 6000 万元。

四、净现值的计算

净现值（Net Present Value，NPV），是指投资项目投入使用后到寿命终结产生的现金净流量，按某一折现率折算为现值，减去初始投资现值总额后的余额。净现值能够直观地反映出资本支出项目为企业带来的总收益。其计算公式为：

$$NPV = \sum_{t=1}^{n} \frac{NCF_t}{(1+i)^t} - C = \sum_{t=1}^{n} [NCF_t \times (P/F, i, t)] - C$$

式中：NCF_t——第 t 年的现金净流量（NCF，net cash flow）；

i——折现率（通常按照资本成本或企业要求的投资报酬率折现）；

n——项目预计使用年限；

C——初始投资额的现值。

净现值的计算结果，如果是正数，说明创业项目的实际收益率高于创业者期望的回报率或者资本成本率，项目的实施未来能够给企业带来收益，可以增加企业的价值，项目可行。反之，如果净现值为负数，说明项目的实际收益率低于创业者的期望回报率或资本成本率，项目的实施未来可能无利可图甚至会给创业者带来亏损，项目不可行。

净现值计算模型中的贴现率，一般用贷款利率、资本成本率或创业者期望的回报率计算。相对来讲，资本成本率更科学一些。当净现值等于零时，说明按资本成本率贴现的现金净流量的数值，整好等于原始投资额。贴现率越低，净现值越有可能成为正值，净现值越大。反之，贴现率越高，净现值越有可能成为负值，净现值越小。也就是说，资本成本率的高低对项目的收益有重要的影响，因此，作为创业者，应当明白在筹集资金时选择资本成本率较低的筹资方式对企业更有利。

与静态投资回收期相比，净现值能够明确项目对公司的贡献，使创业者能够做到以企业价值增值为目标，直接判断项目的优劣。如果选择一个净现值为零的项目，实施的结果只是使企业的规模扩大了，并不能带来企业收益的增加。净现值越大，企业的收益增加也就越大。同时净现值考虑了货币的时间价值，考虑了项目投资回收后的全部现金流量，与投资回收期相比更加科学合理，使用更加广泛。净现值和投资回收期两种评价方法结合使用，可以使投资者对投资项目的可行性有一个清晰、全面的认识。

案例讨论四

某创业团队现有一个投资方案，该方案的初始投资额为1 500万元，第1年到第5年年末每年的现金净流量分别为250万元、300万元、350万元、400万元、500万元。假设预期的投资报酬率为10%。请计算该投资方案的净现值，并评价是否可以投资。

解：创业方案的净现值

$= 250 \times (P/F, 10\%, 1) + 300 \times (P/F, 10\%, 2) + 350 \times (P/F, 10\%, 3)$
$\quad + 400 \times (P/F, 10\%, 4) + 500 \times (P/F, 10\%, 5) - 1500$

$= -178.4$（万元）

该方案的净现值小于零，建议不投资。

❖ 实训题

结合本章所学内容，为你的创业方案拟订一份具体的财务计划，要求如下：

1. 对初始投资资金进行规划和测算。
2. 编制创业初期及未来三年的预计财务报表。
3. 利用财务比率指标，对所编制的预计财务报表进行财务状况的分析。

4. 对投资项目的可行性进行评价。

案例讨论

××超声科技有限责任公司创业计划书之财务计划

一、股本结构与规模

公司注册资本1000万。股本结构和规模如表9-9：

表9-9 股本结构及规模　　　　　　　　　　　　　　　单位：万元

注册资本	1000
风险投资	600
无形资产投资	300
货币投资	100

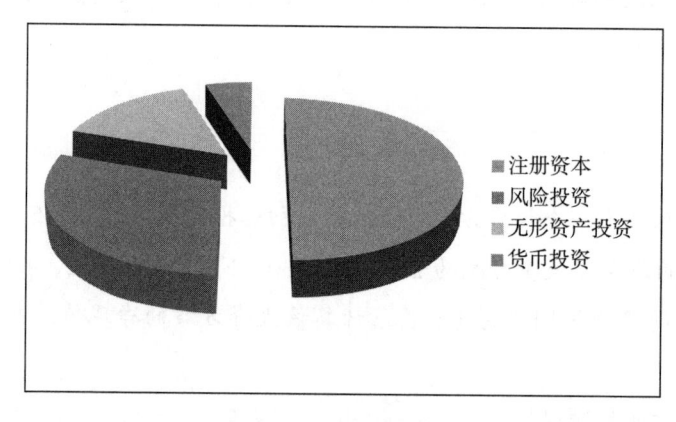

图9-2 股本结构图

公司注册资本1000万元，其中计划吸引五家以内投资公司，吸引风险投资共600万元，每家投资公司的投资在250万以下，用于初期投入和营运资金，专利技术入股300万元，占公司股份的30%，自筹资金100万元。另外，根据具体情况，我们将适时地采用其他的融资方式。

二、初期投资估算

公司初期共筹资700万，其中公司筹资100万，风险投资600万。从第二年起，每年从银行借入100万到200万的流动资金，以改善现金流动状况并达到较合理的资产负债比。

资金主要用于购建生产性固定资产（130万），以及生产中所需的直接原材料、直接人工、制造费用及其他各类期间费用等，明细如下：

表 9-10 投资项目

投资项目	金额（万元）
生产设备	40
车间仓库	50
车辆	30
办公设备	10
总计	130

表 9-11 驱动器直接成本　　　　　　　　　　　　　　　　单位：元

项目（驱动器）		直接材料		直接人工	
明细项目		元件费	电路板制版费	焊接费	组装调试
费用		350	20	30	400
合计	800	370		430	

表 9-12 电机直接成本　　　　　　　　　　　　　　　　　单位：元

项目（电机）	外包	组装
费用	200	300
合计	500	

三、财务假设

公司投产初期产品为驱动器，第三年构建新的生产线并增加工人数量生产电机，新建生产线 10 万元，摊销期限为 10 年。

人员工资以每年 10% 速度增长。

无形资产按直线法摊销，期限 10 年，即每年 30 万。

科研费用按销售收入的 4% 提取。

销售费用按销售收入的 5% 提取。

固定资产按平均年限法折旧，假设无净残值。

假设公司当年现金收入为总收入的 60%，剩余 40% 下年收回。

公司属高新技术产业，享受"两免三减半"政策，即在公司成立自盈利起两年内免征所得税，三至五年税率 16.5%。

按税后利润 10% 提取盈余公积金，20% 分配红利。

银行借款利率 7.29%。

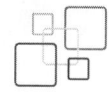

行业折现率12%。

四、财务报表

（一）年度利润表

表9-13 利润表　　　　　　　　　　　　　　　　　　　单位：万元

项目	第一年	第二年	第三年	第四年	第五年
一、主营业务收入	240.00	400.00	640.00	512.00	496.00
减：主营业务成本	47.60	54.00	72.50	70.80	73.40
主营业务税金及附加	0.00	0.00	0.00	0.00	0.00
二、主营业务利润	192.40	346.00	567.50	441.20	422.60
加：其他业务利润	0.00	0.00	0.00	0.00	0.00
减：管理费用	91.60	102.00	122.00	121.72	126.40
销售费用	12.00	20.00	32.00	25.60	24.80
财务费用	10.00	10.00	10.00	10.00	10.00
三、营业利润	78.80	214.00	403.50	283.88	261.40
加：投资收益	0.00	0.00	0.00	0.00	0.00
四、利润总额	78.80	214.00	403.50	283.88	261.40
减：所得税	0.00	0.00	66.58	46.84	43.13
五、净利润	78.80	214.00	336.92	237.04	218.27

（二）年度资产负债表

表9-14 资产负债表　　　　　　　　　　　　　　　　　单位：万元

项目	第一年	第二年	第三年	第四年	第五年
资产					
流动资产：					
货币资金	587.56	820.09	988.89	977.03	899.21
应收账款	96.00	160.00	256.00	204.80	198.40
存货	24.00	40.00	64.00	51.20	49.60
流动资产合计	707.56	1020.09	1308.89	1233.03	1147.21
固定资产：					
固定资产原值	130.00	130.00	140.00	140.00	140.00
减：累计折旧	13.00	26.00	40.00	54.00	68.00
固定资产净值	117.00	104.00	100.00	86.00	72.00
无形资产：	300.00	300.00	300.00	300.00	300.00
减：累计摊销	30.00	60.00	90.00	120.00	150.00
无形资产净值	270.00	240.00	210.00	180.00	150.00

续表

项目	第一年	第二年	第三年	第四年	第五年
资产合计	1094.56	1364.09	1618.89	1499.03	1369.21
负债和股东权益					
流动负债:					
短期借款	0.00	100.00	200.00	200.00	100.00
应付账款	0.00	0.00	0.00	0.00	0.00
应付职工薪酬	0.00	0.00	0.00	0.00	0.00
应交税费	0.00	0.00	0.00	0.00	0.00
应付利息	0.00	7.29	14.58	14.58	7.29
应付股利	15.76	42.80	67.38	47.41	43.65
非流动负债:					
长期借款	0.00	0.00	0.00	0.00	0.00
负债合计	15.76	150.09	281.96	261.99	150.94
所有者权益:					
实收资本	1000.00	1000.00	1000.00	1000.00	1000.00
资本公积	0.00	0.00	0.00	0.00	0.00
盈余公积	7.88	21.40	33.69	23.70	21.83
未分配利润	70.92	192.60	303.23	213.34	196.44
所有者权益总计	1078.80	1214.00	1336.92	1237.04	1218.27
负债及所有者权益总计	1094.56	1364.09	1618.89	1499.03	1369.21

(三) 年度现金流量表

表 9-15 现金流量表　　　　　　　　　　　　　　　　　　单位：万元

项目	第一年	第二年	第三年	第四年	第五年
1. 经营活动产生的现金净流量					
净收入	78.80	214.00	336.92	237.04	218.27
加：折旧	12.00	12.00	13.00	13.00	13.00
摊销	30.00	30.00	30.00	30.00	30.00
小计	120.80	256.00	379.92	280.04	261.27
2. 投资活动产生的现金净流量					
构建车间仓库及其他	−90.00	0.00	0.00	0.00	0.00
购买设备	−40.00	0.00	−10.00	0.00	0.00
专利技术	0.00	0.00	0.00	0.00	0.00
小计	−130.00	0.00	−10.00	0.00	0.00

续表

项目	第一年	第二年	第三年	第四年	第五年
3.筹资活动产生的现金净流量					
短期债务	0.00	100.00	200.00	200.00	100.00
实收资本	700.00	0.00	0.00	0.00	0.00
减：分配红利	15.76	42.80	67.38	47.41	43.65
本年现金增加	675.04	313.20	502.54	432.63	317.61
年末现金余额	675.04	988.24	1490.78	1923.41	2241.02

阅读上述案例，结合本章所学内容，思考并讨论：

1. 请点评该份创业财务计划，说明优点，并指出该财务计划的错误之处及漏洞。
2. 给出进一步完善该创业财务计划的方案。
3. 作为投资人，你是否考虑投资这家公司，说明理由。

课后思考

1. 创业投资资金包括哪些项目？如何对这些项目进行测算？
2. 简述预计财务报表编制的作用及内容。
3. 简述创业者常用的财务比率的计算公式及反映的内容。
4. 什么是盈亏平衡分析？举例说明该方法在创业投资中的应用。
5. 比较说明投资回收期法和净现值法的特点及在投资评价中的作用。

本章小结

创业者需要提前做好开办企业所需资金的预算安排。创业资金按照占用形态和流动性不同，可分为流动资金和非流动资金；按照投入企业的时间不同，可分为投资资金和营运资金。创业启动期对投资资金的估算是否合理直接影响到创业项目的成败，因此，需要认真对待，创业者应当使用科学的资金估算方法，以表格的形式清晰地列出各项投资资金的用款规模。

预计财务报表是对创业企业未来财务状况的估计，预计财务报表包括：预计利润表、预计资产负债表和预计现金流量表等内容。通过预计财务报表的编制，有助于投资人了解创业企业未来几年的资金来源及使用状况、盈利情况及现金流量的变化情况，这些合理预测的财务数据是进行科学投资决策的基础。

解释或弄懂公司历史报表或预计财务报表最实用的方法，是进行财务比率分析。常用的财务比率有：反映企业盈利能力的毛利率、销售净利率、资产报酬率、净资产收益率；反映企业营运能力的总资产周转率、存货周转率、应收账款周转率、固定资产周转率；反映企业偿债能力的资产负债率、流动比率、速动比率。

创业企业常用盈亏平衡分析法对投资项目的不确定性状况进行评价，常用投资回收期法和净现值法对投资项目的可行性进行评价。这些投资评价方法有助于投资人及创业者对项目整个投资期内的收益状况及风险情况做全面地了解。

第十章 创业计划书

❀ 本章学习目标

通过本章的学习,应达到如下目标:
· 了解创业计划书的重要作用;
· 理解创业计划书的基本构成;
· 理解创业计划书的编写原则;
· 理解并掌握创业计划书的编写步骤;
· 了解创业计划书的考核标准。

❀ 引导案例

VI Eyes 威课网站创业方案

威客的英文"Witkey"是"The Key of Wisdom"的缩写,是指通过互联网把自己的智慧、知识、能力、经验转换成实际收益的人,他们通过在互联网上帮助他人通过解决科学、技术、工作、生活、学习中遇到的问题来获得报酬,从而让知识、智慧、经验、技能体现出应有的经济价值。

21世纪初,互联网开始加速发展,各种创新型应用和互联网新概念不断出现。例如搜索引擎、电子商务、博客等。这些应用和概念与知识管理都有着或多或少的关系。如何利用互联网进行知识管理,已引起互联网界和知识管理学界诸多学者的高度关注。威客模式就是在这个大背景下产生的,它是利用互联网进行知识管理的网络创新模式。但随着很多威客网站的建立和许多威客的产生,也出现了很多问题。比如威客们知识产权的问题,还有竞标失败后威客付出劳动却无法得到回报等问题也是阻碍威客和威客网站发展的重要因素。

尽管威客网站存在种种缺陷,但它实现了知识商品的网络营销,具备得天独厚的优势。经过周密的调研分析,我们决定设计VI Eyes威客网站,以"VI设计"为知识商品，为威客（Witkey）和海客（Seeker）构建一个交易与沟通的平台。下面是计划书的目录。

前言

一、需求分析

（一）项目背景

（二）威客行业调研分析

（三）威客网站客户需求分析

（四）市场竞争者分析

二、商业网站模式

（一）运营模式

（二）收益模式

（三）竞争优势

三、商业模式可行性分析

（一）技术可行性

（二）经济可行性

（三）可实施性分析

四、网站推广计划

（一）搜索引擎营销

（二）资源合作

（三）广告推广

五、经营目标

（一）战略目标

（二）功能目标

六、系统建设目标

七、系统功能设计

（一）网页说明

（二）站点功能模块

（三）主要功能模块说明

八、风险分析

九、总结

（资料来源：改编自：王鑫，高炳易，盛强.创业与创新实务［M］.北京：北京理工大学出版社，2017.1）

第一节 创业计划书概述

一、创业计划书的概念及作用

（一）创业计划书的概念

在创业者完成创意形成、机会评估等基础工作后，应积极投入到制订完整的创业计划工作中。通过创业计划书的规划与撰写向现实的和潜在的合作伙伴、投资者、员工、客户及供应商等全面阐述公司的创业机会，把握创业机会的措施及实施过程，说明所需的资源，揭示风险和预期回报。另一方面，一份综合的创业计划也是创业者对创业项目在发展方向问题上的综合意见和反思的结果，它是决定企业基本运作的主要工具，也是管理企业的主要文件。

创业计划书，也被称为商业计划书，是详述筹建企业的书面文件，是对与创业项目有关的所有事项进行总体安排的文件。创业计划覆盖了创业企业的各个方面：项目、市场、研发、制造、管理、关键风险、融资、阶段或时间表等。所有这些方面的描述，展现了这样一幅清晰的画面：本企业是什么；企业的发展方向是什么；企业家怎样达到他的目标。总之，商业计划书是企业家成功创建企业的路线图。

（二）创业计划书的重要意义

对于大学生创业者而言，由于存在行业、经验、资源等经验缺乏的客观情况，因此，创业计划书的规划与撰写对于大学生而言就显得尤为重要，对深入分析创业项目、厘清创业思路、指导创业行为都具有重大的实践意义，很大程度上关系到创业项目的成败与否。

1. 创业计划书可帮助创业者梳理思路

对创业者而言，一个创业项目在头脑中酝酿时，往往比较有把握，但从不同角度仔细推敲时，可能有不同的结果。通过编制创业计划书，创业者对创业活动可以有更清晰的认识，对项目可行性的探讨也会更深入。可以说，创业计划首先是把计划中的项目推销给创业者自己，使创业活动能有条不紊地进行。

2. 创业计划书是筹措资金的重要工具

投资者不是慈善家，投资者投资的目的在于获取投资带来的收益。投资者对于投资项目的选择是十分谨慎而苛刻的。由于投资者的时间精力都有限，对于潜在投资项目他们不可能身体力行地去考察。因此，作足"表面文章"就是十分必要的了。具体说来，对于投资者而言，一份理想的商业计划书——明确企业经营的构想和策略、产品市场需求规模与成长潜力、财务计划、投资回收年限以及风险等要素的，无疑是创业者向投资者传递信息的关键媒体。

3. 创业计划书可以为企业的发展提供指导

创业计划的内容涉及创业的方方面面，可以使创业者对产品开发、市场开拓、投资回收等一些重大的战略决策进行全面的思考，并在此基础上制订翔实清楚的营运计划，周密安排创业活动，降低创业风险。

4. 创业计划书帮助创业者把企业推销给潜在合作者

创业计划书帮助创业者把企业推销给潜在合作者，例如，合伙人、银行家、供应商、销售商以及行业专家、政府行业管理部门、新闻媒体。从这种意义上说，创业计划书还担负潜在的资源积聚与整合的功能。对于大学生创业者而言，创业计划书还是争取各类政府优惠与扶持政策必不可少的通行证。

二、创业计划书的基本要素

大学生创业计划书是将有关创业的想法用书面形式表达出来，让别人了解你的创业想法，了解你创业项目的前景，以便对你的创业项目进行，资助或投资。同时，做出一份完整的创业计划书，也是对自己创业的指导，使自己的创业不是一时冲动，而是有目标、有步骤、有方法、有可行性的理性的决定。创业者要随时对照自己的创业计划书，检查各阶段任务的完成情况，提醒自己不断努力，完成创业计划。大学生创业计划书的质量好坏，往往会直接影响创业发起人能否找到合作伙伴、获得资金及其他政策的支持等。

一份好的创业计划书要能抓住最基本的问题和核心，解决做什么、怎么做的问题。一般来说，创业计划书应包括创业项目、市场状况、创业条件、实施方案、创业目标、风险防范等要素。

（一）创业项目

创业计划书要能清楚地说明创业的项目，要解决"做什么"的问题。要让自己和他人知道自己要做什么，要提供什么产品或服务以及产品或服务的特色。对自己要提供的产品或服务有一个具体的、明白的、形象的描述，对于产品或服务的性能、质量、规格、特色、市场竞争能力要进行简明扼要的描述，对项目实施的投入和利润则要进行详细描述。

（二）市场状况

创业计划书要对创业项目进行市场分析，要解决"能否做"的问题。创业计划书要对创业项目的市场需求、消费者对象、市场前景、市场竞争状况等有充分的分析。对创业项目要提供的产品或服务的市场供给量、需求量、供需对比有足够的描述。对自己的产品或服务的目标顾客的状况、性别、年龄、购买力等要有充分的描述。最重要的是要将自己的产品或服务的市场竞争优势充分地体现出来，展示创业项目的可盈利性和发展前景。

（三）创业条件

创业计划书要描述创业者具备的创业能力和创业条件，包括创业者的能力、资金、技术、创业团队等。要表明创业者和团队有实施项目的能力，有实施项目的资金或能筹集到实施项目的资金，具备实施项目相应的技术条件。

（四）实施方案

创业计划书要有实施项目的具体方案，解决"如何做的"问题。这是创业计划书的重点，包括市场调研方案、资金筹集措施、创业团队及组建、创业机构设立、人员培训、产品（服务）的制造、提供、营销、管理等。

（五）创业目标

创业计划书要充分说明创业项目实施能产生的效益。要用充分的数据说明创业项目实施后能带来的经济效益、社会效益。还要表明创业项目的短期、中期、长期发展目标。

（六）风险及防范

创业计划书要对项目实施过程中可能存在的风险有充分的预测，包括市场风险、政策风险、管理风险、技术风险等，同时要针对这些风险做出切实可行的预防措施。

第二节　编写创业计划书

一、创业计划书的编写原则

创业计划书在编写过程中，需要遵循以下原则：

（一）内容客观

创业计划书是根据客观事实撰写的，里面的方案是基于现实的数据分析、详细的调查研究、严密的逻辑推理制订的。任何陈述都要有客观依据，绝不能杜撰。创业计划书的语言也应客观理性，如果一份方案写得像是一个煽情的广告，那么可能会导致投资者及其他利益相关者对方案产生怀疑甚至拒绝接受方案，因为他们需要一个实事求是、理性思考的创业合作者。

(二)展示优势

无论是风险投资家还是合作者,都非常关注项目的优势,在商业计划书中要充分地展示这一点。在一个创业项目中,一定要有一个或几个相当有吸引力的创新点,否则,创业项目就没有太大的意义。

(三)逻辑严密

成功的商业计划书不仅要展现方案,更要充分展现决策依据,反映出创业发起人的每一个决策都有理有据,经过系统、严密的分析和思考,让投资人和相关利益者确信创业发起人的决策方法科学、逻辑思维严密,是一个合理的方案,实施效果会有保障。要做到选取素材和写作思维的严谨。

一是选取素材要严谨。素材的严谨性要求创业者对市场的预测是建立在客观、科学的市场调研的基础上,对整个市场的规模、细分市场的占有率、产品定价、产品的销售数量和销售收入、财务分析和计划、创业所需的种子资本等的预测是综合了实地现场调研、官方数据、各行业协会信息、行业杂志、行业出版社以及互联网等所获得的数据资料,是经过反复的分析与归纳的,是能够经得起市场和现实考验的。

二是写作过程要严谨。写作过程的严谨性是创业计划书撰写和修改过程中要特别注意的。创业计划书的内容和数据既繁又多,篇幅较长,因此难免会出现前后矛盾、数据不一等情况。因此,在写作完成以后,统一的检查和修订工作就成为必不可少的一步。

(四)强调可行

一份符合市场要求,且具可操作性、可执行性的创业计划书才是合适的计划书。无论是市场、生产,还是财务部分,都必须体现出可行性的原则。对可行性的考虑应该包括时间和资源的有效性、法规法律的限制、产品行业标准的限制等。具体到计划书,应该从以下各部分体现:

1. 投资必要性

主要依据市场调查及预测结果,以及有关产业政策等因素,论证项目投资的必要性。在投资必要性的论证上,一是要做好投资环境的分析,对构成投资环境的各种要素进行全面的分析论证;二是要做好市场研究,包括市场供求预测、竞争力分析、价格分析、市场细分、定位及营销策略论证。

2. 环境可行性

主要包括经济环境和社会环境两方面。从资源配置的角度衡量项目的价值,评价该区域的经济发展目标等,以及政治体制、方针政策、法律道德和宗教民族等各方面的差异。

3. 技术可行性

主要从项目实施的技术角度合理设计技术方案并进行比选和评价等。

4. 组织可行性

制订合理的项目实施进度计划，设计合理的组织机构，选择经验丰富的管理人员，建立良好的协作关系，制订合适的培训计划，保证项目顺利执行。

5. 财务可行性

主要从项目及投资者的角度，设计合理的财务方案，从企业理财的角度进行资本预算，评价项目的财务盈利能力，进行投资决策，并从融资主体（企业）的角度评价股东投资收益、现金流量计划及债务清偿能力。

6. 风险因素及对策

主要对项目的市场风险、技术风险、财务风险、组织风险、法律风险、经济及社会风险等因素进行评价，制订规避风险的对策，为项目全过程的风险管理提供依据。

（五）阐述清晰

由于创业计划书所要阐述的事项繁多，也可能比较厚，为了方便风险投资人和其他相关利益人阅读，在撰写计划书的时候，一定要做到清楚明了。

1. 结构要清晰

任何阅读者都不可能从第一页仔细阅读到最后一页，一般会浏览计划书的结构，选定他们关注的问题再仔细看。如果计划书中没有他们感兴趣、关注的问题，计划书就没有什么作用。所以在写计划书时，必须有一个清楚的结构，使阅读者能够轻松快捷地选择他们想要阅读的部分。

2. 内容要清晰

在创业计划书中，应该避免一些与主题无关的内容，开门见山地直接切入主题，这样更专业更清楚。在计划书中适当使用形象化的表达方式往往可以增强创业计划书的清晰度。图、表和插图的视觉效果往往强于文字。它们既可以吸引读者的注意力，有效地解释概念，又可以打破单调的文字格局。

3. 形式配合内容，重点醒目

创业计划书的各部分应搭配合理，设计美观。在色彩、字体、图案和页眉页脚等方面用心设计，使重点很自然地凸显出来，同时使读者在阅读过程中获得愉悦的审美体验。

二、创业计划书的主要内容

一个创业计划通常包括公司介绍、主要产品和服务范围、市场概貌、营销策略、销售计划、市场管理计划、管理者和组织、财务计划、资金需求等情况。下面介绍常见的创业计划书所包括的主要内容及编写要求：

（一）摘要（执行总结）

摘要（执行总结）是整个创业计划书的概括性总结，通常计划书的读者在阅读了创业计划书的摘要（执行总结）后，已经对创业计划书的基本情况有所了解，并有了是否继续阅读下去的决定。也就是说，如果摘要（执行总结）部分不能激发起风险投资家的兴趣，那么创业计划的后面部分就很可能无缘与风险投资家见面了。由此可见，在撰写摘要（执行总结）部分时，要格外重视。

（二）产品（服务）介绍

在进行投资项目评估时，投资人最关心的问题就是创业企业的产品（服务）构想在市场中的适应性。因此，产品（服务）介绍是创业计划书中不可少的内容。

在产品（服务）介绍部分，创业者要对产品（服务）做出详细的说明，说明要准确、通俗易懂，使非专业型的投资者也能明白。产品介绍最好附上产品实物照片或其他资料。在产品（服务）介绍中，通常要回答以下问题：消费者希望产品（服务）能解决什么问题；消费者从企业的产品（服务）中能获得什么好处；与竞争对手相比，创业企业的产品（服务）有哪些优点；消费者为什么会选择本企业的产品（服务）；创业企业为自己的产品（服务）采取了何种保护措施；拥有哪些专利、许可证，或与已经申请专利的厂家达成哪些协议；为什么产品定价可以使创业企业产生足够的利润；消费者是否会大批量购买本企业的产品；创业企业采用何种方式去改进产品的质量、性能；发展新产品有哪些计划；等等。

（三）人员及组织结构

好的创业团队是创业成功的重要因素，是企业经营管理能力的关键，决定着企业后续持续发展的可能性。因此，风险投资商会特别注重对公司创业团队的评价。在撰写人员及组织结构时，需要展现创业团队中高素质的管理人员和良好的组织结构，从而增强创业计划的说服性。

（四）市场分析与预测

市场分析包括市场细分及目标市场定位、消费者行为分析、竞争对手识别和分析、替代品分析、产品竞争力分析、市场环境综合分析（SWOT分析）、产品的市场优势和可行性等。

在市场分析中，应该正确评价所选行业的基本特点、竞争状况以及未来的发展趋势等。比如，该行业发展程度如何，现在的发展动态如何，创新和技术进步在该行业扮演着一个怎样的角色，该行业的总销售额有多少，总收入为多少，发展趋势怎样，价格趋向如何，经济发展对该行业的影响程度如何，政府是如何影响该行业的，是什么因素决定着它的发展，竞争的本质是什么，你将采取什么样的战略，进入该行业的障碍是什么，你将如何克服，该行业典型的回报率有多少等。

（五）营销策略

营销是企业经营中最富挑战性的环节。影响营销策略的主要因素有：消费者的特点、产品的特征、企业自身的状况、市场环境方面的因素，以及营销成本和营销效益等直接因素。在创业计划书中，营销策略应包括以下内容：市场结构和营销渠道的选择、营销队伍和管理、促销计划和广告策略、价格决策、营销预算。

（六）生产与经营

无论多么完美的设想，最终都要落实到具体的实施上。因而，生产与经营也是投资者比较关注的部分，所以要花工夫把该部分写具体、写完整。比如，应该介绍生产产品的原料如何采购、供应商的有关情况、劳动力和雇员情况、生产资金的安排以及厂房、土地等，而且内容要详细，细节要明确。这一部分是以后投资谈判中对投资项目进行估值的重要依据。

（七）财务预测

财务预测需要花费大量的时间和精力来进行，以说明创业者对于融资而来的资金的使用有很好的使用计划。财务预测分为短期预测和长期预测。其中，提供一个清晰的、有逻辑的、有根据的财务预测是赢得投资的很重要的因素。编制预计财务报表专业性较强，如有必要可聘请专业人员辅助进行。

财务预测的信息主要有：销售估计、管理成本、产品成本、销售成本、资金支付、边际贡献、债务利率、收入税率、应收账款、应付账款、存货周转、减价计划和资产利用率等。

2. 资产负债预测表

资产负债预测表是企业在未来一定日期（通常为各会计期末）的财务状况（即资产、负债和业主权益的状况）的主要会计报表。资产负债表利用会计平衡原则，将合乎会计原则的资产、负债、股东权益交易科目分为"资产"和"负债及股东权益"两大区块，在经过分录、转账、分类账、试算、调整等会计程序后，以特定日期的静态企业情况为基准，浓缩成一张报表。其报表功用除了企业内部除错、经营方向、防止弊端外，也可让所有阅读者以最短时间了解企业经营状况。

3. 现金流量预测表

现金流量预测表是反映未来一定时期内（如月度、季度或年度）企业经营活动、投资活动和筹资活动对其现金及现金等价物所产生影响的财务报表。从现金流量预测表中可以清晰看出未来某个期间（通常是每月或每季）内，创业企业的现金（包含银行存款）的增减变动情形。因此，现金流量预测表可用于分析企业有没有足够的现金去应付开销。

4. 财务比率分析

财务比率可以评价某项投资在各年之间收益的变化，也可以在某一时点比较某一行业的不同企业。财务比率分析可以消除规模的影响，用来比较不同企业的收益与风险，从而帮助投资者和债权人做出理智的决策。一般来说，可用三个方面的能力来衡量风险和收益的关系，即偿债能力，反映企业偿还到期债务的能力；营运能力，反映企业利用资金的效率；盈利能力，反映企业获取利润的能力。财务比率分析指标包括：资产负债率、流动比率、资本报酬率、销售净利率、销售毛利率、应收账款周转天数、行业经营比率、净资产收益率、每股收益、市盈率、股利实得比率、股利支付比率等。

5. 盈亏平衡分析

盈亏平衡分析是通过盈亏平衡点（BEP）分析项目成本与收益的平衡关系的一种方法。各种不确定因素（如投资、成本、销售量、产品价格、项目寿命期等）的变化会影响投资方案的经济效果，当这些因素的变化达到某一临界值时，就会影响方案的取舍。盈亏平衡分析的目的就是找出这种临界值（即盈亏平衡点），判断投资方案对不确定因素变化的承受能力，为决策提供依据。

（八）创业风险及应对策略

初创企业无疑在市场、财务、技术以及经营等方面都将遇到各种挑战和威胁，而每一位投资者都对其投资的风险与收益尤为关心，所以在该部分的描述中，要客观描述企业可能遇到的风险，提出相应的预警和防范措施，并确保该措施可行，可以最大限度降低风险，增强投资者信心。

（九）投资说明

以上说明了创业者的创业计划，而最后还需说明整个创业计划所需的资金。投资说明部分，是对公司目前及未来资金筹集和使用情况、公司融资方式、融资前后的资本结构等进行说明。

（十）附录

附录应包括想要向投资商提供的所有细节信息，它是正文的重要补充。为了保证正文的连接性，该信息无法在正文中详细描述，而该信息对于提高创业计划的说明性，又是必要的。比如，一些表格、个人简历、市场调查结果、相关的辅助证明材料（如专利证明、技术获奖证书、合作意向书、专家推荐函）等。

三、创业计划书的编写步骤

要写出创业计划书的内容，需要创业者前期精心的准备和构思，以及撰写中的耐心细致、撰写后的认真检查和润色。具体来说，编写创业计划书的步骤如下：

（一）经验学习

由于大学生创业缺乏相关经验，所以在策划创业计划书之前，应该广泛学习创业所需知识，并且深入社会学习和了解创业的实战知识，通过前期社会实践、市场调查、专家访谈等多种方式学习创业知识，掌握相关的创业技能。

（二）创业构思

在掌握了相关的创业知识和所需技能的基础上，需进一步针对自己所创办的企业进行深度思考，从一个投资者的角度来考虑自己的创业构思是否合理、可取，以及竞争性如何。比如，可从创业之前的准备、创业中的整个运作、创业后的市场预期和偿债能力预期等多个方面进行考虑，做到对整个项目的运作了然于胸。

（三）市场调研与资料收集

在正式动笔之前，还需要进一步确定市场需求和进行市场前景预测。比如，可利用市场调研的相关方法进行，从而保证创业项目的可行性和可持续性。同时，要着手搜集编写创业计划书过程中可能用到的企业内外部资料。

（四）方案起草

创业计划书正文的撰写，可由创业者集体协商、统一想法后分工进行。第一步，需要确定创业计划书的编撰目的，了解创业计划书的阅读对象的兴趣点和阅读需求，并草拟一个创业计划书大纲。第二步，搜集所需的信息资料，根据创业计划书的目录结构，确定所需资料的重点及详细分类，已有的关键信息与缺乏的信息，并对信息进行重新编码和梳理，查缺补漏。第三步，开始撰写创业计划书。要注意按照工作进度计划进行，必要时小组成员需要按照PDCA循环的原则进行讨论、撰写、检查、反馈，以提高撰写的质量和提升整体思路。

（五）修改完善

创业计划书撰写完毕，需要进行修改完善的工作。

（1）反复阅读，修改完善相关内容，做到条理清晰、详略得当、突出重点，达到能够说服阅读者的目的。可以请其他未参与创业计划书撰写工作的相关人员阅读创业计划书内容，然后由其提出相应的反馈意见和建议。

（2）根据创业计划书的内容，提炼出简短的摘要。摘要的撰写也需反复润色，尽量减少字数，同时又能说明关键问题。

（3）加入并检查必要的补充材料。按照附录的要求检查必需辅助材料是否齐全并具备相当的说服性，并且确保没有多余的材料。如果有必要，要准备一些产品的模型、图片、前期实验、试用报告等。

（4）检查格式。创业计划书要求无错别字，格式上能体现清晰的结构和突出重点。要设计一个漂亮醒目的封面，编写相应的目录与页码，以便后续装订成册。

（六）最后的审查

在完成了整个创业计划书之后，应该再仔细检查一遍该计划书是否能够准确回答投资者的疑问，以及争取到投资者对本企业的信心。

四、创业计划书的考核标准

根据历年大学生创业设计大赛的评分标准，以下简要介绍创业计划书的考核内容：

（一）对摘要（执行总结）部分的考核要求

摘要其实就是创业计划书的缩影，该部分的内容在大学生创业计划书中大约占5%的比例。

考核要求：能简明、扼要地概括整个计划，不能太过冗长，但又要能体现整个计划的核心内容，让人对整个创业计划书有一个整体性的了解；摘要要个性鲜明、有亮点，具有吸引力，使阅读者产生进一步了解整个创业计划书的强烈想法；摘要要具有有关创业的明确思路和目标，让阅读者一看就大概了解创业项目及发展前景；摘要要体现创业项目的创新性，突出体现创业计划书是创业者的原创并有自身特色，一定要防止直接从网络下载的抄袭行为，要体现创业者确实经过了创业思考和调查研究，确实有创业设想和行动。

（二）对创业项目以及产品服务介绍部分的考核

在创业计划书考核中，这两个部分常结合进行考核，创业项目和产品服务介绍是创业计划书的重点内容之一。在大学生创业计划书中大约占15%的比例。

考核要求：产品和服务的描述详细、清晰；体现产品和服务技术领先，且适应现有消费水平；对自己的技术发展前景判断合理、准确；突出体现自己的产品服务特点及特色，表明创业项目有较高的商业价值；表明自己的产品服务有市场需求，市场需求分析合理。

（三）对创业团队和创业组织部分的考核

创业团队是创业计划书考核的重点之一，占创业计划书考核比例的15%，创业组织（公司）占考核比例的10%。

考核要求：团队成员具有相关的教育及工作背景，体现创业团队的创业能力；创业团队成员能力互补且分工合理；创业团队成员具有一定经营管理经验。创业组织（公司）背景及现状介绍清楚；商业目的明确、合理；公司市场定位准确；形象设计及创业理念出色；全盘战略目标合理、明确；组织结构严谨；产权、股权划分适当；组织管理科学；管理制度健全合理。

（四）对市场分析部分的考核

市场分析是创业计划书不可缺少的内容，在创业计划书考核中大约占10%的比例。

考核要求：市场调查分析严密、科学；详细阐明市场容量与趋势；对市场竞争状况及各自优势认识清楚，分析透彻；对市场份额及市场走势预测合理；市场定位准确。

（五）对营销策略部分的考核

营销是创业计划书的重要内容，在创业计划书考核中大约占10%的比例。

考核要求：成本及定价合理；营销渠道通畅；促销方式有效，具有吸引力；有一定创新。

（六）对财务分析部分的考核

财务分析、融资方案、投资回报等内容是创业计划书的核心，在创业计划书中占有较大的比例，一般占20%。

考核要求：财务报表清晰明了，且能有效揭示财务绩效；列出关键财务因素、财务指标和主要财务报表；财务计划及相关指标合理准确；列出资金结构及数量、投资回报率、利益分配方式、可能的退出方式等；需求合理，估计全面；融资方案具有吸引力。

（七）对风险和风险管理部分的考核

该部分在创业计划书中不可缺少，一般占创业计划书的10%。

考核要求：对风险和问题认识深刻，估计充分；解决方案合理有效。

（八）对创业计划书整体表述的考核

创业计划书的表述是创业者综合素质的体现，它体现了创业者的语言文字能力，在创业计划书中占有一定的地位，一般占创业计划书5%的比例。

考核要求：专业语言运用准确；表述简洁清晰、少有冗余。

实训题

1. 组建小组：5~7 人组成创业计划书编写小组。
2. 根据创业计划书的编写原则、编写步骤、主要内容等，小组讨论后，共同编写一份创业计划书。

案例讨论

花满楼网上鲜花店创业计划书

一、项目概述

1. 项目名称

花满楼网上鲜花店

2. 项目背景

随着互联网技术的飞速发展，互联网已经走进了千家万户，网上交易的成熟性以及交易的安全性不断增加，使得电子商务飞速发展。特别是最近几年兴起的同城电子商务更具有可靠性。然而山西鲜花业的营销方式仍然传统落后，独立分散。龙城花都鲜花店为了突破时空限制，解决相隔两地的亲人、恋人在生日、节日期间的鲜花、蛋糕、礼品的赠送，降低交易成本，节省客户订购、支付和配送的时间，方便客户购买，以及挖掘鲜花的附加值，如鲜花与蛋糕、鲜花与礼品等，扩大销售规模及增加盈利点，决定介入电子商务网上销售市场，以突破传统销售方式，充分利用互联网，建立一个同城网上鲜花销售系统，利用互联网在线支付平台进行交易，实现网络营销与传统营销双通道同时运行的新型鲜花营销模式。

3. 项目内容

网上花店采用现有的各种网络技术，构建一个具有鲜花、蛋糕、巧克力、礼品等商品多级查询、选择、订购的网上销售系统，为客户提供方便、快捷、安全的网上购物环境。

4. 项目收益

建设网上花店将取得以下几方面的收益：

（1）网上销售带来的业务量的增加：预计从网站运营起一年内花店销售收入增长 10%，三年内销售收入增长 100%。

（2）网上销售带来的成本节约：预计鲜花销售成本可以减少 20%~30%。

二、企业业务分析

1. 企业特点

花满楼鲜花店属于花卉经营行业,花卉业被誉为"朝阳产业"。近十年来,世界花卉业以年平均25%的速度增长,远远超过世界经济发展的平均速度,鲜花的利润高、市场大,是世界上最具活力的产业之一。中国花卉业起步于20世纪80年代初期,经过20年的恢复和发展,取得了长足的进步。我国鲜花销售额2003年为40.9063亿人民币,到2009年达到500亿,增长迅速。虽然鲜花销售额迅速增长,但电子商务在其中所占的份额还不到10%,处于起步阶段。国内绝大多数鲜花销售公司还处于传统营销阶段,特别是整个浙江省,以杭州为例,鲜花的网上销售屈指可数,且欠缺专门的管理,所以山西的鲜花网上销售蕴含着巨大的商机。

2. 企业简介

花满楼鲜花店主要是一家鲜花零售店,主要销售各种鲜花、绿色植物和各种鲜花附属产品(如花篮、水晶土、养料、鲜花包装纸),同时经营鲜花包装、快递、各种节日礼品、蛋糕、巧克力、饰品等项目,地址靠近学校与休闲娱乐中心,有稳定的货源供应。

3. 存在的问题

(1)鲜花的零售利润可达50%~80%,十分可观。但是由于鲜花很容易枯萎,所以损耗相当大。现在进货的数量和品种主要凭经验,难免会出现进货和销售之间的偏差。这使得鲜花的损耗居高不下,这是经营成本高的主要原因。

(2)鲜花店受地域的影响,距离远的客户由于选购不便,加之花满楼知名度不高,难以吸引他们光临。由于花店销售规模有限,发展遇到瓶颈。

(3)顾客缺乏一定的鲜花选购知识,难以用专业性的眼光去向客户解释鲜花的特点。

4. 企业电子商务需求

为了解决上述问题,网上鲜花店,能实现网络营销与传统营销双通道同时运行的新型鲜花营销模式。开办网上花店的需求建议如下:

(1)将现有的估计鲜花需求数量和品种,先进货后销售的流程,改为根据客户的订单按需求进货,减少进货与销售之间的偏差,降低鲜花的损耗,降低经营成本。为此网站建设必须具备网上订购、网上支付和配送管理功能。

(2)通过网络,使花店突破时空限制,客户无论距离的远近,都可以方便地访问网上花店订购鲜花,不再受地域的限制,拓宽了客源范围,扩大了销售规模。为此项目实施必须考虑配送能力、配送方式、配送范围和时效等问题。

（3）通过网站、图片、动画等手段，可以大量展示各种花卉品种及搭配，还可以展示礼品、贺卡、饰品、蛋糕等其他配套商品，不会因为店面面积而受到限制，可以拓宽花店经营的种类和范围。为此网站建设需考虑带宽和客户响应的速度等问题。

（4）通过开设专门的模块，向顾客介绍专业的插花知识，使顾客增进对花的了解，还可以通过周末、节假日邀请顾客参观鲜花基地，通过顾客身边的人际关系，推广鲜花理念。

三、市场分析

1. 企业的目标市场

花满楼网上鲜花店主要提供鲜花、礼品的服务，我们主营的是周边业务，配送能力完全能够实现全城送货上门。根据网上流量分析，鲜花店的目标市场中20～40岁的人群占83%，大专以上教育程度占75%，具有上网习惯的占90%，月收入在2000～3500元的占75%，能接受网上支付方式的占73%。因此，花满楼目标市场主要集中在20～25岁的大学生，以及20～40岁的白领人群，网上花店的各种服务完全可以满足顾客的需求。

2. 目标市场的特点

（1）年龄在20～40岁的白领人群，有一定的经济基础，经常上网，可以接受网上支付方式。

（2）20～25岁的青年学生消费能力强，特别是在一些重大节日，非常愿意以不同的方式表达对恋人的爱意，且上网时间充足，只是资金不太宽裕。

（3）步入工作的青年，工作繁忙，闲暇时间少，且多半与亲人相距较远，无法时刻陪伴在亲人的身边。

（4）目标人群追求浪漫时尚，讲究品位，消费观念比较开放，个性化需求较强。

3. 目标市场的电子商务需求

以上分析说明目标市场不仅能够接受网上花店，而且还会主动去使用网上花店提供的服务。

（1）年轻的白领阶层由于工作繁忙，需要最简便快捷的方式选购鲜花。如果通过电话订花，由于订货人与收货人通常是不同的，难以采用货到付款的方式，所以支付是个困难。而通过网上花店，客户在网站上选购花卉，在网上支付，节省客户选购、支付和配送的时间，实现了足不出户便能送花，很好地满足了他们的需求，为此实现网上支付的安全性和可靠性是关键。

（2）由于网上订购是顾客提前预定，可以大大缩减进货成本，减少不必要的损失，以便直接回报客户，所以网上提前订购的费用要大大低于市场价。这样就更能吸引广大学生订购。

（3）由于他们的消费观念比较开放，网上订购、网上支付等新的交易方式很容易被他们接受，还满足了他们追求新鲜时尚的生活态度。加上好多人相隔两地，无法快速方便地送给对方祝福和问候，网上花店可以在全国各个能联网的地区登录，只要是在我们的服务范围，就能够送达，因此大大方便了不同的顾客需求。

（4）他们追求浪漫时尚，对服务有个性化需求，网站可以采取各种服务方式满足他们的需求，且网店内还配有其他商品，大大降低了顾客选购礼品的时间成本。

四、网站商务规划

1. 商务模式

花满楼网上鲜花店的服务对象以普通消费者为主，主要采用网上商店＋体验店经营的 B2C 电子商务模式。

2. 主要业务流程

（1）顾客选择需要购买的商品，并可进行个性化的设计或定制。

（2）顾客下订单。

（3）顾客支付货款。

（4）网站把订单通知物流部门。

（5）物流部门配送。

（6）通知顾客配送成功。

五、网站应用系统设计

1. 网站形象设计

作为鲜花营销公司，由于经营的产品主要是鲜花，因此在设计公司的形象时，应该突出美丽、优雅的特点，所以网站的主色调为黄、橙、粉红这三种最为大众接受的颜色。网站打出的广告语也应该给顾客以体贴、温馨的感觉。

（1）网站的主色调为黄、橙、粉红这三种最为大众接受的颜色。

（2）首页界面的风格要鲜明而有特色。网站必须具备一定的特色，主要应体现在网页界面设计和与用户进行信息交流、交互的方便性和快捷性上。

（3）首页上要有醒目的导航链接。

（4）网站所要用到的图片资源应该足够清晰和精美，并充分考虑网页的传输速率。

（5）在网站内容上注重突出公司的产品和服务特色。

2. 网站功能设计

网上花店网站功能分为前台系统和后台系统两部分。前台系统面向客户，后台系统面向网站管理者。

（1）网站前台系统

网站前台系统是顾客使用的系统。前台系统不仅能让用户在网上订购鲜花，而且支持集中订购服务等多种业务。付款方式支持国内在线支付、网银支付、支付宝、快钱、邮局汇款等。各种功能说明如下：

A. 会员注册认证系统：

会员注册。网站会员的在线注册。

会员登录。网站会员的在线登录和身份校验。

安全和隐私。提示用户花店的隐私条款和安全条款。

B. 网上销售系统：

鲜花查询。鲜花查询系统是网站的主要功能，帮助客户方便快捷地查找所需要的商品，包括下列查询功能：一般查询。用户通过我们所提供的场合、语义、庆祝、花材、价格这几种不同的种类来查询鲜花。高级查询。此查询的搜索条件有场合、节日、收货人情况、年龄、产品、价格这几种，每个条件的下拉菜单里还会有各自不同的选项。查询的时候用户对条件选项进行组合，设置关键字，系统将自动搜索出符合用户要求的商品。

自助设计。自助设计是网站的特色功能，帮助客户个性化地设计或制定其花束，包括下列自助选花和贺词参照。用户可以挑选自己喜欢的花卉种类和数量，以客户希望的方式组成花束，按花束中各种花的单价和数量计算花束的价格。贺词主要有以下几类：爱情贺词、节日贺词、慰问贺词、商业贺词、祝男女寿、贺迁居。用户可以为花束挑选合适的贺词或自写贺词。

鲜花订购。当用户选定鲜花以后，可以通过这个功能来生成订单，并转入支付系统。

支付系统。支付：用户在订购鲜花以后，可以通过这个功能使用网银、支付宝、快钱等在线支付。汇款：用户在订购鲜花后，可以使用这个功能通过银行汇款支付。

集中订购。对于用户在鲜花店单次订购金额在某个总额以上的批量订单，可以使用本功能享受特别优惠和服务。用户可以在集中订购区中输入订单消息，花店会有专人及时与用户联系。订单确定后，根据用户的要求，及时快捷地完成订单。

订单管理。查询订单：用户可以按订单编号、时间、收货人姓名等条件查询订单信息及该订单支付状态并可以随时追踪查询该订单的配送状态。取消订单。在一定的条件下用户可以取消订单（比如未付款），但属于当日配送订单，无法在此取消。支付货款：若用户在下订单后没有支付货款，可以在此支付。支付方式将自动转到支付系统。

C. 服务支持系统：

包括会员服务、信息反馈、帮助信息和论坛系统。

会员服务。注册会员登录后，可以使用会员服务，有以下几个功能。可以在"会员信息"内查询或更改用户的个人信息；在"会员账目"里可以查询以往的订购记录；"会员日历"随时给用户准确的日期；使用"节目提醒"使用户不会忘记十分重要的日子。

信息反馈系统。提供用户与网站联系通道，分为以下四类：投诉：用户对我们的服务不满意，可以进行投诉。建议：用户对我们的工作有好的建议。合作：用户和我们商谈合作事宜。在线交流：用户通过我们的在线系统或QQ语音方式直接对话。

帮助信息系统。导航系统：列出网站各栏目的链接以及简要说明。常见问题：列出用户使用网站系统一些常见问题及解答。其他说明：包括联系方式、配送说明、支付说明、商家加盟说明等。

论坛系统。设置鲜花知识、化妆、星座以及各种时尚资讯的版块，让用户发表自己的见解。

（2）网站后台系统

网站后台系统为花店管理员提供商品管理、订单管理、配送管理、售后服务、信息统计等业务功能。后台系统各个功能的说明如下：

商品管理。对网站内鲜花以及其他商品信息进行增加、删除和修改，可以制定价格策略，对不同商品和不同用户在不同时段定义不同折扣率。

订单管理。对用户的订单进行查询、修改订单的状态，如果订单出现缺货或者信息不明确等情况，要及时与用户进行联系。在配送完成后，可以按需要把完成的信息通过手机短信、电子邮件、QQ、MSN等方式通知用户。

配送管理。根据订单的状态生成配送任务，安排配送人员，登记配送情况。

售后服务。对漏单、误单、花材不符、礼品退换、投诉等售后事件进行登记，按不同类别进行跟踪和处理。

信息统计。对商品销售、用户的情况进行所需要的统计。

六、网站组织管理计划

电子商务经理由总经理兼任。网上鲜花店作为一个项目设置网站运营部、营销部和物流配送部门，负责网站的运作管理、营销以及物流配送，工作人员从周边大学招收。

七、财务分析（略）

八、网站推广计划

1. 推广目标

从网站正式运营起一年内，要实现网站每天独立访问量用户 500 人，用户注册量 5000 人，花店销售增长 10%。

2. 推广手段

推广手段主要分为网上推广和网下推广两类。

网上推广：在百度上购买关键字广告，为各网页设计有效关键字。在新浪等十个搜索引擎上进行分类目录注册；向注册用户发送电子邮件，介绍花卉、优惠折扣、时尚知识等；与礼品网站、生活知识网站、时尚网站交换网络广告；在特殊节假日举行优惠促销活动；结合公司促销活动，不定期发送在线电子优惠券；采用特许加盟和网站的大众联盟两种方式进行商家加盟推广。

网下推广：通过贺卡、包装纸、宣传单等进行网站的宣传；通过鲜花附送的礼品进行广告宣传；向附近学校推广网站。

3. 推广效果评价

对网站推广措施的效果进行跟踪，定期进行网站流量统计分析，必要时与专业网络顾问机构合作进行网络经营诊断，改进或取消效果不佳的推广手段，在效果明显的推广策略方面加大投入比重。

九、项目评估

花满楼网上鲜花店建设项目实施过程中可能遇到的风险如下：

1. 技术风险。黑客攻击或者病毒入侵会导致网站死机或者不能访问等，影响网上花店的运作。防范措施是加强病毒和入侵的检测，设置好防火墙。

设备硬件损坏导致网站不能访问或者数据丢失等，使花店客户遭受损失。防范措施是做好数据备份以及硬件备份。开发方出现问题使开发进度缓慢导致实施进度超出计划。防范措施一是多方面比较，慎重选择合作方；二是签订规范合理的书面合同，在出现纠纷时能通过法律途径保护自己的正当权益。

2. 宣传推广效果不好，网站访问量少。防范措施是推广网站时根据企业自身情况选定合适的搜索引擎注册，并每隔一段时间观察排名情况，总结出哪些搜索引擎能带来实际效果。市场可能出现多家竞争对手，竞争激烈，导致销量减少。防范措施是加强对竞争对手的分析，及时调整策略。若项目运营得比较成功，客户量增大，客户订单增长迅速，花店接纳客户能力以及快速供货能力会受到考验，防范措施是加强同供应商的合作。由于业务流程的改变，网上花店人员对新的销售流程不熟悉导致花店运作出现混乱。防范措施是加强对花店人员的业务培训。主要是网上业务流程的培训。

（资料来源：程书强，唐光海．互联网创业基础［M］．北京：北京理工大学出版社，2016.）

防丢音乐狗创业策划方案

21世纪，人们的物质生活水平提高了，GDP不断高涨，但是人们的生活节奏也不断加快，生活压力不断提升。这时候，人们总是忙中出错，丢三落四在所难免。当你睡眼惺忪地走出宿舍准备上课时，突然发现放在宿舍的饭卡却怎么找也找不到，于是一早上的心情便被破坏了；当准备出门面试求职时，你的交通卡放在包里却怎么找也找不到，面试的好状态便被打破……这样的情况，你碰到过吗？

据调查分析，29.5%的大学生以及中小学生存在丢失饭卡的现象，52.4%的大学生存在过饭卡明明就在身边却怎么也找不到的现象。各种卡片由于体积小，质地轻薄，很容易被遗漏在书本、床底、墙角等地方，是十分容易被遗漏的东西。大学生亟须一款能够帮助他们找到遗漏的饭卡的电子产品，来给他们的生活增加便利，同时丰富生活的情趣。于是，"防丢音乐狗"应运而生。

防丢音乐狗有限责任公司是由南京审计学院6名学生共同筹资组建的一家创意电子产品公司。公司现阶段的主要产品是"防丢音乐狗"。这是一款帮助主人找到遗失在身边某处物品的一种创意微型电子产品。

防丢音乐狗适用于使用卡类产品、并且容易将各类卡遗漏的消费群体，主要针对在校大学生。防丢音乐狗的设计理念迎合了现代人的审美观、消费潮流和生活时尚，为人们提供了方便快捷的创意电子产品，同时为公司取得了良好的经济效益和社会效益。

一、目标市场分析

（一）目标市场的细分

为了开发学生消费市场，我们对大学生和中小学生最常丢失的物件情况进行了调查，可知，在最常丢失的物件中，饭卡所占比例最高，高达总人数的1/3。

从总体上看，小学生虽受教育程度较低，但由于父母的经常提醒以及诸多外在工具的帮助，如将钥匙等物品统一放置在一个地方，并随身携带，物件丢失率略低于需随身携带物品较多、活动频繁的大学生。而由于饭卡在大学里使用普遍，饭卡基本上是每人一张，吃饭、借书甚至购物都可以通过饭卡解决，因而，一旦饭卡丢失，里面的资金被人随意盗用，难免带来诸多麻烦。为能够及时找回遗失的饭卡，并缩短寻找时间，我们对大学生饭卡丢失情况做了进一步的调查。

根据饭卡丢失情况调查问卷统计数据显示，除去自身原因，11.1%的大学生认为可通过技术手段，在饭卡上增加某种提醒装置；89.9%的大学生则认为，可通过技术手段，在饭卡上增加某种丢失寻找装置以达到目的。

（二）目标市场的选择

根据对宏观营销环境和问卷调查的分析，防丢音乐狗做出以下分析：

防丢音乐狗采用的是人口细分和心理细分，采取的细分变量是年龄和消费者的个性情况。根据年龄，把市场细分为中、小学生和大学生；根据消费者的个性，把市场细分为冲动型和稳定型。最终将市场细分为个性稳定的大学生、个性稳定的中小学生、个性冲动的大学生、个性冲动的中小学生。防丢音乐狗瞄准的目标市场是江苏省南京市的高校消费者市场，针对的目标顾客是个性冲动、丢失饭卡次数大于等于两次的大学生；创业的首选城市是江苏省南京市。除了充分的地利人和，它还是中国科教第三城，其高校数量在全国名列前茅。选择南京市的具体原因有如下几个：

1. 市场容量大：南京高校数量多。根据教育部批准的高等学校名单、新批准的学校名单，南京地区的高校共有 54 所，在全国排名前十。

2. 市场需求量大：饭卡的数量理应和大学的学生人数持平，但据问卷数据显示，近一半的大学生至少丢失过一次饭卡，平均下来，饭卡的数量是大学生人数的 1.5 倍，其中重要的原因是大学生自身的原因所造成的饭卡遗失。

3. 消费能力强：大学生的生活费普遍集中在 800~1500 元范围内，除去伙食费 600~1000 元，生活费剩余 200~500 元，即大部分同学有较多剩余的钱购置其他生活用品。南京各大高校办理一张饭卡，普遍价格为 20 元，而防丢音乐狗平均价格在 10~20 元。因此，南京大学生有足够的消费能力。

4. 创业氛围浓厚。南京市是江苏省创业和创意产业比较超前的地方，各类生机勃勃的创业园区的就是最好的例证。政府有宽松的政策支持。在 2012 年 5 月 10 日，南京市委市政府发布《关于实施万名青年大学生创业计划的意见》，南京要扶持 1 万名青年大学生创业，带动 5 万人就业；建成大学生创业园（基地）20 万平方米，并明确在未来几年将从资金、场地、投融资等七个方面为青年大学生创业进行政策层面的扶持，并且这些优惠将在现行的创业优惠政策外添加。

5. 人文环境优越：南京高校总数在全国名列前十，人力资源丰厚。同时，团队成员全都在南京高校就读，有深厚的情愫和人脉基础。

(三)目标市场分析

大学生生活方式的改变扩大了对外在辅助工具的需求。大学活动丰富,最直接的影响便是学生们活动范围的扩大,而频繁的移动易造成物件的丢失,也增大了寻找物件的难度,因而不得不借助外在的工具,如相关组织的帮助等进行找寻工作。饭卡因其体积小、使用频繁最常被人遗漏。因此,为饭卡增加找寻装置是日益扩大的需求之一。饭卡找寻消费具有明显的"刚性需求"性质。

二、消费者行为分析

(一)购买需求分析

随着物质生活的日渐丰富,人们往往在不经意间会丢失这样那样的东西。小到一串钥匙、钱包,大到手机、电脑等。很多丢失物由于本身的特性,不易发现,难于寻找,一旦丢失便再也难寻踪迹,给人们的生活带来麻烦,甚至是经济上的损失。所以对于一个可以方便自己寻找物品的防丢音乐狗,具有很大的需求。下面就以大学生丢失饭卡为例,对防丢音乐狗的购买需求进行分析。

大学生对校园卡的使用创造了广阔的市场需求。目前,大学校园基本实现了校园一卡通,"一卡在手,行遍全校"。校园卡方便了同学们的日常生活,提供了各种便利,学生们也习惯将其随身携带。校园卡外表千篇一律,不便于区分,因此,很多同学尤其是女生,都会给校园卡装上卡套,或贴上卡贴,或佩戴一个小挂饰,彰显个性和个人喜好的同时,又能一眼辨别,一举两得。这为防丢音乐狗提供了安身之所,因而开创了广阔的市场空间和需求。

特殊的人群消费提供了良好前景。正是因为随身携带、抽拿频繁,这样一张薄薄的卡片一不留神便会不知所踪。校园卡一般都是直接使用,不需要密码,所以一旦丢失可能会被人冒领,造成不必要的财产损失。即使没有被人捡到冒用,补办一张新的也会造成额外开支。长此以往,若一不小心多丢几次,学生在校园卡丢失问题上花费的开支会越来越多。同学们希望有一种电子追踪器,帮助他们找回无意中遗失的饭卡。调查显示,目前一所大学的学生中,约50%的学生至少丢过一次饭卡。更有甚者,丢过2~3次饭卡。

大学生对新兴事物的接受能力较强。一旦有防丢音乐狗,只要条件允许,他们一般都会选择尝试一下这种新的技术。不仅满足了好奇心,也能够防止饭卡再一次丢失得无影无踪。

(二)消费者心理分析

减少了丢失校园卡的担心。一旦丢失校园卡,学生往往会很焦急。因为平时吃饭、打水、去超市,都需要用到校园卡。缺少了它,生活必然会有诸多不便。如果给校园卡安装上这个装置，不仅美观，还可以减少许多因为丢卡而带来的担心。

满足了追求新鲜事物的好奇心。给校园卡装一个追踪设备，从一定程度上可以满足目前学生们对于新鲜事物的一种猎奇心理。毕竟在此之前，并没有人做出这样的东西。一张小小的饭卡也有如此奥秘，令人兴奋。

大学生对于该产品的实际需要。它美观便捷、便宜实惠，小小外壳，带来巨大的方便，大大满足了大学生丰富生活、减少寻找麻烦的需求。

不管对于大学生，还是其他年龄层次的人群，一个防丢音乐狗可以极大地方便人们的生活。一方面，减轻了丢失东西难以找寻的顾虑；另一方面，它外形美观独特，功能丰富多样，携带轻便简单，可以满足不同人多样化的需求。在市场上，具有广阔的需求前景。

三、完整产品说明

（一）产品功能概述

FINDER 防丢音乐狗是一套设备，主要由两个主要的设备组成，一个是音乐录放设备，另一个是遥控设备。音乐录放设备在技术上支持音乐的发声，而在遥控技术的控制下，音乐设备就会发出之前消费者或者厂家设定的声音，这样就形成不是丢失者找丢失物，而是丢失物在"喊"丢失者来取它的状态。FINDER 防丢音乐狗，子机的发声设备不是单独发声，而是在收到母机给的指令之后才会进行发声，这样的遥控技术在现在的科技背景下，很容易实现。现在在轿车上运用的比较多的"铁将军"技术，就是该技术的一种比较普遍的表现。而它实现的距离也在不断地扩大，一个在方圆 10 米范围就能够感受到信号的遥控设备，最简单的设备价格在 7~8 元。

随着电子电路技术、电路集成技术和遥控技术的发展，遥控器和音乐录放设备的体积越来越小。以音乐录放设备而言，现在民用的，价格在普通消费者能接受的范围之内的最小的音乐录放设备，就是普通的音乐贺卡中的音乐播放器，大小有如小拇指的指甲盖，而遥控器的体积也大体相似。

在音乐录放设备的设计上，FINDER 防丢音乐狗有两个不同方向的设计，一种是不可擦写的，就是出厂时候设计录入的音乐，在整个设备的生命周期中是不可变更的，而这样的音乐也只是在丢失物的寻找上起到一个"用声音定位的作用"；而另一种是可擦写的，就是说录制的声音信息是根据消费者个人的喜好录入的，消费者可以在音乐设备中录入自己的姓名、联系方式等，这样就可以很好地解决 FINDER 防丢音乐狗因为遥控距离的限制，不能去寻找丢得比较远的丢失物的问题。有了这些信息，捡到丢失物的人可以按照上述的声音信息去寻找失主，就好像很多人捡到饭卡之后，会根据饭卡上的信息去寻找失主一样。

公司致力于寻找一条方便快捷的道路去找丢失物。寻找丢失物的过程，就好像失主去打开一扇扇门，而遥控器就像我们要去开的这些门的钥匙，只有把钥匙放在身边才有可能去打开这一扇扇门，然而钥匙也是有丢的可能性的。为了解决该问题，就用这"钥匙"一直"绑"住自己。于是我们用手链这一载体，将遥控器和我们真正融为一体，让找寻物的钥匙不再离开我们。

随着文化的不断开放，现在的消费者越来越多地想突出自身的个性。为了顺应这一潮流，FINDER防丢音乐狗在电子内核设备的外接载体的设计上也充分考虑到这一趋势。音乐录放设备（如卡套卡贴）和遥控外部承载设备（手链）的图案或者款式，除了厂家设计的以外，还可以直接接受消费者的图案或款式预订，可以为其单独定制。当然这样的定制服务的收费也是不一样的，会高于普通设备的价格。

（二）后续产品构想

在第一期的产品能够销售不错的前提之下，按照消费者心理学的推理，大多数的消费者开始寻求更加便捷、可靠、智能的产品。消费者对于防丢音乐狗的要求也是如此，所以在后续产品的构想上面要更多地考虑到方便性和实用性。

根据实际调查得出，很多人（普通大学生）都不习惯戴手链、手镯这类饰品，于是就遥控设备的载体形式进行了改进。

1. 便携型遥控承载设备

我们每天带在身边的几样常见的东西里面，手机应该算是我们接触到的次数最多的物件了。而且手机因为其智能性，成为很多产品的遥控装置。很典型的有"物联网"，大到热水器的提前升温，小到走道灯光的开关，都可以通过手机软件实现远程直接控制。防丢音乐狗也可以采用这种形式，在有了这样的技术和资金支持的条件下，可以把机械化的电子控制系统变成软件化控制，这样就很好地解决了很多消费者不愿意购买和携带饰品的不足了。

2. 固定型遥控承载设备

通过调查发现.很多人会存在这样的疑问，既然防丢音乐狗的消费人群是粗心大意的人，那为什么可以判定，遥控器在他们的手上就不会被弄丢呢？原先的手链等承载设备其实已经能很好地解决该问题了，但是消费者的心理上接受起来还是比较困难。所以在遥控器的承载设备上，转变了设计思路，将便携型的设计思路转变成固定型的设计。将遥控器做得比较平整，在遥控器的背后附上一定的强力胶水，可以粘贴在消费者比较常出现的地方，如书房、起居室等地方的墙面上，或者冰箱的表面，这样的设计能够很好地解决两方面的问题：第一，防止遥控器丢失；第二，遥控器的体积问题。因为体积方面不再受到限制，所以在遥控器上就可以考虑科技含量更高的一对多式的遥控设备（即一个遥控器可以控制多个音乐录放设备）的设计。

3. 组合型遥控承载设备

所谓组合型遥控承载设备，就是一种让遥控器"消失"的设计思路。现在在一户普通的家庭中会出现电视遥控器和空调遥控器等这些最普通的遥控器，FINDER 公司准备在做出一定规模的情况下，与大多的电视机生产厂商和空调生产厂商进行联合，在其遥控板上多安一个或者多个键，作为丢失物寻找键。这样就能够避免寻找丢失物遥控器作为一个单独的物件出现，而是将其融合到其他日常生活必不可少的遥控器中。这样既减少了遥控器丢失的可能，也减少了所占空间。

四、生产流程

本公司拥有防丢音乐狗的核心技术，并已向国家知识产权局专利局受理处申请专利。防丢音乐狗的具体生产通过外包模式——本公司掌握核心技术，具体生产承包给其他厂商，负责各部分的生产、组装。防丢音乐狗的生产主要包括大规模生产和小规模定制两种形式。防丢音乐狗配件主要由音乐录放器和遥控器两部分构成，这两部分分别交付给两家厂商生产。卡套卡贴手链等装饰性物品则由工艺品制造商生产。最后由代加工工厂负责产品的最终组装，将音乐录放器和遥控器与卡套卡贴手链等装饰物进行组装。大规模生产即为批量生产、固定形式，而小规模定制则根据消费者的需求，与厂商联系，进行特殊定制生产。

音乐录放器交由录放器 A 生产厂商负责，并长期保持联系。为具体生产提供具体需求。

遥控器交由录放器 B 生产厂商负责。生产过程中注重产品的创新，在外形构造上不断创新，生产出多样化的遥控设备。

外包装饰交由录放器 C 生产厂商负责，外包装饰主要为卡贴、卡套、手链等小装饰物。在生产之前做好沟通工作，与厂商确定好产品设计图，生产出可以安置音乐录放器和遥控设备的外包装饰。

将 ABC 厂商生产的产品最终交由 D 厂商负责组装，将音乐播放器和遥控设备嵌入外包装饰中，产出最终的商品。

声音录入小规模定制。在提供固定的可选发声内容的基础上，本公司可以提供具体的发声内容。根据消费者的特殊需求，跟 A 厂商进行实时交流，将消费者提供的发声内容，交由 A 厂商，如消费者提供的音乐、铃声、个性声音等。

外包装饰小规模定制。外包装饰拥有卡贴、卡套等形式。消费者可以提供自己喜欢的照片图案等，交由 C 厂商负责印制生产，然后将特制图片印在卡贴和卡套

外观。

特别说明：由于小规模定制相较于大规模批量生产，成本较高，所以在统一销售价格的基础上，要适度加上部分特殊加工费，价格略有差别。

五、营销策划

（一）产品策略

防丢音乐狗是一款专为生活中丢三落四的人在短距离内寻找丢失的小物件的寻找设备。而这样的设备并不仅仅是一个芯片和遥控器这么简单，在简简单单的电子电路的外板上有很大的文章可以做。在外包装上，可以有很多的形象和样式。在遥控器的主要配置上面，准备把一个微型的传感器放在一条手链或者钥匙扣上，以便人们能时时刻刻带在身边。而在附加产品的选择上，也可以有较多的选择余地。

（二）外观差异化

防丢音乐狗的音乐发声器大约只有一个指甲盖的大小，所以这样一个小小的东西可以镶嵌在任何一个外观产品中。而这样的载体可以有很多的选择方向。公司在当前市场主流的载体中，详细分为以下两大类：第一大类是钥匙扣挂坠大类，第二大类是卡贴卡套大类。项目组认为钥匙扣挂坠大类里的音乐发声器偏向于立体型形态，而卡贴卡套类的音乐发声器主要是偏向于扁平的形态发展，主要是要避免在卡套中有异物感，放在口袋里应该是平顺的。

1. 钥匙扣挂坠类

钥匙扣挂坠类又包括公仔类、金属质感类、水晶玻璃质感类以及其他。因为这样的外包装线是外包出去的，所以可以和相关的产品制造厂商取得联系，现今市面上有什么挂坠类型，就能生产或者批发到什么挂坠类型的防丢音乐狗。

2. 卡贴卡套类

卡贴卡套类又包括美女主题、风景主题、城市主题、创意主题、影视主题、情感主题、动漫主题、视觉主题、机械主题、动物主题、运动主题、男人主题、艺术主题以及其他主题。卡贴卡套类的制作工艺可以分成两种具体的方式：一种是现有卡套粘贴模式，另外一种是外包整体制作模式。第一种模式是直接购买现在市面上既有的卡贴，由人工贴在电子感应芯片上面，形成新的带有电子感应性质的卡贴。第二种模式就是直接把电子感应器镶嵌在卡套之中，整体生产。

（三）产品附加值设计

产品的附加值主要体现在微型遥控器载体的设计上。微型遥控器主要可以搭载在手链或者钥匙链以及其他一些人身体的挂件上，当然最主要的是手链。这样的设计是基于两方面的原因：第一，手链或者钥匙链携带方便。我们走访了大量的学生消费者群体，询问随身携带的几件必备的物品，手链、挂坠和钥匙链排名前三。第二，以这些物品为载体，很大程度上考虑了产品的附加值可以随之增长的可行性。我们智能化的防丢音乐狗，在某种意义上可以认为是一条有科技含量的手链。而这样的组合，即使对核心技术不进行改进，光进行外观的改进就能产生更新换代的效果。

（四）定价原则和依据

从当前的现状来看，小型民用寻物设备市场基本上是一片蓝海。在市场中唯一的竞争对手是音乐钥匙扣，可是音乐钥匙扣因为定位错误几乎没有任何市场。所以防丢音乐狗几乎没有任何成型的产品可以为其定价提供参考。作为一款新型的产品，公司准备以差别定价法为原则对该产品进行定价。

防丢音乐狗主要由以下几个部分组成：小型音乐录放设备、微型遥控器和接收设备、卡贴卡套或钥匙扣等音乐录放器承载设备、手链等遥控器承载设备。

整体产品成本导向定价法。按照最低的价格进行产品生产和销售，所有的部件基本上采用最廉价的设备，用直接累加法，可得最终的价格在 17 元上下。

产品形式差别定价法。即公司对于不同的型号或者形式的产品，分别制定不同的价格，但是不同型号或者形式的产品价格差额和成本费用之间没有明确的比例关系。例如，可以根据最近的流行趋势制定不同类型的音乐录放器承载设备，就可以产生区别定价。

（资料来源：王宏.高校大学生创新创业能力培育研究［M］.长春：吉林人民出版社，2017.）

请仔细阅读以上两个案例，回答以下问题：

1. 对比两份创业计划书，哪份计划书更打动你？如果你是投资者，你更愿意为哪个项目投资？并说明原因。

2. 从创业计划书的编写角度而言，哪份计划书更完备？并举例说明。

本章小结

本章主要介绍创业计划书的定义、基本要素，以及如何编写创业计划书。

创业计划书，也被称为商业计划书，是详述筹建企业的书面文件，是对与创业项目有关的所有事项进行总体安排的文件。创业计划书的基本要素包括创业项目、市场状况、创业条件、实施方案、创业目标、风险及防范等。

创业计划书的编写原则，是内容客观、展示优势、逻辑严密、强调可行、阐述清晰。其主要内容包括：摘要（执行总结），产品（服务）介绍，人员及组织结构，市场分析与预测，营销策略，生产与经营，财务预测，创业风险及应对策略，投资说明，附录。创业计划书的编写步骤一般包括：经验学习，创业构思，市场调研与资料收集，方案起草，修改完善，最后的审查。创业计划书的考核标准主要包括：对摘要（执行总结）部分的考核，对创业项目以及产品服务介绍部分的考核，对创业团队和创业组织部分的考核，对市场分析部分的考核，对营销策略部分的考核，对财务分析部分的考核，对风险和风险管理部分的考核，对创业计划书整体表述的考核等。

参考文献

[1] 陈云鹏.中国创业环境分析[J].上海信息化,2013(03):76-79.

[2] 曹志朋.经济新常态下推进中国大众创业的财政政策支撑研究[D].桂林:广西师范大学,2016.

[3] 康捷,廖晓东,袁永.基于全流程的创新创业成本指标体系构建研究[J].特区经济,2018(05):57-60.

[4] 李梦园.中国情境下影响创业绩效的关键性环境要素——基于元分析法的研究[J].现代商贸工业,2017(30):1-4.

[5] 张秀娥,孟乔.中国创业制度环境分析——基于与创新驱动经济体的比较[J].华东经济管理,2018(06):5-11.

[6] 李时椿,常建坤.创业学理论、过程与实务[M].北京:中国人民大学出版社,2011.

[7] 张春生.创业者、创业环境与创业企业成长的相关性分析[D].昆明:云南大学,2011.

[8] 荣燕.创业与创业环境[D].长春:吉林大学,2010.

[9] 王文生.简述创新创业思维的内涵及培养策略[J].湖北函授大学学报,2016,29(09):1-2.

[10] 刘云龙."双创"背景下大学生创新创业素质培养策略[J].创新与创业教育,2016,7(06):76-79.

[11] 钟鸿钧.企业家精神、创业思维和商科教育[J].上海管理科学,2016,38(02):73-77.

[12] 郁小芳.创业思维模式及其应用[J].企业家天地,2011(09):69-70.

[13] 龚焱.创业者,别让"火箭式发射"思维毁了你[J].商学院,2015(05):116.

[14] 翁凌燕,朱俐."互联网+"背景下成人教育创新型创业思维塑造[J].继续教育研究,2017(07):56-59.

[15] 潘振,李莲英.大学生创新创业思维培养体系研究[J].教育教学论坛,2016(30):222-223.

[16] 王树仁.树立创新的创业思维[J].科技与企业,2010(09):20-21.

[17] 钟俊岭.基于互联网的创业思维[J].浙江工贸职业技术学院学报,2014,14(02):4-5.

[18] 李红.创业素质及其培养策略探析[J].陕西理工学院学报(社会科学版),2006(02):71-74.

[19] 李乾文,张玉利.创业管理能否代替传统职能管理[J].经济界,2004(04):46-50.

[20] 郭忠孝,张永明,张红,王仲德.大学生创业重要性及创业意识、能力的培养途径[J].辽宁行政学院学报,2005(02):106-107.

[21] 程书强,唐光海主编.互联网创业基础[M].北京:北京理工大学出版社,2016.08,第13-16页,第27-28页.

[22] 董保宝,于东明,尹璐.创业精神的动机:基于经济学的解释[J].经济问题,2016(07):1-5.

［23］付晓容.大学生创业管理指导［M］.重庆大学出版社，2016.12，第70-72页．

［24］王琦.创业精神培育：大学生创业教育工作的核心［J］.中国成人教育，2017（04）：85-87．

［25］王莹.双创时代下大学生创业精神的培养［J］.辽宁广播电视大学学报，2016（03）：55-57．

［26］许晓平，张泽一.大学生创业精神培育初探—以应用型大学为例［J］.中国高校科技，2014（06）：84-86．

［27］薛永斌.大学生创业能力培养与提升策略研究——基于创业教育生态系统构建［J］.学术论坛，2016，39（07）：177-180．

［28］钟云华，罗茜.大学生创业能力的影响因素及提升路径［J］.现代教育管理，2016（03）：124-128．

［29］庄春晖.马云：我年轻时也曾一样迷茫［N］.粮油市场报，2015-08-15（B04）．

［30］李欢，季潇潇，陈佳等.大学生创业团队结构与影响要素研究［J］.市场周刊（理论研究），2016（03）：87-88．

［31］马雅红.大学生创新创业教育基础与能力训练［M］.北京：北京理工大学出版社，2016.

［32］徐明.互联网+时代大学生创业团队创业力及培养开发研究［J］.职业教育研究，2016（01）：75-80．

［33］杨红英.大学生创业指导［M］.昆明：云南大学出版社，2016.

［34］小卡尔·麦克丹尼尔，罗杰·盖茨.当代市场调研［M］.北京机械工业出版社，2018.

［35］阿尔文·伯恩斯，罗纳德·布什.营销调研［M］.7版.中国人民大学出版社，2015.

［36］菲利普·科特勒，加里·阿姆斯特朗.市场营销：原理与实践［M］.16版.中国人民大学出版社，2015.

［37］菲利普·科特勒，加里·阿姆斯特朗，洪瑞云等.市场营销原理［M］.3版.北京：机械工业出版社，2013.

［38］肖恩·怀斯，布拉德·菲尔德.创业机会［M］.北京：机械工业出版社，2018.

［39］吴何.创业管理：创业者视角下的机会、能力与选择．［M］.北京：中国市场出版社，2017.

［40］陈鹏全.分享经济与大众创业——创业、创新、资源整合、分享思维下的运营模式．［M］.北京：化学工业出版社，2018.

［41］张玉利，薛红志，陈寒松等.创业管理［M］.4版.北京：机械工业出版社，2016.

［42］布鲁斯R.巴林杰R.杜安·爱尔兰著.创业管理：成功创建新企业［M］.5版.北京：机械工业出版社，2017.

［43］斯晓夫，吴晓波，陈凌等.创业管理：理论与实践．［M］.杭州：浙江大学出版社，2016.

［44］本·霍洛维茨.创业维艰：如何完成比难更难的事［M］.北京：中信出版股份有限公司，2015.

［45］亚历山大·奥斯特瓦德，伊夫·皮尼厄.商业模式新生代［M］.北京：机械工业出版社，2016.

［46］三谷宏治.商业模式全史［M］.南京：江苏凤凰文艺出版社，2016.

［47］奥利弗·加斯曼，卡洛琳·弗兰肯伯格，米凯拉·奇克.商业模式创新设计大全：90%的成功企业都在用的55种商业模式［M］.北京：中国人民大学出版社，2017.

［48］戴天宇.商业模式的全新设计［M］.北京：北京大学出版社，2016.

［49］吉姆·米尔豪森.商业模式设计与完善［M］.北京：人民邮电出版社，2016.

［50］亚历山大·奥斯特瓦德，伊夫·皮尼厄，格雷格·贝尔纳达著.价值主张设计：如何构建商业模式最重要的环节［M］.北京：机械工业出版社，2015.

［51］孙洪义.创新创业基础［M］.北京：机械工业出版社，2016.

［52］陈晓暾，陈李彬，田敏.创新创业教育入门与实战［M］.北京：清华大学出版社，2017.

［53］李家华，张玉利，雷家骕等.创业基础［M］.2版.北京：清华大学出版社，2015.

［54］叶明全，陈付龙."互联网+"大学生创新创业基础与实践［M］.北京：科学出版社，2017.

［55］王艳茹.创业基础如何教：原理、方法与技巧［M］.北京：清华大学出版社，2017.

［56］李肖鸣、孙逸、宋柏红.大学生创业基础［M］.3版.北京：清华大学出版社，2016.

［57］朱燕空，罗美娟，祁明德.创业如何教：基于体验的五步教学法［M］.北京：机械工业出版社，2018.

［58］布鲁斯R.巴林杰，R.杜安·爱尔兰.创业管理：成功创建新企业［M］.5版.北京：机械工业出版社，2017.

［59］赵公民.创业基础——理论与实务［M］.北京：人民邮电出版社，2017.

［60］张玉利，薛红志，陈寒松等.创业管理［M］.4版.北京：机械工业出版社，2016.

［61］陈劲，高建.创新与创业管理——创新与创业生态系统［M］.北京：清华大学出版社，2017.

［62］罗伯特D.赫里斯.创业学［M］.北京：机械工业出版社，2016.

［63］布鲁斯R.巴林杰.创业计划书：从创意到方案［M］.北京：机械工业出版社，2016.

［64］内克等.如何教创业：基于实践的百森教学法［M］.北京：机械工业出版社，2015.

［65］陆正飞，黄慧馨，李琦.会计学［M］.3版.北京：北京大学出版社，2016.

［66］陈工孟.创业基础与实务［M］.北京：经济管理出版社，2016.

［67］程书强，唐光海.互联网创业基础［M］.北京：北京理工大学出版社，2016.

［68］王宏.高校大学生创新创业能力培育研究［M］.长春：吉林人民出版社，2017.

［69］王鑫，高炳易，盛强.创业与创新实务［M］.北京：北京理工大学出版社，2017.

［70］张强，李静怡.职业生涯规划与就业创业指导［M］.重庆：重庆大学出版社，2017.